LaCTIT

语言与思辨融合教学
LaCTIT丛书

总主编
孙有中
张　莲

中国英语专业本科生学术语言发展研究

李东莹　著

Chinese EFL Undergraduates' Academic Language Development

外语教学与研究出版社
FOREIGN LANGUAGE TEACHING AND RESEARCH PRESS
北京 BEIJING

图书在版编目（CIP）数据

中国英语专业本科生学术语言发展研究 / 李东莹著. -- 北京 ：外语教学与研究出版社，2024. 11. --（语言与思辨融合教学 LaCTIT 丛书 / 孙有中，张莲总主编）. -- ISBN 978-7-5213-5857-5

I. H319.3

中国国家版本馆 CIP 数据核字第 2024U9K629 号

中国英语专业本科生学术语言发展研究

ZHONGGUO YINGYU ZHUANYE BENKESHENG XUESHU YUYAN FAZHAN YANJIU

出 版 人　王　芳
项目负责　孔乃卓
责任编辑　付分钗
责任校对　闫　璟
封面设计　郭　莹
版式设计　锋尚设计
出版发行　外语教学与研究出版社
社　　址　北京市西三环北路 19 号（100089）
网　　址　https://www.fltrp.com
印　　刷　北京九州迅驰传媒文化有限公司
开　　本　787×1092　1/16
印　　张　18.25
字　　数　349 千字
版　　次　2024 年 11 月第 1 版
印　　次　2024 年 11 月第 1 次印刷
书　　号　ISBN 978-7-5213-5857-5
定　　价　89.90 元

物料号：358570001

总 序

语言能力和思辨能力的关系可以形象地理解为中国传统文化中的阴阳鱼太极图。两者相互依存，浑然一体。当人们运用语言表达自己的思想和情感的时候，所展现的既是语言能力，也是思辨能力。两者相互转化，彼此促成。语言能力促进思辨能力发展并通过思辨能力得到发展，思辨能力通过语言能力得以表达。这便意味着，在语言的学习过程中，必须重视思辨能力的培养，将语言学习与思辨学习融为一体，同步提升语言能力与思辨能力，让两者相得益彰，并行不悖。这就是笔者所倡导的“语言与思辨融合教学”（Language and Critical Thinking Integrated Teaching/LaCTIT）。

我在英语教学实践中推行LaCTIT理念，大体可追溯到2005年我出任北京外国语大学英语学院院长的时候。当时我深感英语专业学生思辨能力不足，主张通过演讲课程和辩论活动，同时加强人文教育，来促进学生思辨能力发展。我将北外英语学院的培养目标定义为“培养具有扎实的语言文学专业基础、宽广的人文社科知识和出色的学习、思辨、创造、合作与领导能力的国际型、通识型精英人才”，将思辨能力培养明确纳入英语教育的内涵。

随后，我和北外英语学院一批有志于教学改革的同仁开启了“思辨英语”教学的探索。从2010年12月开始，我们面向全国外语界连续举办了主题为“英语教育与思辨能力培养”的系列专题论坛，最后将论坛的交流论文结集为丛书在外语教学与研究出版社出版，包括：《英语写作教学与思辨能力培养研究》《英语口语教学与思辨能力培养研究》《英语阅读教学与思辨能力培养研究》《英语知识课程与思辨能力培养研究》。在该系列丛书的《总序》中，我提出，“中国高校英语教育应该大力推进教学改革，把思辨能力培养融入整个人才培养模式和各个教学环节之中。”

北外英语学院持续推进教学改革的直接成果就是由我担任总主编于2015年陆续出版的《大学思辨英语教程》系列。该系列教材《总序》事实上提出了LaCTIT的基本教学原则，包括：

1）英语教育本质上属于人文教育，必须促进学生人文素养的提高。这包括：对文学、历史、哲学、艺术、宗教和社会学等知识领域的人文志趣；爱人类、爱真理、爱文化、爱自然的人文精神；博学、审问、慎思、明辨、笃行的人文品格。

2）英语教育应克服“思辨缺席症”，致力于全方位培养学生的思辨能力，包括认知技能和情感态度，为学生的学术深造、创新创业和终身发展奠基。

3）技能课程知识化（技能课程的材料必须系统呈现外语学科的人文基础知识），知识课程技能化（知识课程必须同时促进学生语言能力的持续发展），以及技能课程思辨化，知识课程思辨化，此“四化”为英语专业培养学生思辨能力的根本途径。

4）英语专业技能课程思辨化有赖于：为思辨设定标准（教学目标）；为思辨提供原料（教学内容）；为思辨搭建工作坊（教学活动）；为思辨培养教师（教学主体）。

5）进入高校英语专业学习阶段，语言学习应由显入隐，知识学习则由隐入显，实现以内容为依托或语言与内容融合的英语教学。

6）英语教育应该促进学生跨文化能力的全面提升，后者乃是全球化时代英语专业人才的核心竞争力。

7）思辨能力可以通过对跨文化问题的思考有效提升，跨文化能力则可以通过对思辨能力的运用得到提升，两者相互促进，相得益彰。

8）思辨的前提是自主学习，思辨能力可以通过自主学习来培养，并最终促进自主学习能力的提高。

在2017年发表的《人文英语教育论》一文中，我进一步将思辨英语教学理念表述为：

在高校英语专业技能课程教学中，通过语言与知识的融合式学习，构建合作探究学习共同体，同步提高语言能力、思辨能力、跨文化能力和人文素养。该教学范式基于三项基本教学原则：1）语言课程应与人文英语教育紧密结合；2）语言能力包含思辨能力和跨文化能力；3）语言教学是一个合作参与的社会文化建构过程。

在2019年发表的《思辨英语教学原则》一文中，我进一步用8个关键词概述了思辨英语教学原则（TERRIFIC）：对标（Target）、评价（Evaluate）、操练（Routinize)、反思（Reflect）、探究（Inquire）、实现（Fulfill）、融合（Integrate）、内容（Content）。

2020年，我和Jack C. Richards教授联合主编了“新未来大学英语”系列教材。在此过程中，我从“课程思政”的角度拓展了自己对思辨英语的理解，提出“跨文化思辨育人”。该理念包括三层含义：

> 其一，在外语教学中，通过跨文化语言交际活动、思辨语言交际活动以及跨文化与思辨融合的语言交际活动，有效提高语言能力，融合培养以跨文化能力和思辨能力为核心的多元能力，促进立德树人。其二，在外语教学中，通过跨文化思辨活动，增强人文素养，塑造正确的世界观、人生观、价值观、文化观，拓展国际视野，厚植中国情怀，提高道德推理能力和批判性文化意识，实现培根铸魂，立德树人。其三，在外语教学中，思辨能力与跨文化能力相得益彰，相互促进。如果说思辨能力给跨文化能力增加深度，那么跨文化能力给思辨能力增加广度。语言能力则因同时具有跨文化能力和思辨能力而如虎添翼；立德树人便寓于其中。

随着时间的推移，“思辨英语”教学理念在外语界日益深入人心，我们对语言能力与思辨能力、语言教学与思辨教学乃至跨文化教学的关系的理解也在不断拓展。随着教育部高等学校外国语言文学类专业教学指导委员会在其编制的《外国语言文学类专业教学质量国家标准》中正式将“思辨能力”纳入外语类专业培养规格的“能力要求”之中，以思辨能力培养为导向的高等外语教育改革迈上了新台阶。

近年来，人工智能迅猛发展，大语言模型和智能翻译工具的涌现对外语教育提出了前所未有的挑战。一时间，从学界到大众，连外语学习的必要性都受到了怀疑，高校外语类专业骤然遇冷。恐慌过后，外语界有识之士经过深刻反思认识到，在人工智能日益普及的全球化时代，高等外语教育只有超越传统的听说读写译技能训练，将语言能力培养和思辨能力培养融为一体，将语言学习和知识探究融为一体，同时注重跨文化能力等多元能力培养，才能最终摆脱被人工智能淘汰的悲剧。简而言之，在人工智能高歌猛进的今天，高等外语教育中的思辨能力培养比以往任何时候都更加重要了，拥有思辨能力的外语类专业人才比以往任何时候都更加重要了。

在此背景下，我们需要加大力度推进以思辨能力培养为导向的外语教育教学改革，因此也需要加大力度推进对LaCTIT的理论探索与实证研究。期待“语言与思辨融合教学”丛书的出版为中国高等外语教育高质量发展贡献力量，为中国特色外语教育教学理论创新贡献力量。

2024年夏于北外

前　言

本书的主要目标是揭示我国英语专业本科生学术语言发展的过程与机制。学术语言是学术团体内部知识建构和意义交流的基础，也是学习者获取学科知识，参与学术实践，发展高阶思维能力的重要方式，因此一直是各国高等教育的重要目标之一（Bailey et al.，2007；Schleppegrell，2004）。相关研究表明，学术语言发展即学习者在真实（学术）话语实践活动中，获取、内化语言、认知资源，调整、改变自身话语和行为方式的过程（Duff，2010）。近年来，这种基于活动的学术语言发展观，已逐渐融入外/二语（学术）写作课程的设计与实施环节，本研究语境下的英语专业写作课程改革即一个典型案例（张莲、孙有中，2014）。目前，相关研究多止步于课程设计理念阐释和教学实施状况分析，缺乏真实教学情境下，对学生学术语言发展过程和机制的深入解读。本书依托国内某高校英语专业本科基础学段写作课程改革背景，深度描写、追踪英语专业本科生学术语言发展的过程，揭示促成发展的关键机制，为相关写作课程的规划、设计与实施提供启示。

本书具有以下特点：

（1）从我国高等外语教育的现实需求出发，基于真实课堂，揭示英语学术写作课程设置、教学实施与学生语言发展间的复杂互动关系，挖掘植根本土的学术英语写作教学实践经验，构建本土学习者学术语言发展知识模型。

（2）基于社会文化理论和人类发展生态学视角，深度描写、追踪英语专业本科生学术语言发展的过程，揭示学生学术语言发展过程中，词汇、句法和语篇各维度间的复杂互动关系。从个体与环境互动的视角，剖析促成学生发展的动因。完善相关写作课程设计原则，建立宏观课程设计理念、中观教学实施方式和微观学习发生过程间的证据联结。

本书共有六章。第一章为绪论，介绍本研究的背景、目的和选题意义。1.1 节论述当前国内高等外语教育语境下，学生学术语言发展的重要性及（学术）写作教学模式改革的迫切性。1.2 节介绍本研究的目的、方法和意义。1.3 节介绍本书的结构和各章节主要内容。

第二章为文献回顾，梳理、评述学术语言发展研究的主要概念、议题，论证本研究开展的必要性，引出研究问题。2.1节采用多元视角界定学术语言发展的内涵，对核心概念进行操作化定义。2.2节阐述写作学习和语言发展间的关系，梳理相关实证研究焦点及进展。2.3节介绍社会文化活动中的学术写作教学和学生语言发展。2.4节阐述人类发展生态学视角对学生学习和语言发展过程的解释力。2.5节总结前人研究结果，拓展研究思路，引出本研究问题。

第三章为研究方法，介绍本研究的场域、对象、数据收集和分析方法等。具体而言，本研究采用混合研究方法，将学生语言发展的证据与参与课程学习活动的证据结合起来，揭示英语专业本科生学术语言发展的过程与机制。学生写作文本分析结合量化语料库研究工具和质性文本片段解读，呈现学习者学术语言发展的特征。学习过程分析，分别借鉴拓展性学习理论和人类发展生态学视角，识别学生学术语言发展过程中的典型矛盾，从个体与环境因素互动的角度，描述、分析促成矛盾发展与化解的动因。

第四章为研究发现。4.1节描述群体学习者学术语言发展的特征，揭示学生学术语言发展在词汇、句法、语义和语篇层面的互动关系。4.2节呈现案例学习者一学期间，学术语言在词汇、句法、语义和语篇层面的发展，并通过质性文本片段分析示例。4.3节采用活动理论视角，识别案例学习者学术写作过程中的典型矛盾，追踪矛盾的产生、发展与化解过程。4.4节采用人类发展生态学视角，识别促成学术语言发展的关键个体特质和环境因素，描述这些因素在不同社会生态系统中的互动关系，揭示促成/抑制学术语言发展的机制和动因。

第五章为讨论，阐述研究发现的意义和价值。5.1节结合拓展性学习理论和人类发展生态学视角，阐释、剖析英语专业本科生学术语言发展的过程与机制。5.2节结合量化和质性文本分析结果，揭示学习者写作语言在词汇、句法、语义和语篇层面的特征，及这些特征间的互动关系。5.3节讨论学术话语实践驱动的写作教学，如何调节学生学术语言发展。5.4节概括、提炼本研究的创新点。

第六章为结论与启示，讨论本研究发现对我国外语教育语境下，相关写作课程规划、设计和实施方式的启示，为植根本土实践的外/二语写作教学模式创新，提供理论和实证支持。最后，反思本研究的局限，展望未来研究方向。

本书素材主要来源于我的博士学位论文。恩师张莲教授在论文的选题、数据收集、分析、撰写和成稿的整个过程中，都给予了我极大的支持和帮助。衷心感谢本书外审过程中，匿名审稿专家对书稿修改提出的建设性意见和外语教学与研究出版社的段长城老师、孔乃卓老师、付分钗老师及许心怡老师提供的帮助和支持。感恩北京外国语大学英语学院的伊蕊老师、刘葵兰老师、吴兆红老师和邱瑾老师在数据收集方面给予的无私帮助。感谢北京外国语大学“双一流”建设重大标志性项目“思辨英语教学研究与推广”（2021SYLZDXM002）和江苏省优势学科四期项目为本书的出版提供经费支持。

本书目标读者主要包括对我国外语教育和二语写作等议题感兴趣的研究者、一线教师和研究生群体。本书能为有志于将社会文化理论和人类发展生态学理论运用到我国外语教育、教学实践中的同仁提供参考。

诚然，笔者水平非常有限。本书还有诸多有待补充和完善的地方。真诚希望各位同行为我提出宝贵批评建议，本书不妥之处均由我自己承担。

致 谢

本篇论文是在我的导师张莲教授的悉心指导和关怀下完成的。从论文的选题、数据收集、分析到撰写和成稿，张老师都给予我极大的支持和帮助。博士学习期间，张老师在学业上和生活上给予我无微不至的关怀。她不仅是我的学业导师，更是我的人生导师。张老师为人师表的道德情操和一丝不苟、严谨认真的治学态度，一直深深影响着我，也是我日后学习、工作和生活的标杆和典范。

四年来，张老师一次次指导我研究，帮助我完善写作，从论文到标书，从简历到通告。在此过程中，我深深感受到了她严谨认真、一丝不苟、精益求精的学术品格，也愈发了解学术之路的艰辛与不易，明白每一位研究者的责任与担当。四年里，张老师一直悉心指导、帮助我，就连她在援藏和我在国外的那一年，我们都保持着定期的线上交流和讨论。每次讨论她都特别耐心，每当我领悟不到时，她都会形象示例，直到我理解为止。每一次面谈中，她从不会因自己还有重要公务或时间紧迫而提前终止面谈，都是要等到问题完全解决为止。有时候，我会想老师有那么多要务在身，却从不轻易拒绝向她寻求帮助的每一位学生，她定是有自身作为教育者内心最执着的信念与坚守。也许，要多年后我亦为人师、为人母，才能理解一位老师对学生的教诲与期待。我想，那不仅是言语所能表达的，更是一种风范和精神。

感恩在百忙之中拨冗指导我开题、预答辩和答辩的王俊菊老师、徐锦芬老师、杨鲁新老师、战菊老师、冯海颖老师、陈则航老师、陈亚平老师和许宏晨老师。感恩老师们一次次帮我指点迷津，为论文的修改提出诚挚而宝贵的意见。

感谢在哈佛大学教育学院学习期间对我开放课堂和实验室的Paola Uccelli教授和Catherine Snow教授。在课堂中，我深刻感受到了新知建构与智慧交锋的过程，不断扩展自身视野，汲取新研究方法和理念。感谢在此期间一起学习、工作的挚友，感恩能有缘相聚，彼此帮助、扶持。一年时光因这些鲜活的记忆而弥足珍贵。

感谢我的硕士生导师邹为诚老师一直以来对我的指导和帮助。邹老师是我学术生涯的启蒙老师，他的教学思想和研究智慧也一直深深影响、启发着我。

感谢在北京外国语大学读博期间，对我开放课堂的英语学院伊蕊老师、刘葵兰老师、吴兆红老师和邱瑾老师。她们宽广的胸怀，开阔的眼界，对科学研究的支持，对后辈青年学生的扶持、体恤和无私关怀，对我都是莫大的鼓励和继续前进的精神动力。在课堂、课后与老师们只言片语的交流中，我感受到了温暖，也获得了很多教学方法上的反思和启示。时至今日，每每忆起我都会怀念、感激那段充实而愉悦的时光。在此期间，我深深感受到北京外国语大学优良深厚的文化底蕴和勇于突破的创新精神。这种包容和合、孜孜不倦的治学风范和文化品格，是我一生学习、工作和生活的精神给养。

感谢一路走来关心、帮助我的同学和挚友。感谢我的同门师兄妹，成长的道路因你们不再孤单。也衷心感谢在北京外国语大学读博期间，陪伴、帮助我的诸位同学，感恩你们的无私帮助与分享。感谢我的舍友北京外国语大学日研中心的马如慧同学四年来的支持和陪伴，感恩能与你一同度过这段美好时光。

衷心感谢我的父母和家人，一步步见证我成长，给予我最大程度的支持。这些感谢难于言表。只愿我能一直努力，做最好的自己，不让你们失望。

古人云："落其实者思其树，饮其流者怀其源。"一路走来，有太多人的奉献与帮助，在此有愧无以一一答谢。今天，我完成了我的博士论文，但那只是我学习奋进的起点。但在我学生生涯即将结束之际，我想衷心感谢成长路上每一位帮助我的恩师、挚友和亲人！

2021年6月

于北京外国语大学图书馆

目　录

表 目

图　目

缩略语表

缩略语	全称	翻译
AL	Academic Language	学术语言
AL	Academic Literacy	学术素养
AP	Appraisal Theory	评价理论
AW	Academic Writing	学术写作
BISC	Basic Interpersonal Communication Skills	基本人际交流技能
CALP	Cognitive Academic Language Proficiency	认知学术语言能力
CHAT	Cultural Historical Activity Theory	文化历史活动理论
CLIL	Content Language Integrated Learning	内容语言融合式学习
DL	Disciplinary Literacy	学科读写能力
EL	Expansive Learning	拓展性学习
EFL	English as a Foreign Language	英语为外语
ESL	English as a Second Language	英语为第二语言
FL	Formal Learning	组织性教学
IS	Interpersonal Stance	人际立场
LTW	Learning to Write	学习写作
SI	Sheltered Instruction	掩蔽教学
SC	Scientific Concept	科学概念
SC	Spontaneous Concept	日常概念
SCT	Sociocultural Theory	社会文化理论
SFL	Systemic Functional Linguistics	系统功能语言学
WAC	Writing Across the Curriculum	跨课程写作
WTL	Writing to Learn	写作学习
《国标》	《高等学校外国语言文学类专业本科教学质量国家标准》	

第一章　绪论

本章介绍本研究的背景、目的和选题意义。1.1节论述当前国内高等外语教育语境下，学生学术语言发展的重要性及（学术）写作教学模式改革的迫切性。1.2节介绍本研究的目的、方法和意义。1.3节介绍本书的结构和各章节主要内容。

1.1　研究背景

学术语言是学术团体内部建构知识、沟通交流的基础，也是学习者获取学科知识、参与学术团体实践活动的重要媒介。因此，学术语言发展一直是教育，特别是各国高等教育的重要目标之一（Flowerdew，2013；Gee，2015）。当今，学术语言已成为个体融入特定社会团体，获取专业知识与技能，参与沟通、交流与合作的必备语言基础，也是当今世界知识经济发展，对劳动力素质的基本要求之一（Gebhard，2004）。

当下，我国急需一批具备扎实专业基础、过硬外语能力、沟通合作能力和国际视野的高端复合型人才（王俊菊、冯光武，2018）。学术语言特别是外/二语学术语言的发展显得尤为重要。其理据是：1）学术语言作为特定专业领域内部知识建构和意义交流的基础，是实现知识发展与创新的重要媒介（Lillis & Scott，2007）；2）学术语言发展是语言发展的高级阶段，是高阶思维能力的体现，也是学习者专业/学科素养发展的基础（Russell，2009）。因此，学术语言，特别是外/二语学术语言的发展，是当前我国高等外语教育语境下，人才培养的重要目标之一（张莲、孙有中，2014）。

教育部2018年颁布的《高等学校外国语言文学类专业本科教学质量国家标准（外国语言文学类）》（以下简称《国标》）指出，“外语类专业旨在培养具有良好的综合素质、扎实的外语基本功和专业知识与能力，掌握相关专业知识，适应我国对外交流、国家与地方经济社会发展、各类涉外行业、外语教育与学术研究需要的各外语语种专业人才和复合型外语人才”。如《国标》所言，外语能力训练和专业知识学习相辅相成。语言学习的目的不仅在于人际交流。语言作为人类认识、改造世界的重要手段，是学习者参与学术团体实践活动，重塑、发展自身认知、行为的重要媒介（Duff，2007，2010）。

上述人才培养目标把语言和认知发展紧密联结，对我国高等外语教育提出新要求，例如：1）外语类课程不能割裂语言技能训练、学科知识学习和人文素养培养（张莲等，2013）；2）外语教学应兼顾语言的交际功能、思维功能和信息功能。实现学生语言能力和高阶思维能力的协同发展（文秋芳、周燕，2006）；3）外语教育语境下，学生在一定程度上缺失真实语言使用的动机，这可能影响他们语言学习的方式和成效。同理，学术语言教学若脱离具体学科语境下的内容学习需求，也可能导致耗时、低效（蔡基刚，2018）。

该现象反映了我国高等外语教育语境下，学生学术语言发展的困难和瓶颈。语言学习与学科内容学习，语言学习与语言运用间存在一定程度的“分离”。语言学习难以满足学科知识学习和高阶思维能力发展的需要（文秋芳，2019）。外语教育语境下，课堂是语言学习发生的主要场域。如何创设真实、有意义的课堂语言学习活动，为学生（学术）语言发展提供有利环境支持，一直是领域内一项重要且亟待解决的问题（Johns，1997）。

上述问题的解决兼具理论和实践意义。学术语言发展缘于学习者在具体语境下的（学术）话语实践活动，是课程、教学和学习者等多元因素复杂互动的结果。任何一项因素的改变都可能导致不同因素间互动关系的变化，进而形成不同学习和发展过程（Byrnes，2019）。因此，对真实外语教学语境下，课程、教学和学习者等因素间互动关系的研究，本身即构成了知识建构和发展的过程（Kemmis，2010），也是真实学习发生过程的再现和凝练。

目前我国高等外语教育语境下，相关学术写作教学研究主要涉及：1）学术写作课程设置和教学实施方式构思（蔡基刚，2018；王初明，2017；张莲、孙有中，2014）；2）学生语言发展过程追踪、描述（杨鲁新，2015；张珊珊、徐锦芬，2019）。本研究兼顾课程设计、教学实施和学生学习过程，探究宏观、中观层面的外语写作课程设置与教学实施方式，如何调节微观情境下的学生学术语言发展过程。结合多元证据，调整、完善课程设计与实施方式。

本研究语境下的写作课程/教学改革，始于对学生二语写作能力发展现状的不满，如语言质量堪忧、逻辑思维混乱和学术素养薄弱等（黄源深，1998；孙有中，2011；张莲、孙有中，2014等）。该现象反映了学生写作语言资源，尤其是学术语言资源的匮乏。这在一定程度上与本研究语境下“重语言形式训练、轻学科思维与技能”的外语教学传统有关。该教学模式在一定程度上抑制了学生广泛接触高质量学术文本、参与真实学术话语实践的机会，不利于他们建立学术语言形式、意义与功能间的联结，实现语言和认知能力的协同发展。

鉴于此，本研究语境下的写作教学改革，将写作视为一项真实的学术话语实践活动。引导学生用写作解决真实问题，广泛接触高质量（学术）阅读材料，坚持写作训练，开展学术研究。逐渐实现写作教学关注点从文本向语境和实践的转变，促成学生学术语言发展（张莲、孙有中，2014）。上述课程设计理念带来教学、学习和评价方式的系列变革，包括：以活动为载体的写作教学设计，学术话语实践驱动的写作学习模式和彰显学习者主体性、能动性的课程评价方法等。上述课程理念自实施以来已积累了一定实证基础（Li & Zhang，2022；Zhang，2019）。然而，目前，针对课程设置、教学实施和学生发展三者间关系的研究仍有待进一步拓展、突破。揭示外语教学语境下，学生学术语言发展的过程与机制，在实践中检验、发展、创新课程设计理念。换言之，课程设置能为教学活动提供参考，也是对学生发展的预期规划，能指导微观情境下的教学、学习过程，并在实践中实现自我完善和发展（Byrnes，2019；Norris，2016）。揭示课程设计、教学实施与学生学习间的互动关系，能提升我国高等外语教育人才培养质量。事关《国标》的落实和检验，事关构建自主人才培养体系，事关学科知识体系的创新发展。

1.2　研究目的、方法和意义

本研究深度描写、追踪国内某高校英语专业本科生，学术写作学习中的语言发展过程，揭示促成/抑制学习发生的关键机制。采用历时混合研究方法，将"活动"作为教学设计和数据分析的基本单元，从学习过程和发展结果两方面，揭示促成英语专业本科生学术语言发展的关键机制。学习过程分析，追踪典型案例，揭示促成学术语言发展的关键个体特质、环境因素及其互动关系。发展结果呈现，结合量化和质性写作文本分析，揭示学生学术语言发展在词汇、句法、语义和语篇层面的特征，及这些特征间的互动关系。上述研究思路以系统和变化的视角审视学术语言发展，关注学术语言各维度间的互动与联结，探究学术语言发展过程中，学习者个体特质与环境因素间的复杂、动态互动关系，优化相关（学术）写作课程的规划、设计与实施。

1.3 各章节主要内容

本书由六个章节构成。

第一章为绪论。基于英语专业本科生学术语言发展的现实需求和本研究语境下的英语专业本科基础学段写作教学改革目标，讨论本研究的意义和价值，简要介绍研究思路和方法。

第二章为文献回顾。梳理当前外/二语学术写作教学和学术语言发展等议题的研究发现，回顾相关写作教学设计与实施的思路，拓展前人研究思路和方法，引出本研究问题。

第三章为研究方法。从研究方法选取理据、研究场域、研究对象、数据收集与分析方法、研究可信度及伦理考察等方面，论证研究设计和实施方式的可行性。

第四章为研究发现。分别从学生学习过程和语言发展结果两方面，回答本研究问题。其中，4.1和4.2节分别报告群体和案例学习者学术语言发展的特征。4.3和4.4节从拓展性学习理论和人类发展生态学视角，描述、追踪、阐释案例学习者学术语言发展的过程与机制。

第五章为讨论。基于本研究发现，概括英语专业本科生学术语言发展的特征。建立不同研究发现间的证据联结与不同理论间的对话关系，提炼本研究的理论、实践意义和方法价值。

第六章为结论与启示。总结本研究发现和贡献，反思当前研究局限，展望未来研究方向。

第二章 文献回顾

本章为文献回顾，梳理、评述学术语言发展研究的主要概念、议题，论证本研究开展的必要性，引出研究问题。2.1节采用多元视角界定学术语言发展的内涵，对核心概念进行操作化定义。2.2节阐述写作学习和语言发展间的关系，梳理相关实证研究焦点及进展。2.3节介绍社会文化活动中的学术写作教学和学生语言发展。2.4节阐述人类发展生态学视角对学生学习和语言发展过程的解释力。2.5节总结前人研究结果，拓展研究思路，引出本研究问题。

2.1 学术语言及其发展

学术语言是学习者参与学术团体内部实践活动的基础，也是其获取学科知识，提升自身学术能力和素养的重要手段（Flowerdew，2013；Gee，2015）。学术语言的概念可以追溯到Cummins（1979）对“认知学术语言能力”（Cognitive Academic Language Proficiency，CALP）和“基本人际交流技能”（Basic Interpersonal Communication Skills，BICS）两项概念的区分。Cummins（1979）认为，一般英语学习者（English Language Learners，ELL）在英语为母语语境下，能在约2年内熟练进行人际交流，却一般需要5–7年才能达到学科内容学习的语言要求。因此，学术语言已成为英语学习者进行学科内容学习的主要瓶颈之一（Cummins，2000）。

目前，学术语言有多种界定方式。主要包含三种视角：1）语言发展视角；2）功能语言学视角；3）语言/内容教学视角（Dicerbo et al.，2014；Schleppegrell，2004，2013；Uccelli，2019；Zwiers，2008 等）。三种视角的出发点各不相同，但对语言发展和教学方式的认识却有诸多相似之处。

语言发展视角下，学术语言是语言发展的高级阶段，是学科知识建构的重要资源，也是科学思维方式的体现（Byrnes，2009；Fang，2012）。学科内容的逻辑性和复杂性通常体现为语言的复杂、逻辑与客观。语言是认知发展的重要调节工具，认知挑战度能为语言学习创造条件（Vygotsky，1986）。

功能语言学视角认为，语言的选择基于特定社会文化语境下的交际目的。语言形式是交际目的、意义与功能在具体语境中的实现（Halliday，2000）。学术语言作为学术/教育领域内部通用的语言和符号资源，是“教育领域构建知识、角色及关系的语言选择”（Schleppegrell，2004，p.17）。这一概念明确，学术语言发展具有功能性，服务于特定社会团体内部的交流和实践活动。

语言/内容学习视角下，学术语言是学生学习学科知识，参与社会实践的重要语言资源（Uccelli，2019）。Dicerbo et al.（2014，p.446）在对近20年的学术英语教学研究综述中，将学术英语界定为：学校教育领域内，帮助学生学习、建构学科知识的语言资源。强调学术语言在学科内容学习活动中，对学生高阶认知发展的调节作用。

上述定义反映了学术语言的三个特征，即符号性、功能性和认知性（Halliday，2004；Moje，2015；Schleppegrell，2004；Uccelli，2019；Zwiers，2008）。符号性指学术语言是学术/职业团体内部，进行沟通、交流的符号资源。学术语言发展即学习者在学术团体实践活动中，不断拓展、丰富自身语言、符号资源的过程（Haneda，2014）。认知性指学习者在广泛接触、深度加工学术语言的过程中，不断获取学科知识，内化学术思维方式，逐渐认同学术团体内部的价值与规约（Shanahan & Shanahan，2008）。因此，学术语言发展即学习者不断深化自身实践，获得团体内部身份认同，拓展自身行为、实践方式的过程（Wenger，1998）。上述三项特征紧密相连，又有各自的边界。强调学术语言发展与认知、实践间的联系，把学术语言发展根植于具体学科语境下的（学术）话语实践过程。

EFL语境下，学生语言学习和学术语言发展同时进行，且主要发生于课堂。课堂教学如何为学生语言发展创设优质环境资源，显得尤为重要。因此，本研究拟探究学术话语实践驱动的写作教学，对学生学术语言发展的调节作用。本研究中，学习者为实现真实的写作/研究目的，大量接触、深度加工学术文本。鉴于此，本研究将学术语言定义为：学生学习学科知识、参与学术话语实践活动的必备语言资源，即：学生阅读学术文献、参与课堂讨论、开展学术研究、汇报研究结果、撰写学术论文等实践活动所需的语言基础。将学术语言发展定义为：学生在系列学术话语实践活动中（如阅读文献、开展研究、参与学术交流、撰写学术论文），获得的语言能力发展。

上述定义将学术语言发展、学科知识学习和学术话语实践紧密关联，强调学术语言形式、意义与功能间具有密切联系（Moje et al.，2008）。本研究参照Bachman and Palmer（2010）的语言能力框架和Snow and Uccelli（2009）对学术语言特征的描述，从词汇、句法、语义、语篇四个维度，界定学术语言发展。

Bachman and Palmer（2010）提出，语言知识主要包含组构知识（organizational knowledge）和语用知识（pragmatic knowledge）。前者主要涉及语言形式，后者则针对语言运用。在语言形式层面，组构知识主要包含语法知识（grammatical knowledge），如语言词汇、句法、语义和语篇连贯与衔接。Snow and Uccelli（2009）从词汇、句法、语义和语篇层面描述了学术语言的特征，包括：单位语言信息密度、句法复杂度及语法隐喻特征、表意精确性与客观性、语篇逻辑、连贯与衔接等。本研究参考上述框架，重点关注语言形式，从词汇、句法、语义和语篇四个层面界定学术语言发展。

具体而言，学术语言在词汇层面的发展主要体现为：词汇复杂度、词汇丰富度和词汇密度（Lu，2012）。句法层面主要体现为：句法复杂度和语言准确度。句法复杂度发展主要包含：整体复杂度（如T单位平均长度）、嵌套密度（如T单位平均从句数）和短语复杂度，尤其是复杂名词短语的使用（Ortega，2012）。语言准确度发展聚焦形式语法规则，暂不考虑语言使用的恰当性。语义层面主要体现为语义精确度和视角多元性。语义精确性通常涉及说话人语义评价资源的使用与观点、立场的构建（Hood，2010）。相比日常语言，学术语言表意方式通常比较抽象、疏离、客观（Snow & Uccelli，2009）。视角多元性指从不同角度看待问题，尽量避免观点偏颇（Kuhn & Crowell，2011）。学术写作中，多元视角的采纳指从多角度审视、分析不同研究结果，提高论证的严密性和观点可信度（Andrews，2010）。语篇层面主要涉及语步和语篇连贯与衔接。语步是实现学术语篇交际功能的重要语言资源，也是学术语言形式、意义与功能的集合体（Moreno & Swales，2018）。语篇连贯与衔接主要指句子、段落内部和上下文间的语义联系（Halliday & Hasan，1976）。综上，学术语言发展是一项多元技能的综合体，其中词汇、句法、语义和语篇各维度间复杂、动态联结。学术交流的目的和功能会影响语言形式的选择，也可能为学术语言发展创造契机（Byrnes，2020）。

2.2　写作与语言发展的关系

写作是个体自我表达、身份建构、参与特定社会团体实践活动的媒介，也是语言、认知发展的重要调节机制之一（Manchón，2009）。Byrnes et al.（2010）指出，写作不仅是一项语言技能，也是一项高级心智活动。换言之，写作能促成语言、认知发展，及二者在具体社会文化实践中的互动和调节。

Manchón（2011）指出，写作教学主要包含两条路径：学习写作（learning to write）和写作学习（writing to learn）。前者把写作视为一项语言技能，后者强调写作作为一项认知工具，对学习者语言及认知发展的意义。近年来，该理念在母语和二/外语写作教学中逐渐得到认可。写作不再是一项单一语言技能，而是学习者在具体社会文化环境下获取学科知识，参与学术实践的重要手段（Carter，2007；Prain & Hand，2016；Russell et al.，2009）。写作学习与语言、认知发展密切关联（Shanahan & Shanahan，2008）。

首先，写作能促进语言学习（Hyland，2009；Ortega，2012；Schleppegrell，2013，Yang，2016 等）。其理据是：1）写作是建构意义和观点的过程，学生需要调动自身语言资源，不断延申自身中介语系统，激发自身语言潜势，实现意义表达需要（Robinson，2011；Swain，2006）；2）写作能促使学生显性关注语言形式，发现自身语言资源的空缺，为语言学习创设真实目的和需求（Swain，2006）。正如Manchón（2011）所言，二语学习中，写作学习与语言发展同时进行，真实、有意义的写作活动为语言发展创造条件。

第二，写作能调节认知发展（Paltridge，2002；Suzuki，2012；Vygotsky，1986）。相比口语，写作更具延时性。它是显性思考的结果，也是自我反思的工具（Williams，2012）。写作不仅是思维的外化，也使思维在外化过程中得到凝练和提升（Vygotsky，1986）。目前，这一观点已得到相关心理语言学和二语习得研究结果的证实（Suzuki，2012；Swain & Watanabe，2013等）。例如，Suzuki（2012）在对24名日本英语学习者写作反馈方式的研究中发现，书面语言活动（written languaging）能促使学习者深度加工文本、进行学习反思。Poehner（2008）指出，学习者通过语言外化思维，审视、反思、评价自身表现，获得语言、认知发展。上述研究表明，写作对认知发展具有调节作用，这主要缘于写作过程的思辨性和反思性。学生在写作过程中斟酌语言，思维获得凝练与提升（Jones，2008）。

第三，写作能促成语言、认知发展的深度调节（Prain & Hand，2016）。写作过程即用语言进行复杂思维活动的过程。意义表达的需要促使学习者不断斟酌、锤炼自身语言，扩展、丰富自身语言、认知资源。在此过程中，思维得到具化、重塑与提升（Vygotsky，1986）。语言和认知发展在学习者表达、建构观点的过程中相互调节。

英语母语语境约20世纪70年代起，就开始关注写作语言学习和学科内容学习相结合的可能（Russell，2009）。目的是提高写作教学/学习的效率，探索学科语境下的写作任务中，学习者语言、认知发展相互调节的可能。其中，比较典型的案例包括：北美地区发起的“跨课程写作”（Writing Across the Curriculum）和欧洲地区提倡的“学术素养”（academic literacies）发展。前者倡导把写作学习置于真实学科语境中，促使学生在学习学科知识的过程中大量接触、深度加工学术文本，提升自身写作能力。后者将写作视为一项社会文化实践，从价值观念、身份认同和机制革新等角度，探究真实社会文化语境下，写作学习与社会实践间的关联。上述教学模式将写作视为一项社会文化（话语）实践，强调写作兼具认知性和社会性，能联结个人与社会发展。

上述写作教学理念得到语言社会化理论的支持（Duff，2007，2010）。语言社会化（language socialization）指“个体或团体新成员逐渐获取参与团体社会生活所需的知识、技能、价值观等要素”（Garrett，2016，p.2）。语言作为知识、文化和价值观念的载体，是团体成员实现社会化的重要媒介（Byram & Feng，2004）。学术语言发展即学习者在特定学术团体内部的社会化过程。语言作为学习者参与团体内部交流和实践的基础，为其融入（学术）团体生活、获取团体内部知识、技能与身份提供必备支持（Duff，2010）。写作是学习者语言社会化发展的重要方式之一（Carter，2007）。学习者通过写作不断拓展、丰富学科知识，增强语言意识，提升自身参与团体内部实践活动的能力。

目前，写作与内容学习在高等外语教育中的融合已逐渐得到认可（Russell et al.，2009；Street，2009）。如上所言，写作是内容学习和知识建构的工具，也是学术话语实践活动的重要组成部分（Bailey et al.，2007）。真实学术实践促使学生大量接触、深度加工学术文本，关注语言形式，重塑自身认知（Paltridge，2002）。因此，写作中的语言学习是学生学科知识与思维不断丰富、发展的过程（Fang，2012）。正如Shanahan（2012）所言，思维和行事方式的不同，可能直接导致话语表征的不同，各学科专家理解问题、解决问题的方式，根植于学科话语和知识建构的方式。

目前，英语母语语境下，写作与内容学习的融合已积累了一定实证基础（Moje et al.，2008；Russell，2009；Shanahan，2012 等）。然而，如何在EFL教学语境下将二者有机结合，仍备受关注（熊淑慧、邹为诚，2012；张莲、孙有中，2014；Zhang，2019 等）。一方面，EFL语境下，写作教学可能缺乏真实目的和动机，不利于学生在学习中增强认知投入（Johns，1997）。另一方面，学生在写作中可能缺乏高质量的语言输入和智力支持。这在一定程度上抑制了写作对学生语言、认知发展的调节作用（Hirvela，2016）。读写结合的写作教学模式，能在一定程度上缓解这一问题（Wang & Wang，2015）。该教学模式旨在通过阅读激发学生的真实写作动机，提供高质量语言模板，丰富学生在写作中的语言和认知资源（王初明，2017）。上述研究发现为外/二语写作教学的设计和实施提供重要启示。相关研究能在此基础上进一步拓展，探究真实学术话语实践活动如何为学生语言、认知发展创造条件。

2.2.1 二语写作中的语言发展

EFL教学语境下，写作学习和语言发展通常同时发生（Manchón，2011）。写作教学的一项重要任务即促成学生语言发展。因此，教师对语言本质和发展方式的认识，可能直接影响写作教学的设计与实施（Racelis & Matsuda，2013）。目前，二语写作教学研究已逐渐历经关注点从文本向语境和实践的转换（Johns，1997）。主要体现为：1）从单纯关注写作任务本身，到探究学生在写作中的语言与认知发展（Williams，2012）；2）从单纯关注语言形式，到关注语言形式、意义与功能间的联结（van Lier，2004）。

早期写作教学受结构主义思想影响，将写作视为单一语言技能（Racelis & Matsuda，2013）。该视角下，写作被视为检验语言学习的工具，写作的目的在于帮助学生理解、运用和巩固所学语言知识（如词汇、语法）。写作教学的主要任务之一即弥补学生语言知识的不足（Okuda & Anderson，2018）。该教学方式在一定程度上抑制了学生在写作中自我表达的需求，使写作学习脱离具体语境、缺失真实目的，不利于语言学习的发生（Johns，1997）。

上述写作学习方式在实践中不断改进、发展。20世纪中后叶兴起的过程性写作教学即其中一个典型案例。该教学模式的提出受心理语言学和认知科学影响，重点关注学生在写作中的语言和认知加工过程。其中一项基本共识是，写作是一项人际交流活动，意义传达成功与否关键在于作者与读者间是否共享语言、认知资源（Fitzgerald & Shanahan，2000；Johns，1997）。因此，写作不仅是自我表达的工具，还是意义交流的工具。学习者在构思、草稿、修改、润色等一系列有意义的写作活动中，不断斟酌、完善自身语言表达的精确性和适切性，获得语言和认知发展（Jones，2008）。然而，对英语非本族语者而言，过程性写作可能在一定程度上缺失真实交际目的，进而影响学生在写作中的投入和学习效果（Racelis & Matsuda，2013）。

此外，二语写作具有功能性和社会性（Duff & Doherty，2012；Russell et al.，2009）。写作作为特定社会团体内部知识建构和意义交流的基础，是学习者获取学科知识、内化团体规则，实现语言社会化的重要媒介（Russell et al.，2009）。这一观点与系统功能语言学对语言发展的认识不谋而合（Halliday，2000）。该理论视域下，语言是具体社会文化语境下特定交际目的的实现方式。语言选择服务于具体交际目的，实现不同意义表达效果（Byrnes，2012）。该视角下的一个典型案例即体裁教学。体裁是实现意义潜势的重要语言和认知资源。它不仅是一种话语结构（discourse frame），也是一种认知方式和社会行为，是社会价值得以实现的手段（Gee，2015）。因此，体裁教学兼顾写作的认知性和社会性，关注话语的社会功能与价值。该写作模式将写作、认知与实践紧密联结。把写作转化为学科知识学习和社会实践的过程，促成语言与认知发展的深度调节。

综上，国内外二语写作教学模式的转变主要体现在三方面：1）从把写作视为一项独立语言技能到关注写作与其他语言技能间的联系（Graham & Hebert，2011）；2）从聚焦写作语言形式到关注写作的社会价值（Russell，2009；Lea & Street，2006）；3）从关注写作的认知功能到写作的社会和实践功能（Racelis & Matsuda，2013）。该现象反映了学术写作教学方式从文本向实践，从认知向社会的转向（Lillis，2014）。相关写作教学的焦点也逐渐从写作作为一项语言技能，到写作作为认知工具，再到写作作为社会实践转变。正如Schleppegrell and O'Hallaron（2011）所言，高效的写作教学能为学生创设真实写作目的，引导学生关注语言形式，充分利用现有语言、认知资源，建立写作语言、认知和社会功能间的紧密联系。

2.2.2　学术写作中的语言发展

学术写作是学科知识建构和意义交流的基础，也是科学思维方式的体现。学术写作过程中，思维的逻辑与复杂直接体现为写作语言的标记性，包括：语言的复杂、抽象、精确与客观等（Zwiers，2008）。这些语言特征在词汇－句法层面体现为：用词的复杂性、准确性，小句名词化和语法隐喻现象等。上述语言特征能提高语篇的信息密度，促成信息在小句层面的压缩，为语义的推进创造条件（Wignell，1998）。在语义层面体现为：模糊语使用、人际立场的确立和多元视角的采纳等（Bailey et al.，2007；Snow & Uccelli，2009）。这些语言特征能增强学术写作的客观性、观点表达的力度和精确性（Hyland，2012）。在语篇层面体现为语步的划分、连接词使用、语篇的连贯与衔接等（Snow & Uccelli，2009）。上述语言特征的出现，在一定程度上体现了学习者从口语化的意合（paratactic）特征，向学术语言高信息密度意义表达方式的转变（Schleppegrell，2004，p.79）。

上述语言特征的习得与科学思维发展密切关联（Fang，2012）。学术写作即学习者不断获取学科知识，内化学术语言意义表达方式的过程（Zwiers，2008），受高级思维能力（如逻辑分析能力、论证能力和评价能力）调节，受具体语境下的社会文化规则规约（Schleppegrell，2004）。学术写作中的语言发展不单纯指语言技能的发展，而是指向真实学术话语实践活动中的语言社会化过程（Lillis，2014）。换言之，学生学习、建构学科知识、发展科学思维的过程，即其学术语言发展的过程。

目前，学术写作中的语言发展研究主要分为两类：1）基于文本的学术语言发展研究（Biber & Gray，2010；DiCerbo et al.，2014；Hyland，2007；Uccelli et al.，2020；Schleppegrell，2013）；2）基于语境的学术写作学习过程研究（Hallett，2013；Lillis，2008；Murray & Nallaya，2014；Wingate，2012；Wingate & Tribble，2012）。前者侧重于写作文本分析，从词汇、句法、语义和语篇等角度描摹、追踪学生学术语言发展；后者则更关注促成发展的机制。上述两种视角相互补充。

目前，基于文本的学术语言发展研究主要从三方面展开：1）描述学生学术语言发展的特征（Biber & Gray，2010；DiCerbo et al.，2014；Ortega，2009）；2）揭示学术语言发展的阶段性；3）探究学术语言发展与学生阅读、写作表现间的联系（Meneses et al.，2018；Uccelli et al.，2015）。第一类研究主要采用共时、横截面式的研究方法，借助语料库语言学研究工具，描述群体学习者学术语言发展的特征（Biber & Gray，2010；DiCerbo et al.，2014；Hyland，2007；Schleppegrell，2013等）。第二类研究多采用历时发展视角，对不同学术语言指标发展的先后顺序和习得难度进行描述、分析。第三类研究兼顾语言发展的历时和共时特征，结合文本计量标注和质性分析等方法，探究学生学术语言发展水平与其阅读、写作表现间的联系。

2.2.2.1 学术写作中的语言发展特征研究

从横截面研究视角出发，学术写作中的语言发展即学习者写作语言日趋接近学术体裁语言特征的过程（Schleppegrell，2004），主要体现在以下两方面：1）学术语言特征；2）学术体裁特征（Byrnes，2009；Dreyfus et al.，2016；Uccelli et al.，2015等）。Zwiers（2008）概括了学术语言的三个主要特征：复杂性、抽象性和客观性。这些特征同时体现在词汇、句法、语义和语篇层面

（Snow & Uccelli，2009）。在词汇层面，学术语言强调用词的准确性和精确性，体现在语言的词汇复杂度、词汇丰富度、元语言词汇和模糊语使用等方面（Taguchi et al.，2013；Uccelli et al.，2015）。在句法层面，学术语言具有较高信息密度，常通过名词化和语法隐喻等手段，压缩小句信息，进行复杂意义表达。该现象在句法层面主要体现为，复杂名词短语的使用和信息在小句层面的压缩（Dreyfus et al.，2016）。

在语义层面，学术语言旨在构建一个相对疏离和权威的人际立场（interpersonal stance）。跳出日常交际中的人际权势关系，站在一个相对疏离、客观的视角对事物进行评价、分析，并通过多元评价资源的使用，提升观点的严密性和论证逻辑性，使其更容易被接纳（Snow & Uccelli，2009）。此外，学术写作提倡超越单一视角看问题，从不同角度出发，对比、分析、建立不同观点间的联系，提高论证的有效性。正如Davis（2008）所言，学术写作的目的不仅限于陈述，而是要论证、分析。

在语篇层面，学术写作语言具有比较明显的连贯与衔接特征。这同时体现在显性语篇衔接（如连接词使用、指代关系和词汇衔接等）和隐性逻辑连贯层面（如语义关系照应和论证的逻辑性）（Halliday & Hasan，1976）。这些特征使学术写作在脱离具体语境的情况下，借助语篇内部语义和逻辑关系进行表意，善用显性语法标记和逻辑推理（Wignell，1998）。上述语言特征目前已能够借助语料库语言学研究工具测量。例如，Lu（2010，2012）的二语词汇复杂度和句法复杂度分析器，Kyle（2016）的句法复杂度自动分析器，Kyle et al.（2018）的词汇复杂度自动分析器和Graesser et al.（2011）的Coh-Metrix语篇衔接分析器等。在词汇、句法方面，Lu（2010，2012）多采用综合指标，如T单位平均长度、T单位平均从句数和词汇复杂度等。Kyle（2016）和Kyle et al.（2018）则更多关注语言在使用中的分布，描述不同类别的短语结构（如名词主语、名词补语、直接宾语、介宾短语等）与从属结构（如限定词、形容词、修饰语等）间的嵌套关系。上述词汇、句法复杂度分析方法各有优势，取决于语言分析的目的和研究焦点。目前，上述研究工具已在实证研究中得到广泛应用，分析的准确性也基本得到证实（Crossley & McNamara，2014；Lu，2010；Polio & Yoon，2017等）。

在体裁知识方面，学术写作语言特征同时体现在语言和元语言层面。语言层面，不同体裁具有独特语言特征。这些语言特征服务于特定交际目的和功能的表达，也是不同社会团体思维、行事方式和价值观念的体现（Hyland，2007）。Fang and Coatoam（2013）指出，体裁是特定社会团体为实现具体交际目的，发展出的典型语言和思维模式，是特定社会文化语境和交际目的的产物，也是团体内部共享的符号和认知资源（Swales，1990）。学术写作作为学术团体内部重要的语言和认知资源，是学术交流目的、功能和价值的体现。学术写作学习的目的之一即帮助学生了解学术体裁的规范和规约（Hyland，2007）。学术写作中，这些功能主要通过语步实现，即“特定体裁实现交际功能的基本语篇和修辞单位”（Swales，2004，p.228）。相关研究表明，语步是体裁功能得以实现的重要载体。学术写作中，语步的实现依赖于一系列特定语言特征，如显性指示词和连接词的使用等（Swales，1990）。这些特征是学习者语言发展的标志，也是调节学术话语实践的重要符号资源。

学术语言发展的历时视角旨在探究语言发展的阶段性特征。不同于横截面式的研究，历时研究对个/群体语言发展进行长期追踪，探究不同语言特征发展的顺序和速率与语言学习环境或教学方式间的复杂互动关系。该视角下，对学术语言发展阶段性的描述同时体现在词汇、句法、语义和语篇层面（Norris & Ortega，2009；Ortega，2012）。在词汇、句法层面主要表现为语言复杂度。相关研究表明，语言复杂度是学习者中介语发展的重要标志，能反映语言学习的发生（Norris & Ortega，2009）。中介语即学习者语言，是学习者目标语学习过程的过渡阶段（Gass & Selinker，2008）。它既能反映语言发展的规律性和系统性，也受具体语境下教学方式的调节（Larsen-Freeman，2006）。写作过程中真实的意义表达需要，能促使学习者不断延伸自身中介语系统，发现自身语言资源的空缺，为语言发展创造条件。同理，二语学习者的中介语发展水平，也能在其写作语言中得到体现。例如，By and Housen（2014）指出，语言复杂度是反映二语水平的一项基本指标，在二语发展中至关重要。Ortega（2012）提出了句法复杂度测量的三个主要维度：1）总体复杂度，如T单位长度；2）嵌套密度（subordination density），如T单位从句数；3）名词短语复杂度（phrasal lengthening measure），如T单位复杂名词数。就词汇复杂度而言，Lu（2012）从词汇复杂度（lexical sophistication）、词汇丰富度（lexical richness）、词汇密度（lexical density）和词汇多样性（lexical variation）等方面界定词汇复杂度特征。

相关研究表明，二语词汇、句法各子维度的发展具有一定阶段性特征（Biber et al.，2020；Ellis & Barkhuizen，2005；Ortega，2012等）。例如，Ortega（2012）发现句法复杂度发展过程中，嵌套的发生可能早于名词化和语法隐喻现象，多见于语言复杂度发展的初始阶段。然而，在语言发展的高级阶段，嵌套使用的频率逐渐减少，尤其在正式及专业性体裁中，语言复杂度更多表现为名词化和语法隐喻特征（Biber et al.，2020）。在词汇层面，词汇丰富度的发展相较复杂度更具挑战性，这可能与学术语言资源积累的长期性有关（Uccelli，2019）。相比日常语言资源，学术语言资源的积累是正规学校教育和学术话语实践共同调节的结果，也是一个长期的语言社会化过程。

在语义层面，严谨、客观的人际立场，依托一系列语义评价资源和视角得以构建（Hood，2010；Hyland，2005；Kuhn & Crowell，2011；Zhang & Ling-Cheung，2018）。Hyland（2005）关于元语言资源的分类，列出了两类常用评价资源：加强词（booster）和委婉语（hedge）。它们分别对应语义表达强化和弱化的需要。上述语义评价资源的使用，对提升学术语言表达的精确性、严谨性和客观性都具有重要价值，尤其在观点建构层面。Hood（2010）借助系统功能语言学视角下的马丁评价理论（appraisal theory），分析评价资源使用在学术写作中的意义和功能，如视角、观点的选择、限定和修饰等。目前，评价理论在话语分析领域已得到广泛应用，主要包括：媒体话语分析和学术语篇分析（李成陈、江桂英，2017；司显柱、徐婷婷，2011；唐青叶、史晓云，2016等）。但评价理论在学习者语言发展，特别是学术语言发展中的运用仍比较少见（Aull & Lancaster，2014；Zhang & Ling-Cheung，2018；叶洪、王凯伦，2021）。Aull and Lancaster（2014）发现外语学习者在写作中倾向于过度使用加强词，并在没有让步语义的情况下使用转折连词。Zhang & Ling-Cheung（2018）指出相比情感（affect）和判断（judgment），鉴赏（appreciation）资源在学术写作文本中的使用频率更高，这可能缘于学术写作的抽象性和客观性。叶洪、王凯伦（2021）关于研究生合作写作中评价资源使用类型的研究具有类似发现。上述研究表明，评价资源对于学术语篇，特别是学习者语篇分析具有一定指导作用。然而，目前相关研究仍处于起步阶段，尤其缺乏学习者语篇评价资源使用的历时追踪性研究。此外，多元视角的采纳能增强论证的力度和有效性，一定程度上减轻由单一视角看问题导致的观点偏颇（Andrews，2010）。

在语篇层面，语篇连贯性的发展相较语篇衔接更具挑战（Halliday & Hasan，1976，Johns，1986，Kern，2000）。语篇衔接（cohesion）的概念由Halliday and Hasan（1976）提出，指语篇不同成分间的语义依存和对应关系，对语义信息的推进具有重要作用。Halliday and Matthiessen（2004）发现了四种主要语篇衔接手段，包括连接词（conjunction）、指代（reference）、省略与替换（ellipsis and substitution）和词汇衔接（lexical cohesion）。这些衔接成分在语篇中几乎都具有显性标记和上下文对应关系。相比之下，语篇连贯（coherence）则更为隐性，更多指向语义的统一和连续性，或不同概念间的内在逻辑关联（Kern，2000，p.80）。如Basturkmen and von Randow（2014）所言，语篇连贯很大程度上由读者建构，是读者为实现特定阅读目标，调动自身语言和背景知识与文本互动的结果。具有连贯意识的作者会在写作中考虑读者需求、思维方式和习惯，而具有连贯意识的读者会在阅读中主动建构意义，进行推理和反思（Johns，1997；Hirvela，2016）。相比衔接，语篇连贯性的发展更具挑战，也是区分不同阅读、写作水平学习者的一项重要指标（Witte & Faigley，1981）。此外，学术语篇在组织结构方面呈现出一定程式化特征（Snow & Uccelli，2009）。这在很大程度上取决于语篇的意义和功能。例如，研究目标的确立需要基于对先前研究发现的整合、分析与评价，及对潜在研究方向的批判性思考。上述功能的实现依托写作中的具体语步，及实现语步的语言和认知资源，如复杂名词短语、多元评价资源的使用及观点的类比、比较与分析等。

目前，相关研究已逐渐开始关注学术语言发展在词汇、句法和语篇层面的联结。在词汇和句法层面，Galloway and Uccelli（2015）发现，写作发展的高级阶段，为实现意义表达的精确性，词汇和语法层面的发展通常同时进行。Xu（2019）指出，对学术语篇的描述不应仅限于词汇和句法特征，还需关注学术语言的程式化表达，因为后者是实现学术语篇交际功能的重要表意资源。在句法和语篇层面，相关研究发现，学术写作语步的交际功能会影响作者的语言选择（Lu et al.，2020）。例如，学术论文引言中，“介绍当前研究”语步倾向于呈现出明显的嵌套和复杂从句特征（Lu et al.，2020）。Saricaoglu et al.（2021）发现，二语学习者学术写作中的短语复杂度，能显著预测其引言语步的完整性。上述研究表明，学术写作在词汇、句法和语篇层面存在互动关系，尤其体现为学术语言表达的意义和功能，会影响学术写作中的语言选择。提示相关研究不止步于描述学习者在单个语言维度中的表现（如词汇、句法），而应探究不同语言维度，在实现特定语篇交际目的和功能中的互动与联结。此外，目前相关研究鲜有涉及语义层面的特征，对各语步内词汇与句法特征间互动关系的研究也有待深入。

在学术语言发展与阅读、写作表现间的关系层面，学生学术语言发展水平与其在二语阅读和写作中的表现紧密关联，二者间呈现双向互动关系（Stanovich，2009）。一方面，学生学术语言发展水平能在一定程度上预测其阅读、写作水平；另一方面，阅读和写作也是促成学术语言发展的重要方式之一（Meneses et al.，2018；Uccelli et al.，2015）。该现象反映，学术语言发展是学习者充分调用自身语言、认知资源，主动参与、投入学术话语实践活动的过程。学生学术语言发展水平与其参与学术阅读、写作实践的广度和深度密切关联。

该现象在二语学习中尤为明显。EFL语境下，学生日常语言和学术语言发展同时进行，二者间相互调节。Gentil（2011）指出，二语写作学习成效受学习者二语水平、母语写作能力和体裁知识等因素调节，具有一定连续性和可迁移性。Kormos（2012）持类似观点，指出学习者在写作中对有限注意力资源的分配存在竞争关系，学生当前语言水平可能抑制其在写作中同时关注语言和内容。该观点印证了Skehan（1996）提出的"有限注意力资源竞争假说"。该假说认为，交际压力环境下，学习者对语言形式和内容的关注均会消耗他们的有限注意力资源，致使二者间形成顾此失彼的竞争关系。Robinson（2011）提出的"认知假说"对此进行反驳，认为内容/认知复杂度的提升能为语言发展创造条件，尤其体现为真实、有意义、高认知挑战的交际活动对语言发展的调节作用。例如，Rahimi and Zhang（2018）发现，对于中高水平英语学习者，增加任务复杂度能提升他们在一项句法复杂度和词汇复杂度指标中的表现，却不会影响语言准确度和流利度水平。增加准备时间能提升学生在写作中的句法复杂度、流利度和总体写作质量，但对语言准确度无显著影响。上述研究表明，学术语言发展受学习者语言水平、学习任务和学习方式等因素共同影响。高效的学术写作教学不仅能根据学生水平设计学习任务，发挥学科内容学习需求对语言学习的促进作用，还能为学生提供丰富的语言、认知资源，为学术语言发展创造条件。

综上，对学术语言发展特征的研究在一定程度上揭示了外/二语学习者学术语言发展的阶段性特征，表明不同语言维度在意义表达过程中彼此互动，学术语言发展与个体写作、阅读表现间存在关联。学术语言发展具有一定规律和阶段性特征。观念，正如Belcher（2012）所言，未来研究应打破教育研究中的"宏大叙事"观念，从具体语境中的实际问题出发，深度描写微观学习发生过程。鉴于此，结合学生学术写作学习过程与发展结果的研究显得尤为必要。

2.2.2.2　学术写作中的语言发展过程研究

近年来，学术语言发展过程性研究日渐丰富（Lillis，2008；Murray & Nallaya，2014；Wingate，2012；Wingate & Tribble，2012）。此类研究主要从课程设置、教学实施与学生语言发展三者间的关系入手，探究促成学术语言发展的有效教学调节机制。研究内容主要包括：1）学术写作课程设计与实施方式对学生学习投入的影响（Hallett，2013；Murray & Nallaya，2014；Wingate，

2015）；2）学生如何利用课程学习资源，提升自身写作能力（Kalaja et al.，2015；Negretti，2017；van Lier，2000，2004）。前者重点关注课程设置对学生写作学习方式的调节，后者聚焦微观学习发生过程，探究个体特质（如语言水平、写作策略和语言意识等）和环境给养（如课程和教学调节机制）在学术语言发展过程中的互动关系。

上述两类研究将学术语言发展视为具体学科语境下的话语实践活动（Ochs & Schieffelin，2017；Okuda & Anderson，2018）。学习者通过参与学术团体内部实践，逐渐获得团体内部身份认同，获取团体资源，熟悉团体行为方式和规约（Wenger，1998）。上述学术语言发展观，强调写作学习的情景性和社会性。从主、客观二元互动的视角，描述学生学习过程，长期追踪学生语言发展结果（Lillis，2008）。该研究范式强调学习者主体性，兼顾学习环境的复杂性和发展的动态性，把语言发展视为学习者在复杂社会文化实践中的动态、非线性社会化过程（Larsen-Freeman，2006）。

具体而言，第一类研究从课程设计与实施的角度出发，讨论外语写作课程设置原则。例如，Murray and Nallaya（2014）分别从课程设计、教学实施和学生学习的视角，讨论、完善课程设计原则，为相关教学设计的完善提出建议。Hallett（2013）采用现象图析学分析方法，分别从学生、教师和助教的角度，观察、分析教学辅导中心在学生学术素养发展中所起的作用。上述研究表明，写作课程设计应综合考虑宏观课程设置理念、中观教学实施方式和微观学习发生过程，探究三者间的复杂互动关系。正如Allwright（2005）所言，教学模式的建构根植于具体教学语境下的实践与反思。实践模式的创新是一个循环往复、曲折前进的过程，也是理论在实践中得到检验、完善和发展的过程。

上述研究在一定程度上揭示了写作教学的机制，为相关写作课程的设计与实施提供启示。现实情况下，学生写作学习成效是主、客观因素共同作用的结果，受个体学习动机、目标导向、策略使用和自我调控能力等多重因素调节。学习者认知方式的差异，可能在一定程度上影响其对外界中介资源的感知和利用方式（van Lier，2000）。

鉴于此，第二类研究从微观学习发生过程出发，探究个体差异如何影响学生对课程/教学资源的感知和利用方式。如前所述，学习者当前语言水平和认知方式是教学和环境支持得以发挥作用的基础。学术写作过程兼具认知性和社会性，写作活动受学习者语言水平、写作基础和认知策略等因素调节（Kalaja et al.，2015）。例如，Negretti（2017）发现，高水平写作者通常具有较高元认知意识，能在写作中与文本积极互动、反思、评价，进行自我调节。相反，低水平写作者可能具有陈述性体裁知识（declarative genre knowledge），却往往缺乏实现体裁交际目标的程序性知识（procedural knowledge）或条件知识（conditional knowledge）。换言之，学生可能缺乏实现体裁写作目标的认知和元认知资源。

该现象表明，学术语言发展同时受个体特质与环境因素调节，学生在写作中的语言意识、认知策略和自我调控能力都可能直接影响其学习效果（Kalaja et al., 2015）。语言学习的发生是认知、情感和社会因素共同调节的结果，根植于真实写作学习活动和目标，同时包含显性和隐性学习过程（Svalberg, 2017）。因此，未来研究应兼顾写作学习中的个体与环境因素。把写作学习置于具体社会文化语境下，主、客观因素的二元互动过程。揭示文本、语境与实践在学生二语写作能力发展过程中的联系（Perry et al., 2006）。正如Lillis（2014）所言，文本是个体获取知识、参与社会实践的重要工具。学习者通过与文本产生互动，不断累积、丰富自身语言资源、获得认知发展、提高自我调节能力。

2.2.3 基于学术话语实践活动的学术写作教学

近年来，融合文本、语境与实践的写作教学方式不断涌现（Echevarria et al., 2013; Lyster, 2007, 2010; Moje et al., 2008）。比较典型的案例包括：北美地区兴起的学科读写能力教学（disciplinary literacy）、掩蔽教学（sheltered instruction），和欧洲地区日渐盛行的内容–语言融合式学习（content-language integrated learning, CLIL）（Chamot & O'Malley, 1987; Echevarria et al., 2013; Lyster, 2007, 2010; Moje et al., 2008 等）。这些写作教学模式基于真实学科语境，体现了一种实践式、参与式的学术语言发展观。基本观点是：学术语言的发展根植于持久、密集的（学术）话语实践活动，受真实学习目标和多元、系统性的教学活动调节，是个体与环境因素复杂、动态互动的结果（Moje, 2015）。上述教学理念反映了写作学习、认知发展和社会实践三者间的紧密联系。

具体而言，学科读写能力教学强调读写能力发展具有学科性、实践性和情境性，把读写能力发展视为一项真实的认知、情感和社会过程（Moje et al., 2008）。该教学模式体现了社会化的学术语言发展观，将语言学习与学术话语实践紧密联结。

掩蔽教学的初衷，旨在缓解英语国家外/二语学习者在学科内容学习中的语言障碍，探索针对特定学生群体的有效教学模式（Echevarria et al., 2013; Short et al.，2011）。该教学模式包含一系列相互关联的教学策略与原则，包括：补充背景知识、提供可理解性输入、创设高质量课堂互动、促成高阶思维能力发展、提供多元评价方式等，至今已积累了一定实践经验和实证基础（Echevarria et al.，2013；Short，2013；Short & Echevarria，1999）。

内容-语言融合式学习（Content Language Integrated Learning，以下简称CLIL）指用外/二语进行学科内容教学（Lyster，2007）。起源于20世纪的欧洲双语或多语教学，目的是“增强多语言、多元文化公民身份意识”，“改进外语教学法”（Morton & Llinares，2017，p.1；张莲、李东莹，2019）。CLIL模式的一个重要特征是兼顾语言与学科知识学习。该教学模式下，语言学习和认知发展是一个统一连续体，二者在真实、有意义的学术话语实践中深度调节（Dalton-Puffer，2011）。其理据是：1）内容学习需求为语言学习提供真实和富有认知挑战的学习环境，促使学习者用语言进行复杂思维活动（Cammarata et al.，2016）；2）用外/二语学习学科知识的过程即用语言建构知识、进行复杂意义协商的过程。语言在此过程中既是重要认知工具，也是文化知识的载体（Li & Zhang，2022）。学习者在学科知识学习，参与学术实践的过程中，逐渐丰富自身语言资源，增强自身融入特定团体和社会生活的能力（Duff，2010）。

2.2.3.1 基于学术话语实践的学术写作教学与学生语言发展

上述教学模式均强调真实学科内容学习对学生语言发展的调节作用，尤其体现为学习者用外/二语学习学科知识的过程中，语言与认知发展的相互调节。在此背景下，写作学习的目的不再停留于语言形式本身，而是探究语言背后所蕴含的心理、认知、行为机制和社会规约，获取特定社会团体身份和社会资源（Lillis，2014）。这些实践活动能为语言学习创设真实、有意义的交际目的，提供丰富的认知和符号资源。

目前，该理念已得到相关教学研究的实证支持（Byrnes et al.，2010；Lyster，2007；Urlaub，2016）。Byrnes et al.（2010）指出，传统高等外语教育课程中，学生的语言和内容学习存在一定断层（Byrnes et al.，2010）。基于学科知识学习与实践的写作教学，不仅能发挥学科知识学习对学生语言发展的调节作用，还丰富了写作教学的内容和形式。建立写作作为一项社会文化实践与个体、社会发展间的紧密联结。Arnó-Macià and Mancho-Barés（2015）指出，语言教师应加强与专业教师的合作，根据学生在具体学科语境下的学习需求，为他们提供更实际、有效的语言支持。Whittaker et al.（2011）对12–16岁高中生的语言学习跟踪研究发现，CLIL模式有助于提高学生对语言的控制能力，学生在写作中的名词短语复杂度在四年间有所提升。

上述研究在一定程度上反映了真实学术话语实践活动中，语言学习、内容学习和认知发展三者间的互动与联结，尤其体现为学生在用外语学习学科知识时，对复杂（学术）文本信息的深度加工。目前，该学习理念在EFL写作教学中的应用仍处于探索阶段。这可能在一定程度上缘于该语境下，语言学习和学科内容学习相分离的传统，不能为学生学术语言发展创设资源丰富的学习环境，亦难以激发学生用语言建构意义，解决实际问题的动机。鉴于此，本研究在真实学科语境下，促使学生参与一系列有意义、富有认知挑战的学术话语实践活动（如阅读、写作、研究等），探究不同活动如何相互促进，共同调节学生学术语言发展。

2.2.3.2 基于学术话语实践的学术写作教学与学生语言意识培养

学术语言发展是显性语言意识培养和真实学术话语实践共同调节的结果（Dalton-Puffer，2011；Snow，2017；Uccelli，2019）。语言意识指“语言显性知识及个体在语言学习、语言教学和语言使用中对语言信息的敏感度”（Svalberg，2007，p.288）。对EFL教学语境下的成年外语学习者而言，语言意识的培养尤为重要。它是个体与环境产生认知、情感互动的桥梁，也是学习者积累语言知识、增强自我调控能力的重要手段（Svalberg，2017）。如Schmidt（2012，p.32）所言，关注（noticing）在一定程度上代表了注意力资源对某些语言特征的倾向，理解（understanding）则通常指意识层面的案例归纳和总结。语言意识培养不仅旨在引导学生关注语言形式，还致力于帮助他们建立语言形式、意义与功能间的联结。

先前研究已基本证实了语言意识在学术语言发展中的作用（Schleppegrell，2013；Uccelli，2019等）。相关研究表明，学术语言发展离不开显性体裁知识传授和语言意识的培养，教师应在教学中培养学生对不同体裁语言特征的敏感度，为他们日后的写作活动做铺垫（Hyland，2007，2008）。同理，学科内容驱动的语言学习中，语言与内容学习的相互调节并非自然发生，而是教师有意识、有策略地进行教学干预的结果（Lyster，2011；Snow，2017）。教师既要充分调动学生已有语言和认知资源，帮助学生理解学科知识，又要在教学中显性关注语言形式。在此，内容学习为语言学习注入活力，语言教学为内容教学提供支持。

在学术阅读和写作过程中，语言意识还体现为读者意识，即学生从不同视角出发，建构意义、调控自身阅读、写作过程，评价自身学习效果的意识（Hirvela，2016）。具有语言意识的学习者，在阅读、写作中具有一定主体性，不再被动接受知识，而是开始主动建构意义、反思、调控自身学习过程（McKeown et al.，2009）。相关研究表明，上述自我调节能力是区分不同阅读、写作水平学习者的重要特征之一，并可能直接影响学生在阅读、写作中的学习成效（Johns，1997；Schleppegrell & O'Hallaron，2011）。

据此，相关阅读、写作教学应培养学生的读者意识，帮助他们在读写活动中形成主动关注语言形式、思考、反思与评价的意识和习惯，不断提高自我调节能力。如Johns（1997，p.93）所言，"如果学生认为文本特征并非独立、任意的，而是具体社会文化语境下的功能选择，他们将逐渐开始关注文本如何与具体社会文化情境相融合，不论是在课堂、学术团体或更广阔的社会文化环境中"。

2.3 社会文化活动中的学术写作教学与学生语言发展

上述语言学习方式，与社会文化理论对人类学习和发展的认识高度一致。社会文化理论关注人的行为与所处社会历史文化环境间的联系（Wertsch，1998），认为人的高级心智发展根植于具体历史文化语境下的社会实践，受中介工具调节（Lantolf，2000）。其中，物理工具建立人与外界间的联系，心理工具（如语言、符号、概念）调节人的心智发展（Vygotsky，1986）。换言之，人通过使用中介工具与外界产生互动，获得高级心智发展。该互动过程可以通过多种方式实现，包括：实习（apprenticeship）、引导性参与（guided participation）和参与式学习（participatory appropriation）（Rogoff，1995），反映了学习者通过参与社会实践，不断获取、内化团体内部资源，获得语言和认知发展的过程（Kozulin，2018）。依此逻辑，发展的方式与成效，一定程度上取决于学习者与外界环境互动的强度与深度。相关研究表明，高质量的互动通常存在主体间性（intersubjectivity），即特定社会实践活动中，主体间共享的目标、符号和认知资源（De Guerrero & Villamil，2000，p.59）。

社会文化理论视域下，概念尤其是科学概念（scientific concept）是传承团体内部知识的重要资源（Vygotsky，1978）。科学概念是人类智慧发展的结晶，具有科学性、客观性和抽象性（Karpov，2018）。科学概念的产生、发展与内化是人类认知发展的重要中介。与科学概念相对的是日常概念（spontaneous concept），源于人类在日常生活中（非系统性、组织性教学干预）的经验概括与总结。日常概念与科学概念在人的认知发展过程中相互调节（Swain，2006）。

科学概念的发展在组织性教学中尤为重要。因为它不仅是学科知识建构与传播的重要媒介，也是学习者认知和元认知发展的重要载体（Karpov，2018）。

学术语言发展与科学概念发展密切关联。其理据是：1）学术语言包含实现学术团体内部交流活动的一系列规则和术语，是科学思维方式的体现；2）学术语言是具体学科领域内的低语境话语（context-reduced discourse），与学科内容学习和知识建构密切关联（van Lier，2004）。学术语言发展通常依托有组织的教学干预和语言意识培养。语言知识的内化，则需要以学习者持久、密集的学术话语实践作为前提条件（Moje，2015）。因此，相关学术语言教学需要兼顾显性语言/体裁知识传授与学术实践中的隐性语言学习机会，将科学概念发展根植于真实、有意义的学术阅读、写作和研究实践中。

上述论述反映了实践对科学概念发展的调节作用。随着实践的深入，学习者对外界中介作用的依赖程度逐渐降低，规约自身行为的能力逐渐增强。因此，学习者认知发展的过程即其不断增强自我调控能力，将外在物理调节机制转换为内在心理调节机制的过程（Wertsch et al.，1996）。然而，内化不仅发生在心理认知层面，也涉及学习者在实践中将程序性知识自动化的过程（Wertsch，1998）。因此，高效教学不仅能促成学习者内化外在中介机制，还旨在培养学生自我调节、规约自身学习活动的能力和意识（Benson，2007）。

更多情况下，内化并非自动发生，而是需要主体的持久投入和环境支持（Kozulin，2018）。其中，主观能动性（agency）即学习者在社会文化中介工具调节下的行为能力，对人的认知发展尤为重要（Ahearn，2001，p.112）。Kalaja et al.（2015）指出，主观能动性不只是一项心理特质，而是具有社会性、情境性，反映出个/团体成员认知、行为在具体社会文化环境中变化、发展的可能。因此，主观能动性的发挥在很大程度上取决于学习者在所处社会文化环境中的实践活动，及其在实践中对外在调节机制的感知和利用过程（Wertsch，1998）。然而，调节并非自动发生。学习者语言水平、认知基础、学习目标和外在中介作用间可能产生矛盾与张力，进而影响学习发生的过程。然而，矛盾也可能带来新的发展机遇。例如，学习者在应对、化解矛盾的过程中，有意识地调节、规约自身行为，汲取有利环境资源，挖掘自身潜力，获得语言和认知发展（Engeström，1987）。上述过程反映了活动理论视域下的拓展性学习方式，即个/团体成员在特定社会历史文化环境下，主动应对、化解矛盾，探索、建构新学习目标和认知方式的过程（Engeström，1987）。在此背景下，个/团体主观能动性的发挥逐渐呈现出拓展性素质（transformative agency），促使学习者在应对、化解矛盾的同时，不断突破既有活动方式，改造自身当前认知、行为模式，探索新活动方式形成的可能（Sannino et al.，2016）。该学习方式对个/团体学习及实践方式的革新都具有重要启示。

2.3.1 活动理论与拓展性学习

活动理论（Activity Theory）从主、客观二元互动的视角，阐释人的学习如何发生。活动理论视域下，发展是主体与客体共同作用的结果，受外在中介机制调节，受具体社会、历史文化环境制约（Arievitch，2008）。活动理论打破了传统心理学视角中主观与客观、认知与实践间的二元对立关系（Lantolf，2014），提出人的学习和发展不能脱离具体社会历史文化环境，及人在特定社会系统中的身份、角色和功能。个人发展是社会发展的一部分，社会文化环境的变迁对个体认知和心智的发展都具有重要调节作用（Engeström，1987）。依此逻辑，人的发展可以被干预，高效教学能为学习的发生创设环境，提供优质资源。在此过程中，语言作为联结个体发展与社会实践的重要工具，对个/团体成员实践方式的传承和革新都发挥重要调节作用（Vygotsky，1978）。正如Gee（2015）所言，语言是社会活动在符号系统中的缩影，是一种社会力量，也是连接认知与实践的桥梁。语言学习过程即学习者的语言社会化过程，学习者通过语言与外界产生互动，获得高级心智发展（Vygotsky，1986）。

基于维果斯基对语言与认知发展在具体社会文化环境中关系的论述，Leont'ev（1978）引入了“活动”（activity）的概念。“活动”是一切社会文化实践的基本单元，也是实践方式创新的重要机制。“活动”主要由七个要素构成，包括：“主体”“中介”“客体”“目标”“规则”“团体”与“分工”（Engeström，1999）。这些要素间相互联系、彼此制约，它们之间的矛盾与张力构成发展的动力源泉。因此，活动理论视域下，发展是一个非线性、曲折前进的过程，是个体学习和团体实践在具体社会历史文化背景下不断交融、互动的结果（Engeström，1987）。发展的方式是实践，团体成员通过参与交流、实践活动，共同推动团体实践方式的创新，并在此过程中，不断调整、完善自身思维和行为方式（Arievitch，2008）。

Engeström（1987）在此基础上，将观测活动的范围扩展到相邻活动系统间，提出矛盾即活动系统内部各要素或不同活动系统间的不平衡性，是推动发展的源泉（Engeström，1987）。这种不平衡性可能随主观需求与客观条件间矛盾的加深，转化为学习者主观能动性，从而推动事物发展（Gedera，2016）。矛盾不仅存在于同一活动系统内部，还存在于不同活动系统间。矛盾在活动系统内部各要素间的互动中，产生、发展与转化，使新学习机会的涌现成为可能。综上，活动理论以系统与发展的视角看待人类与客观世界的关系，从主、客观因素互动的视角阐释发展形成的机制和动因（Fleer，2016）。活动理论视域下，发展过程与发展结果、个体学习与团体实践得到有机统一。它们是同一事物的两面，是彼此存在的基础，也是发展得以实现的方式。

Engeström（1987）在活动理论中提出了"拓展性学习"理论模型（expansive learning theory）。拓展性学习理论认为，人的发展与其所处社会团体的实践方式有密切联系。矛盾是发展的动因，个/团体成员在解决矛盾的过程中，不断质疑现有行为方式，发现问题、解决问题，探索新活动方式形成的可能（Engeström，2018，p.50）。拓展性学习强调目标的变化性和生成性，学习者在应对、化解矛盾的过程中，不断树立新学习目标，探索、利用环境资源（Sannino et al.，2016）。在此过程中，矛盾是发展的源泉，解决矛盾的过程会激发新活动方式的产生。同一活动系统内部矛盾也有层级之分，每一级矛盾的化解会带动下一级矛盾的发展（Engeström，2018）。Engeström（2001）把矛盾分为四个层级（见表1）：第一级矛盾为主体内矛盾，即活动系统各要素内部矛盾；第二级矛盾为主体与活动系统内部各要素间的矛盾；第三级矛盾为活动系统内部新活动方式或目标之间的矛盾，主要表现为旧活动方式对新活动目标的阻碍；第四级矛盾为主体在目标活动系统/相邻活动系统中的矛盾（Yamagata-Lynch & Haudenschild，2009）。不同层级的矛盾在实践中随着主客观因素间互动关系的变化而变化，受具体社会历史文化环境调节或制约。

表1 "活动理论"中的拓展性学习方式

矛盾层级	定义与描述
第一级矛盾	主体内矛盾
第二级矛盾	主体与活动系统内部各要素之间的矛盾
第三级矛盾	活动系统内部新活动方式或目标之间的矛盾
第四级矛盾	主体在目标活动系统/相邻活动系统中的矛盾

Engeström（1987）对"活动理论"中的拓展性学习方式进行了图示（见图1）。呈现个/团体学习活动中，系列矛盾的产生、发展与化解过程，体现了发展的互动性、前进性与曲折性。

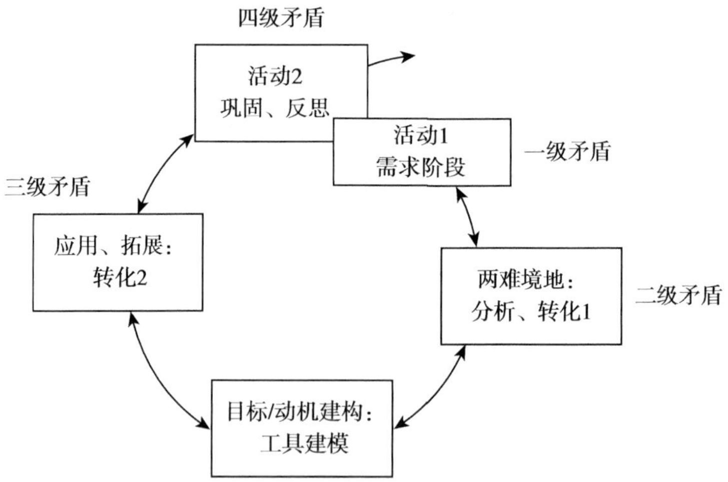

图1 “活动理论”中的拓展性学习过程（Engeström，1987）

图1显示，拓展性学习是一个辩证发展、循环往复的过程。矛盾的产生、发展与化解，同时呈现出复杂性和动态性。学习者应对、化解矛盾的方式受其过往学习经历和当前学习目标等因素影响。每一级矛盾的化解都蕴含着新、旧价值观念、中介工具和活动方式间的交锋。学习者当前活动方式可能持续影响其未来学习、活动方式的形成和发展。

根据Engeström（1987，p.150），拓展性学习中的第一级矛盾对应活动的初始阶段，即需求阶段，起源于活动方式变革和发展的真实需要，往往体现为当前活动中的具体困难。矛盾的化解始于主体对形势的分析和判断。在此过程中，主体不断调整自身学习、活动方式，探索促成矛盾化解的环境资源，树立新学习目标，调整中介工具和活动方式。该阶段的一项重要特征是活动系统内部新要素的加入（如新活动目标）。这些要素为新活动方式的形成提供可能，却也可能与活动系统内部原有要素（如旧中介工具）间形成冲突，构成活动系统内部的第二级矛盾，即活动系统内部各要素间的矛盾。这一矛盾的化解是新、旧活动目标、主体与中介工具复杂互动的结果。上述互动关系能促成新活动方式的产生。然而，新活动方式在产生初期并不稳定。从行为（action）向活动（activity）的转变，通常需经历实践和反思的检验（Engeström，2016）。在此过程中，旧活动方式和习惯可能阻碍新活动方式的形成，构成活动系统内部的第三级矛盾（新旧活动方式间的矛盾）。这一矛盾的化解是新、旧活动方式在具体社会文化实践中不断斗争的结果。新活动方式的产生通常具有一定批判性和反思性，即发展结果超越先前预设的可能（Sannino et al.，2016）。新活动方式在产生后仍会继续发展，并随不同活动系统在实践中的交互，逐渐扩展到新活动系统中。这构成了活动系统发展的第四级矛盾，即临近活动系统间的矛盾。据此，活动系统作为一项学习发生器，对个/团体活动方式的变革具有强大的解释力。

如上，活动理论不仅能揭示团体内部学习发生的机制，也是促成团体实践创新的源泉（Engeström，2018）。它不仅从联系与发展的视角，解构现有团体内部活动方式，还能为实践的改革与创新提供启示。目前，该理论已被广泛运用到团体社会生活与实践的各个方面，包括：机构改革、教师教育与团体学习等（Engeström，2001；Roth & Tobin，2002；Tsui & Law，2007）。其理据是：来自不同职业团体、学科和文化背景的人在共同目标的驱动下，进行合作与跨界学习，共同推动团体实践方式的进步，获得团体内部身份和价值观念认同。简言之，活动理论对个/团体学习发生的过程具有较强解释力，也是推动团体实践创新的重要机制之一（Sannino et al.，2016）。

2.3.2　社会文化活动中的学术语言发展

在学术写作教学中，语言学习的发生是特定社会历史文化语境下，学习者主观能动性发挥和外在中介机制共同调节的结果（Lillis & Tuck，2016）。学习者通过参与团体内部实践，不断拓展自身语言、认知资源，内化团体内部思维、行为方式和规约（Ochs & Schieffelin，2017）。上述学习过程并非自然发生，是团体内部成员相互协作、共享智力资源、维护和拓展共同体规约的结果。在此过程中，个体与环境相互作用，矛盾与发展并存。学习者通过不断克服困难、解决困难获得思维和实践方式的突破。学习过程受具体社会文化语境下，活动系统内部各要素间的互动关系调节与制约（Engeström，1987）。高效的学术写作教学不仅能充分发挥学习者主观能动性，还能构建良好的团体协作机制，营造资源丰富的学习和实践环境，将学术写作学习与个体发展及更广阔的社会文化实践紧密联结（Moje et al.，2008）。

相关研究表明，活动理论对学术写作教学的设计与实施具有重要指导意义（Russell，2009）。活动理论对于人类发展的认识打破了传统写作教学中文本、实践和语境间的界限。语境不再是学习发生的背景，而是促成学习发生的内在机制（Russell，2009）。活动作为教学和学习发生的基本单元是联系个体与团体实践的重要纽带，也是宏观社会文化背景、中观教学实施方式和微观学习发生过程产生互动的基础。三者在具体社会文化活动中相互调节，为个/团体成员实践方式的创新创造条件。从学习发生的角度，活动在写作教学中的运用在一定程度上转变了传统写作教学中的语言学习方式，从传授式、习得式的语言知识学习，逐渐转变为参与式、实践式的学术话语实践活动（Russell，2009）。该学习方式的转变体现了学术语言发展机制在实践中的自我迭代和优化，也使语言学习理论在真实教学语境下的检验、丰富和发展成为可能。

活动理论视域下，活动是教学、学习发生的载体，也是追踪学习发生过程的重要机制（Roth，2007）。换言之，活动既是教学单元也是学习单元，教与学在活动中得到有机统一，对学习活动的描述本身即构成了对发展过程与机制的探究。活动理论视域下，促成发展的要素既可以是直接作用于学习活动的中介，也可以是间接调节学习过程的规则、团体与分工（Engeström，1999）。上述因素从不同层面反映了教与学在具体社会文化活动中的辩证、统一关系。揭示真实社会文化情境下，个体与环境、认知与实践间的复杂、动态互动关系。因此，揭示学术语言发展的机制，需兼顾宏观课程改革背景、中观教学活动设计与微观学习发生过程，充分激发课程设计、教学实施和学习活动三者间互适、互补的可能。

目前，国内外研究已逐渐将活动理论运用到学术写作教学的规划、设计与实施过程中（Fisher，2019；Lei，2019；Mak & Lee，2014；Yu & Lee，2014；张莲、孙有中，2014）。研究内容主要涉及：1）活动理论对写作课程设计和教学实施方式的启示（Fisher，2019；张莲、孙有中，2014）；2）活动理论对学生写作过程及学习发生机制的解释（Lei，2019；Yu & Lee，2014）。第一类研究重点关注活动理论对外语写作课程规划、设计与实施方式的启示，把写作学习活动视为一项具体语境下的社会实践。Fisher（2019）指出，体裁知识只有与具体实践目的相结合才具有意义和价值，如果学生不享有知识建构的主动权，那他们所接受的知识也将不会完整。依此逻辑，学术写作教学应充分激发学习者主动发现、探索、建构知识的愿望，提供高质量学术文本，创设丰富的学术话语实践活动，为学生学术语言和学科思维的发展创造条件。目前，该学习理念已逐渐落实到相关写作课程的设计与实施过程中。张莲、孙有中（2014）将活动理论关于学习和发展的认识，引入英语专业本科课程的改革与创新实践：

> 将学术写作定义为一种“社会文化实践”（sociocultural practice）明确了基于活动的课程和学习理念，学术写作的教学过程被预设为一个活动系统。在这一系统中，学习和发展意味着学生借助中介工具逐步发展

语言能力、培养思辨和解决问题能力，同时开展并初步完成学科基础训练。从课程实践或教学角度来看，这一过程通过选材和系列活动设计创设问题空间或学习情境，促进学生习得和发展学术写作能力（张莲、孙有中，2014，p.5）。

上述课程设计理念将课程、教学和学习有机融合，打破传统写作教学中理论与实践、语言与认知发展间的鸿沟，为EFL语境下写作课程的设计与实施提供重要参考。朱效惠、袁欣（2018）基于活动理论，在英语专业本科学术写作教学中开展项目依托式学习，结合研究汇报、小组学习、助教辅助等多种形式，发挥多元教学中介对学生写作学习的调节作用。杨鲁新（2015）通过反思性教学，帮助学生在系统、丰富的教学活动中逐渐提升自身学术语言能力，养成思考、反思与合作的习惯。上述研究基于具体教学情境，揭示活动理论对英语专业学术写作课程设计和教学实施的指导作用。未来研究可在此基础上关注课程设计、教学实施和学生学习间的复杂互动关系，探究学术写作教学模式不断创新的可能。

第二类研究侧重活动理论对学习发生过程与机制的解读。此类研究中，活动理论作为数据收集和分析的框架，对复杂社会文化背景下，学生学习的发生过程和机制具有较强解释力。Lei（2019）引入活动理论中跨界学习的概念，深度描写四位博士生在学期间的论文写作和发表经历，探究他们在学术素养发展过程中遇到的矛盾与张力、学习效果及仍然存在的问题，为相关教育政策的制定与实施提供启示。Yu and Lee（2014）运用活动理论对EFL语境下，两名中国大学生参与小组写作反馈的过程进行细致描述和分析，发现学习者动机能影响其参与小组反馈的态度、方式和效果。上述研究采用活动理论分析框架，对具体教学语境下的学生学习发生的过程与机制进行深度解读，为相关写作教学的设计与实施提供启示。相比第一类研究，此类研究更侧重于描述和分析微观层面的学习发生过程（周丹丹，2012）。未来研究可进一步探究学生学习过程中，宏观社会文化背景，中观教学实施方式和微观学习发生过程间的紧密联系，结合多元证据，优化团体学习、实践方式。

如前所述，活动理论视域下，发展是个体学习和团体实践共同调节的结果。二者不是前景和背景的关系，而是一个相互调节的辩证、统一体。二者间的互动关系是促成学习发生的重要机制。因此，相关写作教学研究应跳出课程设置或教学实施的单一视角，综合考虑课程、教学和学习在学术语言发展中的复杂、动态互动关系，优化学术写作课程设计与实施方式。

据此，活动理论不仅是一项理论视角，更是创新教学理念和方法的重要机制。如Roth and Lee（2007，p.210）所言“活动理论是发展的理论，它不止步于解释现象，而是致力于革新人类实践方式”。在此，“活动”本身即一种学习发生机制，它不仅能指导实践，还鼓励实践的自我否定、批判和反思，为思想和行为方式的变革创造条件。个/团体成员在参与活动的过程中，不断积累实践经验，丰富自身认识、改造世界的资源和方法。活动是学习者过往经历的延续和重塑，也必将持续影响学习者未来实践方式革新的可能（Dewey，1996）。从个/团体实践互动的角度出发，个体学习能丰富团体实践，团体实践方式的革新促成个体经验的延续和重组。个体在团体实践中获得的不仅是语言、认知发展，还可能是认知和行为方式的转变（Roth & Lee，2007）。

综上所述，学术语言是学术团体内部知识建构、沟通交流的基础，也是学习者语言和思维发展的重要媒介（Flowerdew，2013）。学术语言发展缘于学习者在具体历史文化语境中的社会实践，是长期语言社会化发展的结果（Uccelli et al.，2020）。当前，二语写作教学已历经数次范式转向，关注的重点逐渐从文本拓展到语境和实践，及三者间的互动关系（Johns，1997；Lillis，2014；Racelis & Matsuda，2013）。相关研究呼吁打破文本、语境和实践间的界限，从具体语境下的教学实际和学生学习需求出发，探索有效学术写作教学方式（Lillis，2014；徐昉，2015）。活动理论作为相关写作教学设计与实施的基本思路，能促成个体与团体、文本与实践在具体语境中的互动与联结（Engeström，1999）。它不仅是描述学习者语言学习过程和发展结果的理论框架，也是个/团体成员语言学习、实践方式创新的重要机制之一（林娟、战菊，2015；张珊珊、徐锦芬，2019）。

活动理论在外/二语写作教学中的使用，在一定程度上打破传统意义上文本与实践、教学与学习，语言与认知发展间的鸿沟，为学术语言发展提供有利环境支持。在此过程中，“活动”作为教学和学习发生的基本单元，能促使学生积极发挥主观能动性，主动探索环境资源，积极应对学习过程中的困难与挑战，探索新学习/活动方式。下文基于活动理论视域下写作教学发生的情境性、历史性、变革性与生成性，深入解析活动在写作教学设计与实施过程中的作用。

首先，活动理论视域下的写作教学和学术语言发展具有社会性和情境性。活动理论认为，学习的发生源于学习者在真实社会文化环境中的社会实践，是个体与环境，认知与社会因素间复杂、动态互动的结果（Roth & Lee，2007）。学术语言发展发生于复杂社会文化环境中，学习者过往经历、目标、学习方式和环境（如教学调节机制）的不同，都可能带来不同的学术语言发展过程与结果。个体学习经历能对团体实践方式进行丰富，团体实践方式革新又为个体发展创造契机。总之，对学生语言发展过程的描述，离不开其在具体社会、历史、文化环境中的实践活动、思考与反思。

第二，活动理论视域下的学术语言发展具有历史性和延续性（Wenger，1998）。学术语言发展即学习者在真实学术实践中的语言社会化过程，具有历史性和长期性（Uccelli，2019）。学习者当前语言水平、过往学习经历等因素都可能影响其对外界环境资源的敏感度，进而影响语言学习的效果（Kormos，2012）。教学能在一定程度上促成群体学习效果的产生，却不能抹去学习者个体差异。因此，对学习者语言发展过程与结果的描述，应关注不同学生的教育经历、学习环境和语言基础，揭示个体因素与环境给养在学术语言发展过程中的深度互动。

第三，活动理论视域下的学术语言发展具有动态性和变革性。如上所言，学术写作中的语言发展是一个拓展性学习过程，即学习者不断应对、化解学习矛盾，探索新学习、活动方式的语言社会化过程（Lei，2019）。矛盾的产生、发展与化解能为学生学术语言发展及写作教学模式的优化创造契机。

第四，活动理论视域下的学术语言发展具有生成性和反思性。学术写作中的语言发展，缘于学习者不断应对、化解矛盾的拓展性学习过程。在此过程中，新学习需求和目标不断涌现。学习者在目标驱动下，不断调整自身认知、行为方式，探索团体实践方式创新的可能（Sannino et al.，2016）。上述拓展性学习过程不仅能解释学生在写作中的语言发展过程，也使基于活动理论的写作课程设计理念，在实践中的检验、丰富与发展成为可能。对个/团体学习过程与发展机制的解读，根植于具体语境下的社会文化实践，却具有超越具体时空的启发性价值（Roth et al.，2014）。因此，本研究中，活动理论不仅是课程设计与实施的基本原则，及数据收集与分析的基本方法，也是个/团体学习和实践方式创新的重要理论发生器。

2.4　人类发展生态学视角下的学术话语实践

2.4.1　人类发展生态学理论

人类发展生态学理论从人与环境互动的视角出发，阐释人的学习如何发生（Bronfenbrenner，2005）。基本观点是：人的发展是个体与环境在复杂社会生态系统中互动的结果，具有情境性、时空性、交互性和生成性（Bronfenbrenner，1995）。该视角下，发展的核心在于互动，即个体与环境内部各要素及不同要素间，存在持久、广泛的互适和互动关系，由此涌现出学习和发展的可能（Shelton，2019）。个体特质和环境因素在发展中都具有重要作用，但它们只预设了发展的可能态势，真正推动学习发生的是个体与环境在复杂时空中的动态交互过程（Bronfenbrenner，2005）。依此逻辑，学习具有功能性和目的性，是学习者主动汲取、挖掘、利用环境给养（促成发展的环境特质）的过程（van Lier，2004）。学习是否发生同时取决于学习者自身意志、条件及环境支持，是个体与环境因素在复杂社会文化活动中相互配适、交融的结果（van Lier，2004）。因此，生态视角下学习者对环境给养的利用，不仅在组织性教学干预情景下发生。更多情况下，学习的发生具有偶然性，随实践的深入和主、客观因素间互动关系的变化不断涌现，最终形成整体大于部分之和的效应（van Lier，2004）。简言之，学习的发生并非单个要素的累积、叠加，而是主体与环境持续互适、互动的结果。关键在于学习者是否能主动挖掘、汲取、利用有利环境资源。

美国学者Urie Bronfenbrenner作为生态视角的代表性人物，构建了人类发展生态学理论（Bronfenbrenner，2005）。提出以“过程–人–环境–时间”为基本要素的人类发展生态学模型，强调发展是个体与环境在时空中复杂、动态互动的结果，具有情境性、延续性和生成性。主体与环境间的持续互动，是促成发展的根本动因（Shelton，2019）。这一互动过程涉及诸多个体特质（如性别、年龄、毅力、动机）和环境因素（如家庭、学校、社会、文化）。其中，动机、意志、品性等个体特质能帮助学习者适应不断变化的学习环境，对发展起着至关重要的作用（ibid.）。因为它们促使学习者不断寻求新学习机会，增加自身与环境互动的广度和深度。环境也不再是学习发生的背景，而是促成发展的动因。人类发展生态学理论把环境划分为四个层级的系统：微观（micro）、中观（meso）、外层（exo）和宏观（macro）（Bronfenbrenner，2005）。微观系统指发展中的人，在其所处情景中的活动、角色关系和身份定位等。中观系统指人在多个微观系统中活动、角色和关系的联结。外层系统也指向不同微观系统间的联结，但其中至少有一个微观系统不包含发展中的人。宏观系统指特定文化或亚文化群体的信念、习俗、生活方式等。这些系统不仅是学习发生的客观环境，也是发展中的人在不同社会文化环境中角色、活动及关系的总和。换言之，对系统的研究即对单个系统内部及不同系统间互动关系的研究，也是对系统中的人发展的过程和机制的研究。

人类发展生态学视域下，个体特质和环境因素间的互动可能支持或抑制学习发生。当个体期望与环境条件相匹配时，互动正向发生；反之，则可能形成矛盾和张力，带来系统内部各要素间的不平衡（Shelton，2019）。然而，这种不平衡性也可能促使学习者进一步探索、利用有利环境资源，调整、完善自身学习方式，获得语言、认知发展。换言之，学习者化解系统内部各要素间不平衡性的过程，即其不断探索、利用环境资源，改变自身与环境间互动方式的过程。互动的广度和深度，可能直接影响学习发生的方式和效果。

2.4.2 生态视角下的学术话语实践活动

目前，生态视角已逐渐被用于描摹、阐释学术话语实践活动中，学习者语言和认知发展的过程（Nishino & Atkinson，2015）。Nishino and Atkinson（2015）将写作视为具体社会文化实践中，学习者身心与外界的交互。该视角下，写作即主体与环境在具体社会文化实践中互动、协同的过程。Graham（2018）提出，写作能力的发展缘于个体特质（如认知特点、能力）与环境因素（如教学方式）在社会实践中的持续互动。因此，相关研究不应止步于识别促成/抑制学习发生的影响因素，还应探究各因素间的复杂互动关系。Syverson（2008）认为，读写能力的发展不仅缘于教师知识和技能的传授，更是学习者在复杂系统中探索、挖掘、适应学习环境的过程。上述研究表明，语言和认知能力的发展缘于具体社会文化实践中，学习者个体特质与环境因素间的复杂、动态互动，不同互动方式可能带来不同发展结果。

上述观点已逐渐被运用到相关实证研究中，结合多元研究方法，揭示个体特质与环境因素在语言社会化过程中的互动关系。Seloni（2012）采用微观民族志话语分析方法，描述6名多语学习者学术（语言）的社会化过程。研究发现，（学术）语言社会化发生于多个场域，是一个多因素复杂、动态交互的过程。苏芳、杨鲁新（2022）采用民族志个案研究方法，探究五名外语专业新生学术素养的社会化过程，发现“学术素养社会化受宏观社会文化环境、中观学校与课堂环境、微观个体因素的共同影响，是一个复杂、动态变化过程”（p.8）。上述研究把（学术）语言社会化视为学习者在具体社会实践中与外界环境互动的结果，揭示了促成（学术）语言社会化发展的关键因素，对相关教学和研究的设计具有较强启示意义。但对（学术）语言社会化过程中，不同影响因素间互动关系的研究仍有一定拓展空间。

近年来，相关研究逐渐尝试将个体与环境互动的思想，融入对（学术）语言发展过程与机制的阐释和解读（Jaeger，2016）。Jaeger（2016）指出，人类发展生态学理论对“个体特质”“最近过程”及发展情境性和时空性的关注，对读写能力发展具有较强解释力。学习者与文本、活动及重要他者持续互动的过程，即其读写能力发展的过程。Soltani and Tran（2023）追踪一名国际学生在主流内容课程中两学期的（学术）语言社会化过程，发现该生在课堂中的沉默并非个人固有特质，而是她在面对陌生学习环境和社会规约时，进行自我身份建构和维护的方法，提示未来研究更多从个体与环境互动的视角出发，阐释学习发生的机制与动因。

如上，学术语言发展缘于学习者在具体社会文化实践中，与外界环境间的复杂互动与联结，具有涌现性和生成性。目前，相关研究多发生于母语或二语语境，涉及家庭、学校、社会等多个场域，研究内容涵盖学术社会化、阅读和写作能力发展等层面。但在我国外语教育语境下，从个体与环境互动角度出发，描写、追踪、阐释学生学术语言发展过程和机制的研究仍十分不足（Li & Zhang，2024）。

2.5 前人研究评述与本研究问题

纵览前人研究结果，本研究在以下方面仍具有一定拓展空间：

首先，我国外语教育语境下，学术语言发展的过程性研究日渐丰富，但描述、阐释学术语言发展过程复杂性和动态性的研究仍为数不多（徐昉，2015）。如上所言，学术语言发展缘于真实社会文化环境下的学术话语实践，是学习者在参与学术话语实践活动中，不断拓展、丰富自身语言、认知资源的过程，具有复杂性和动态性（Duff，2010；Uccelli，2019）。相关学术语言发展研究，应兼顾学习者个体特质和环境给养，及个体与环境因素间互动关系的变化过程。例如，活动系统内部各要素间的矛盾与张力，及社会生态系统内部各要素间的不平衡性，都可能促成系统内部要素的互动与重组，以此带来新学习机会（Roth & Lee，2007）。因此，对系统内部各要素间互动关系的全面、深入描述和追踪，是揭示学生学术语言发展机制的必要条件。

第二，我国外语教育语境下，相关学术语言发展研究一般聚焦学生学习过程或发展结果，将二者有机结合的研究仍比较少见，尤其缺失联结学生学习过程和发展结果的研究（Zhang，2019b；张莲、孙有中，2014）。学术语言发展即学生参与学术话语实践活动中的语言社会化过程（Russell，2009）。学生用外语学习学科知识、参与学术实践的过程，即其学术语言发展的过程。对学习过程和发展结果的描述，应构成学术语言发展研究的一体两面。发展结果的质变缘于学习过程的量变，学习发生的方式本身即在一定程度上预设了发展的方向和可能。此外，对发展结果的描述应兼顾群体和个体特征。课程设置和教学实施方式在一定程度上确保了群体学习效果的产生，但学生感知、利用教学资源的方式具有一定个体差异。这些差异并非预期发展结果的阻碍，而是新学习机会不断涌现的基础。

再次，对学术语言发展结果的描述，可以从多个语言维度切入，如词汇、句法、语义和语篇等。这些维度间存在复杂互动关系（Lu et al.，2021）。相关（学术）语言发展研究，在描述学习者词汇、句法、语义和语篇层面语言表现的基础上，还能深入描述这些语言维度间的互动关系，揭示其与学生语言水平、写作表现等因素间的复杂、动态联结。

第三，当前我国高等外语教育语境下，基于学术话语实践的本科写作课程设置理念已逐渐得到认可。但从实证角度深入描写、解析学生在真实学术话语实践活动中，学术语言发展过程和机制的研究仍为数不多。学术话语实践活动不仅是写作教学设计的原则和学习发生的载体，也是阐释、分析学术语言发展机制的基本单元。因此，相关研究应兼顾写作教学活动设计、实施和评价的全过程，深度描写、追踪学习者在学术话语实践活动中与环境互动的方式。揭示促成或抑制学术语言发展的关键机制，调整、优化相关外语写作课程的设计与实施。

因此，本研究分别从活动理论和人类发展生态学视角出发，结合量化文本分析和质性学习过程分析，深度描写学习者在学术话语实践驱动的写作教学中，学术语言发展的过程与机制，拟回答两个问题：

1. 学生学术语言发展结果是怎样的？

   ①群体学习者学术语言发展在词汇、句法、语义和语篇层面有哪些特征？

   ②这些特征间如何互动？

   ③案例学习者学术语言发展在词汇、句法、语义和语篇层面有哪些特征？

   ④这些特征在一学期间如何变化？

2. 学生学术语言发展的过程是怎样的？

   ①活动理论视域下，学生在学术语言发展过程中遇到哪些矛盾与张力？

   ②这些矛盾的产生、发展与化解依托哪些关键个体及环境因素？它们如何调节学生学术语言发展？

   ③生态视角下，学生学术语言的发展主要取决于哪些关键因素？

④这些因素间如何互动？互动关系在一学期间是否发生变化？互动关系的变化，如何调节学生学术语言发展？

上述两个研究问题从不同理论视角出发，结合多元研究方法和数据来源，揭示英语专业本科生学术语言发展的过程、结果和机制。优化相关学术写作课程的规划、设计与实施。

2.6 本章小结

本章从学术语言发展的概念、内涵和方式入手，围绕本研究的五个关键词——学术语言、学术写作、教学调节机制、活动理论和生态视角——梳理学术语言发展、学术话语实践活动和学术写作教学相关研究。明确学术语言发展即学生在真实学术话语实践活动中，不断探索、发现学习机会，实现自我超越的过程。简言之，学术语言发展具有情境性、互动性和生成性，是个体特质和环境因素在具体社会文化实践中复杂、动态互动的结果。

第三章　研究方法

本章介绍本研究的场域、对象、数据收集和分析方法等。具体而言，本研究采用混合研究方法，将学生语言发展的证据与参与课程学习活动的证据结合起来，揭示英语专业本科生学术语言发展的过程与机制。学生写作文本分析结合量化语料库研究工具和质性文本片段解读，呈现学生学术语言发展的特征。学习过程分析，分别借鉴拓展性学习理论和人类发展生态学视角，识别学生学术语言发展过程中的典型矛盾，从个体与环境因素互动的角度，描述、分析促成矛盾发展与化解的动因。

3.1　研究方法选取理据

混合研究方法指在研究中结合定量和质性两种研究方法（Creswell，2015）。该方法的诞生从一定程度缓解了定量、质性方法的二元固化思维，从多元、辩证的角度探究多种认识视角相互融通的可能（Johnson，2017）。混合研究方法视域下，认识世界的方式具有多样性，定量和质性方法并非简单的二元对立，而是构成方法论范式中的连续体。多元认识论间的对话能促成新方法、新范式的诞生（ibid.）。从研究现状出发，现实世界的复杂性、多样性和变化性要求研究者采用多元视角和方法看待问题（Cohen et al.，2007）。在具体研究实践中，问题的解决通常需要不同实践共同体间进行跨界合作，这在一定程度上促成了多元认识论与方法论融通的可能（Denscombe，2008）。从现实研究需求出发，混合研究方法可以实现不同研究结果间的多元互证。例如，混合研究设计中，量化和质性研究既能回答不同研究问题，又能针对统一问题相互佐证（Creswell & Clark，2011）。因此，混合研究范式的优势不仅在于多元认识论视角和解决问题的方式，还有实际研究中不同数据间相互支持的可能。

Creswell（2015）指出，混合研究方法主要包含三种范式：聚合型设计（convergent design）、解释顺序设计（explanatory sequential design）和探索顺序设计（exploratory sequential design）。聚合型设计中量化与质性研究同等重要，分别展开，结果可以相互对比、验证。解释顺序设计由量化研究驱动，辅以质性数据解读。探索顺序设计由质性研究源起，在质性研究的基础上开发量化研究工具。

本研究主要采用聚合型设计，结合量化文本分析和质性学习过程分析，揭示学生学术语言发展的过程和机制。对学生写作文本的分析，借助语料库语言学研究工具，结合人工标注和机器自动标注，从词汇、句法、语义和语篇层面，描述学生学术语言发展的特征，揭示不同语言维度间的复杂互动关系。在此基础上，本研究选取3名语言水平和专业基础各异的学习者，对其一学期间学术语言在词汇、句法、语义和语篇层面的发展进行跟踪，揭示学生学术语言发展的阶段性和层级性特征。

质性学习过程分析，结合课堂观察、学习者选题日志、反思日志和学习者访谈等数据，深度描写、追踪不同案例学习者在真实学术话语实践活动中的语言发展过程，探究促成学习发生的关键机制。开展质性案例研究的理据在于：首先，案例分析方法试图打破人和环境间的界限。在此，语境并非学习发生的背景，而是发展的机制和动因。个体与环境互动的强度和深度可能影响发展的过程与结果（de Bot et al.，2007）。本研究语境下，学术语言发展即学生在真实学术话语实践活动中不断挖掘、利用环境资源，拓展、丰富自身语言、认知资源的过程。探究学术语言发展机制，离不开对个体与环境间互动关系的细致考察。第二，案例研究方法能彰显人在发展中的主体性和能动性（Duff，2010）。学习是不断理解、阐释和建构意义的过程（Allwright，2005）。学习者会有意识地从环境中感知、汲取、利用语言、认知资源（van Lier，2004）。学习者的目标、意愿、语言和认知基础等因素，都可能影响其感知、利用环境资源的方式。第三，案例研究旨在获得理解、阐释和启发。Yin（2018）指出，案例研究的一项重要意义在于它的“分析性类比”价值（analytical generalization），即通过深度描写、比较、追踪案例学习的过程，理解、阐释不同发展方式形成的动因，获得超越案例学习本身的启发性价值。

本研究依据学习者语言水平和专业成绩，选取3名异质和2名同质案例学习者，分别从活动理论和人类发展生态学视角，描述、比较、分析案例学习者学术语言发展的过程，揭示促成发展的个体和环境因素，探究这些因素间互动关系的变化和发展，为相关写作教学的设计与实施提供启示。

综上，本研究采用混合研究方法，收集多元数据，分别从活动理论和人类发展生态学视角，描摹群体学习者学术语言发展特征，追踪案例学习者学术语言发展过程。从个体和环境互动的视角，探究促成/抑制学习发生的关键机制，预测学习者未来实践方式变化和发展的可能。

3.2 研究场域

本研究的场域为国内某外语类院校本科二年级的学术写作课程。课程设计缘于该大学约10年前开始的英语专业本科基础学段专业核心课程改革。改革的初衷是着力解决学生语言和思维发展不平衡的问题，在写作中表现为：语言质量堪忧、观点逻辑性欠佳及学术训练普遍缺乏等（张莲、孙有中，2014）。为进一步了解上述问题产生的根源，本研究语境中的改革者对课程教学和学生学习情况进行调研。结果显示，教师教学水平和学生学习动机普遍较高，课堂教学效果存在一定个体差异，但总体情况较好。表明自下而上的调研结果，不足以解释学生总体语言学习效果和认知发展状况欠佳的现象。该问题的解决可能需要自上而下的系统性教学理念和学习方式变革。鉴于此，本研究语境下的改革先行者开始思考英语专业本科人才培养目标、培养方式和评价方式创新的可能。上述思考在实践中逐渐具化，最终形成语言能力、跨文化思辨能力和学科能力三位一体的人才培养目标，推动课程设置、教学实施与评价方式的深度变革（张莲等，2013）。例如，对本科基础段写作教学目标和实施方式进行大幅调整。从原先"重语言技能训练""轻认知、内容"的写作教学方式，逐渐过渡为基于真实写作素材和学科内容的体裁写作教学模式（张莲、孙有中，2014）。主要涵盖记叙文写作、说明文写作、议论文写作和学术写作四种体裁。

学术写作是本研究语境下，四项写作体裁中语言、认知负荷最高，难度最大的一项。这不仅与学术语言习得的难度有关，还受到学科内容学习认知负荷的影响。因此，学术写作学习虽然蕴含语言、认知的双重挑战，也为二者在真实学术话语实践活动中的深度调节奠定基础。具体而言，学生在真实写作目标驱动下，主动开展学术研究，大量阅读、深度加工学术文本，用语言表达复杂思维，为学术语言的发展创造条件。

本研究中的学术写作课程教学实验开展于2019年春季，为期一学期。教学依托语言学学科背景和真实语言相关研究活动，在课堂中进行体裁知识讲解，引导学生关注学术语言，为学生写作和研究过程提供多元中介，创设资源丰富的学习环境。课程选用国内某著名出版社的学术写作教材，基于语言学学术写作基本知识和规约，节选真实、典型的学术写作文本案例，帮助学生熟悉学术写作规范与体裁规约。该课程旨在为学生提供丰富的学习资源，教师每两周都会为学生准备"阅读包"，包含语言学领域内主要研究议题的经典文献，为学生研究选题、学习写作方法提供借鉴。此外，学生还需根据自身研究目的在课后大量阅读文献，补充背景知识，进行学术研究。上述课程学习资源为学生的写作和研究实践奠定基础，也为学术语言的发展创造条件。

学术写作课程把学习预设为一个“活动系统”，引导学生参与真实学术话语实践活动，实现学术语言发展。其理据是：1）学科内容的引入，为学术写作创设真实目标，也为学术语言发展提供大量真实、高质量的中介资源（如学术文献）；2）真实、有意义的学术实践兼具语言和认知挑战，但也能激发学生在学习中的投入，提高他们主动探索、利用环境资源的意愿和能力。该学习方式下，学生具有一定自主性和选择权，可以选择自身感兴趣的议题，利用课程学习资源，开展学术研究。此外，学术写作课程学习资源和规则，能调控学生的学习过程，提供必要的语言和智力支持，帮助他们实现超越自身当前语言、认知水平的能力表现（Cole & Wertsch，1996），并通过一系列连贯、系统的学习活动，内化学术语言、认知资源。

本研究中，活动既是教学设计的基本原则，也是教学活动开展的基本方法。学生通过参与一系列真实、有意义、相互关联的学习活动，实现语言、认知发展的深度调节（张莲、孙有中，2014）。在此背景下，活动是学习发生最基本的单元，也是团体学习、实践方式革新的动力源泉（Engeström，1999）。

3.3 研究对象

研究对象是国内某外语类院校本科二年级3个学术写作教学自然班的51名学生。他们均属于中、高水平英语学习者，全部通过了英语专业四级水平考试（均分，81.86；标准差，6.95）。根据《中国英语等级量表》能力描述指标，该批学习者“能就社会热点问题或现象，运用多种论证方法阐明观点，论据充分，有逻辑性”，且“能撰写本专业的论文摘要，符合学术规范”，基本达到书面表达能力六级水平（中华人民共和国教育部、国家语言文字工作委员会，2018）。该批学习者来自3个平行班级。本研究采用单因素方差分析方法，比较他们的英语专业四级水平考试成绩，结果无显著性差异（$F(2, 48) = 0.15$，$p = 0.86 > .05$）。因此，本研究在分析群体学术语言发展特征时，把3个班级的学生视为一个群体。

根据课程安排，该批学生在学术写作课程开始前，已选修过相关语言学方向课程，对语言学各分支领域（如话语分析、社会语言学等）具有一定了解，且具备相关学术阅读和写作经验。在学术写作课程开始前，他们已较为系统地接受过不同体裁的写作训练，包括：记叙文写作、说明文写作和议论文写作等。这些学习经历帮助学生熟悉不同体裁的写作方法，培养了他们的语言意识，如对学术写作语言精确性、逻辑连贯性与观点建构方式的认识等。例如，通过二年级上学期的议论文写作学习，学生在写作中逐渐养成了主动查阅资料、斟酌自身语言、思考与反思的习惯。议论文写作的话题主要选自人文社会科学领域重大议题，如人与自然、教育、科技与文化艺术等。学生在教师指导下，结合多元视角对文本进行批判性阅读和写作方法分析。学生需要从多渠道查阅资料，接触真实的语料，提炼、反思、形成自身观点，并使用简洁、清晰、逻辑的语言呈现。针对学生写作文本，教师会从语言质量、内容逻辑和体裁规约等方面对学生进行反馈和一对一辅导，帮助他们形成反思、监控、规约自身写作过程的能力和习惯。此外，学生在学习学术写作的同时，还能在研究方法课程中，接受较为系统的研究方法训练。这为他们独立开展学术研究、撰写学术论文奠定了基础。

为深度了解学生学术语言发展过程，本研究依据目的性和便利性抽样相结合的原则，从该批学习者中选取3名异质和2名较为同质的案例，追踪她们的学术写作学习经历和语言发展过程。异质和同质案例的选择标准，主要依据学生语言水平、专业成绩和过往教育经历等。选取异质性案例的目的在于，探究学习者个体差异对学术写作学习和语言发展过程的影响。选取同质性案例，则旨在揭示语言基础、专业能力类似的学习者，如何在相似教学环境下，根据自身学习目标和需求挖掘、利用学习资源，实现个性化发展。5名案例学习者在研究开始前，均知晓本研究目的，同意参与课题研究，并许可研究者匿名使用她们的基本信息及课程学习材料。

本研究将3名异质案例学习者分别取名为“阳光”“蓝天”和“白云”。她们在语言基础、学习经历和专业成绩排名等方面均存在一定差异（见表2）。这些因素可能在一定程度上影响她们在课程中的写作学习方式及语言发展过程。

表2 异质案例学习者基本信息

姓名	性别	语言水平	高中学校	专业成绩排名
阳光	女	TEM4: 88	重点高中	靠前（3/37）
蓝天	女	TEM4: 86	外国语学校	中上（12/37）
白云	女	TEM4: 81	普通高中	中等（19/37）

阳光同学来自北京市某重点高中，语言基础好，入学以来专业成绩一直位于年级前列，学习能力较强。她在访谈中表示，学术写作与自身未来专业学习和职

业规划都具有比较紧密的联系，因此很重视这门课程，对学术写作学习充满期待。她还提到，自己先前没有完整的学术写作和研究经历，做过一些研究尝试，但缺乏学理性和规范性。她希望通过学术写作学习真实体验写作和研究过程，提升自身语言和认知能力。当谈及自身语言学习经历时，阳光表示自己高中时不太重视英语课，因为上课主要讲授语言点，形式略为枯燥。上大学后阳光发现，语言不只是学习的对象，也是学习的工具。因此，相比高中时期的应试学习方式，大学期间以真实语言运用为目的的学习，似乎更具成效（F-YG-20190702）。上述片段表明，阳光比较认同大学阶段的语言学习方式，运用语言学习学科知识、解决实际问题。这不仅与她自身的语言基础有关，还在一定程度上反映了她的语言学习信念。上述学习经历为阳光即将开始的学术写作学习奠定了一定基础。

蓝天同学来自一所外国语高中，语言基础较好，专业成绩在年级上排名中上。她表示，自己未来想出国读研，需要一篇完整的学术论文作为申请材料。因此，学术写作学习与自身未来的学习实践和职业选择都具有紧密联系。她在访谈中还提到，自己在写作中有反复修改、斟酌自身语言的习惯。这可能与自身性格、过往学习经历和学习方式有关。当回顾自身语言学习经历时，蓝天表示，自己在高中阶段打下了比较扎实的语言基础，具有一定英文口头汇报和写作的经历。但高中时期的语言学习任务多为描述性的，少有加入自身思考（FT-LT-20190701）。相比之下，大学阶段的语言学习则更为思辨和学术。学生为完成学习任务需要大量阅读学术文本，积极思考、反思。这一点在写作课程中尤为明显。例如，议论文写作课程中，教师兼顾学生语言与思维的质量，培养学生反复修改，斟酌自身观点和语言表达的意识。在此过程中，蓝天开始意识到学术类写作的语言表达需要恰当、精确、客观，并开始关注写作中语言形式、意义与功能间的联结。上述学习经历为蓝天的学术写作学习，奠定了一定语言和认知基础。

白云同学来自一所普通高中。相比阳光和蓝天，她的语言基础较弱，专业成绩位列年级中等。她表示，学术写作学习与自身未来的学习和职业规划具有一定联系。她也想申请攻读研究生，因此对专业成绩比较重视。但对自身语言水平缺乏自信：

> 我们大一有一个入学摸底考试。我大一结束军训的时候拿到了成绩……有听力、口语什么的。口语我好像还可以在全年级40%多，我写作是排在全年级90%多。那个时候我们考的是全国三卷，高考作文只需要写100字的东西……（FT-BY-20190701）

白云在大学阶段前接受的多为比较传统的英语学习方式。她表示，自己在高中时期没有打下扎实的语言基础，做题大量依赖语感，几乎没有接受过系统的学术阅读和写作训练。然而，白云在学习上很上进。在制定读研的目标后，她加倍努力，专业成绩有比较明显的进步。在写作方面，她在前三学期的写作课程中（记叙文写作、说明文写作、议论文写作）成绩持续提高。希望自己能在学术写作学习中，选取一个感兴趣的研究话题，努力对标课程要求，产出一份令人满意的学术成果。

本研究将2名同质性案例分别取名为“思齐”和“思逸”。虽然她们在语言水平考试和专业成绩上有一定差异，但均属于中、高水平语言学习者，且专业成绩均位于年级前列（见表3）。

表3 同质案例学习者基本信息

姓名	性别	语言水平	高中学校	专业成绩排名
思齐	女	TEM4: 90	外国语学校	1/38
思逸	女	TEM4: 82	重点高中	8/38

思齐同学来自一所外国语高中，语言基础好。她提到虽然高中英语学习经历以刷题为主，但自己会在课外大量阅读，创造语言使用的机会。进入大学以后，她有比较明确的目标，在学业上刻苦、努力。面对学习压力，她总是认真而专注，且有恒心和毅力克服眼前的挑战，不断超越自我。她表示：

> 有时候给自己挖了一个坑，好像要fail了。第一次有这种感觉的时候，会觉得“世界末日”，后来我可能天天都有这种感觉。我记得好像是大一军训之前，因为军训所以要提早交论文，那一次觉得好难。从读文献到收集数据短时间内要搞定。后来发现这种事儿还多着呢。到大二之后发现每周都有这种极限操作，也不一定全是学术上的，还有各种活动，包括申请交换签证，租房子，感觉每天都在try out the impossible。我一直都觉得那句话说得很好，killing makes you stronger（FT-SQ-20190621）。

该片段表明，思齐在学习上有比较强的计划性，能根据实际需求不断调整、规约自身学习行为。而且，她具有比较强的抗压能力，面对学习上的挑战，她不会降低要求，而是努力朝目标靠拢。这促使她在学习、生活中不断激发自身潜力，提高任务执行力，主动探索、利用环境资源。她表示：

> 高中的时候觉得这些东西三年之内学完就行了，有一个期限，还来得及。现在这个任务两天后就要交了，真的来不及了，只能快马加鞭把这事儿弄出来。如果是高中的话，我会拿出一段比较长的时间，计划这周学什么，下周学什么。现在我觉得真没有那么多闲庭信步的时间，有的时候是要突击，把这些东西在短时间内掌握。我觉得总是这么极限操作下来的话，可能学知识的速度也快了（FT-SQ-20190621）。

该片段中，思齐提到了课程学习压力对自身原有思维和学习方式的冲击，促使她不断增加学习投入、提高自身学习效率，探索新路径和方法。这表明，1）思齐在学习中具有较强的执行力和抗压能力，这有助于她适应新环境、新任务，在学习中不断挑战自我；2）课程学习压力（若在可控范围内）能促使学习者不断反思、调整自身学习方式，提高自身感知、承受学习负荷的能力。本研究语境下，思齐提到的学习负荷不仅存在于语言层面，也体现为用外语学习学科知识带来的认知挑战。思齐表示：

> 我觉得最主要的区别是高中的时候把英语当成一个科目，现在更多把英语当成中介。以前会把它当成一门学科去学，学它的语法，它本身。现在是浸泡式，因为更多是想得到它的内容，但自己无意中也会记住一些东西……可能学英语的方法不一样了，以前是专门去记它，现在更多是浸泡式的，内容导向型的（FT-SQ-20190515）。

该片段表明，思齐认同且能适应大学阶段的语言学习方式。这与她自身语言基础和学习主动性密切关联，也体现了她主动适应新学习环境和要求的能力与意识。面对语言学习方式的转变，思齐主动实践、反思，尝试从环境中寻找资源。这些素质都为思齐主动接受、积极应对学术写作学习挑战奠定了基础。

思逸同学来自北京市一所重点高中，语言基础较好，专业成绩排名靠前。她在学习中具有较强的主动性和求知欲，这与她的学习目标和高中学习经历密切关联。据她回忆，她所在的高中鼓励自主学习和研究性学习，这在一定程度上激发了她在大学阶段的求知欲。然而，思逸坦言，自己刚入校时并没有树立很明确的目标，但也能顺利完成学习任务。她对语言学的兴趣是在学习过程中慢慢被激发的。谈及过往学习经历时，思逸表示：

> 高中比较鼓励自主学习，我们有过程性评价，每一个单元，这个主要体现在数理化生上，语文、英语少一些。每个课都会有前测。老师没有讲，但是学生要自己找资源，要么看书，要么做教参之类的。然后前测，测你对这些知识的了解。因为老师没讲，你必须自主学习。而且前测的分数要记到过程性评价里，就等于是一个激励，鼓励大家去自主学习。我们上课老师50分钟并不会讲满，20分钟就讲完了，剩下30分钟，如果你有不会的问题，可以跟同学讨论或找老师答疑。这其实是一个自发的事情，你可以选择不做。但是如果这样，可能长此以往对知识的掌握就没有别的同学好。而且你处在一个环境，如果别人去问老师，你会被他peer pressure，你也会去问。另外，我们每年有一次研究性学习，现在想来其实算一个research。选题也非常广泛，可以是文科方面的文学，比如去分析一部你喜欢的名著。我记得高二那年我做的是分析北岛的诗中颜色是怎么运用的。当时也是小组，有合作，大家也弄得挺像模像样的。有选题、开题报告、中期报告、结题报告、写论文。当然是中文的，也会有指导老师和答辩，整个流程都有。这种经历让我们觉得研究不是一件遥不可及的事情，而且也有写出论文后的成就感（FT-SY-20190506）。

思逸所在的高中鼓励研究性学习，老师通常不直接给出答案，学习内容也并非完全预设，给予学生比较充分的探索和思考空间。在此情景下，学习不只为了达到预期目的，更多是一个探索和发现的过程。学习的发生具有情境性和生成性，是学习者根据自身需要，有意识地从环境中感知、汲取学习机会的过程。如思逸所言，“你可以选择不做，但是如果这样，可能长此以往对知识掌握就没有别的同学好。”这种相对开放却又具有一定压力的学习氛围，让思逸养成了遇到问题刨根问底的习惯，也在一定程度上激发了她的探索和求知欲。她在访谈中提及一次有趣的学习经历：

> 当时我还在研究push和pull的事情，我找了一位老师，她一语中的，说这是language transfer，母语对于二语的影响。我就继续思考，

> 是不是这两个词本质上的一些原因导致了我们对它们熟悉程度的不一样。她说研究语言本身永远要用L1去研究，因为L2是一个学习的事情，然后我才从学习的、两个语言对比的思路去看。Push这个词我们的感受是明确的，就是我们中文中的推，所以我们学它的时候会感觉轻而易举。但是学pull的时候，它在英文里可能并没有中文中那么多的意思……以至于我们在学pull这个词的时候就很模糊，它在现实中到底指哪一个动作？这就导致我们对push要比pull的掌握更好，这是我的一个猜测。然后我就想去看看L1 representation和L2 learning的关系，会不会L1的representation越精确，L2就更容易学？（FT-SY-20190506）

上述片段呈现了思逸对一个语言现象的思考过程。问题的产生缘于她对push和pull习得难度的思考，及日常生活中观察到的语言现象。针对这一困惑，她向老师求助，尝试提出假设和推断，并发现了自身感兴趣的研究话题：语言迁移与习得难度间的关系。在后续访谈中，思逸提到，尽管当时对这一话题的研究没有继续，它潜移默化地影响了自身后续的学术写作研究选题，尤其体现为她对心理词汇表征的兴趣。该片段反映，思逸会深究自己感兴趣的话题，尽管她对问题的理解可能受自身知识储备和研究条件的限制，但她主动思考、探究、积极寻求外界帮助的努力是可贵的。这一特质为她之后的学习和研究奠定基础，也是她面对诸多困难和挑战时，不断化解矛盾、寻求自我超越的动力。这种主动求知的品质，使思逸在学习中保有一定独立性，尤其体现为她对自身感兴趣研究议题的执着。由后续分析可知，这给思逸的学术写作研究选题带来一定“挫败感”，却并未消减她的期待和信心。相反，在此过程中，她对学术研究/写作产生了更加深刻的认识，也深入思考了自身未来的发展规划。

授课教师毕业于海外知名大学，是一名成熟的应用语言学研究者，具有很强的学术写作和研究能力，也具有较为丰富的写作教学经验。她认同本研究语境下的学术写作课程改革理念，并致力于将其运用到具体教学实践中。她认为，学术语言的发展根植于学习者在真实学科语境下的学习、研究实践，并致力于为学生创设资源丰富的学习环境。她不仅在课堂上结合具体案例，显性培养学生的体裁和语言意识，还在课后单独安排时间对学生进行一对一辅导，集中解决他们在写作和研究中遇到的困难。同时，她还定期批阅学生的选题日志、学术写作评述短文和期末论文，针对学生在写作和研究中遇到的困难，进行单独或集中反馈。上述教学行为反映，授课教师在课程中从多角度为学生提供丰富学习资源，密切关注不同学习者的困难和需求，为学生学术语言发展提供支持和帮助。

3.4　数据收集

本研究中的学术写作教学设计吸取了上一轮课堂教学实验（2018年春）的经验，对教学进展安排、教学活动规则和规约进行了微调。两轮课堂教学实验设计思路基本一致，皆以“活动理论”为教学设计和实施的基本原则。本轮教学实验在很大程度上沿用上一轮教学的基本理念、教学方式和研究工具（张莲、孙有中，2014），却针对上一轮教学实施过程中的困难和问题，对教学安排和活动规则进行调整。研究者在上一轮课堂实验（2018年春）后，针对学生学术写作中的困难，对案例学习者进行多轮访谈。结果显示：部分学生在学习任务和时间安排上存在一定困难，寻求外界帮助的主观能动性较低，导致他们把大量学习任务累积到期末，不利于确保课程论文质量，提升学生学术语言水平。针对这一现象，本研究中的学术写作教学对学生学习进度、教师授课方式和课程学习规约进行了一定调整，具体表现为：1）教师每个月集中安排一次师生一对一小组面谈，督促学生合理增加课程学习投入，时时把控自身学习进度；2）调整教学活动的规则与规约，严格把控学生各章节论文的完成时间，督促学生合理规划、调节自身学习行为。上述中介机制和课程规约的引入，进一步完善了学术写作教学方式，为学习的发生创造多种可能。

本研究中学术写作课程把学习预设为一个“活动系统”，由教师、学生和助教及系列教学中介共同构成。以促成学术语言发展为目标，设置一系列系统、连贯的课程学习活动，并通过课程学习规则的制定和明确的团体分工，从多角度创设学习机会（见图2）。活动系统由“主体”“中介”“目标”“结果”“规则”“团体”和“分工”七要素组成。主体（英语专业本科生）在多元教学活动（文献阅读、课堂教学、课后辅导等）的调节下，投身真实、有意义的学术话语实践活动（阅读、写作、口头汇报等），不断拓展、丰富自身学术语言、认知资源，获得学术语言发展。学生学习过程同时受活动系统规则的调节和制约。团体内部丰富的语言、认知资源为学术语言发展创造条件。

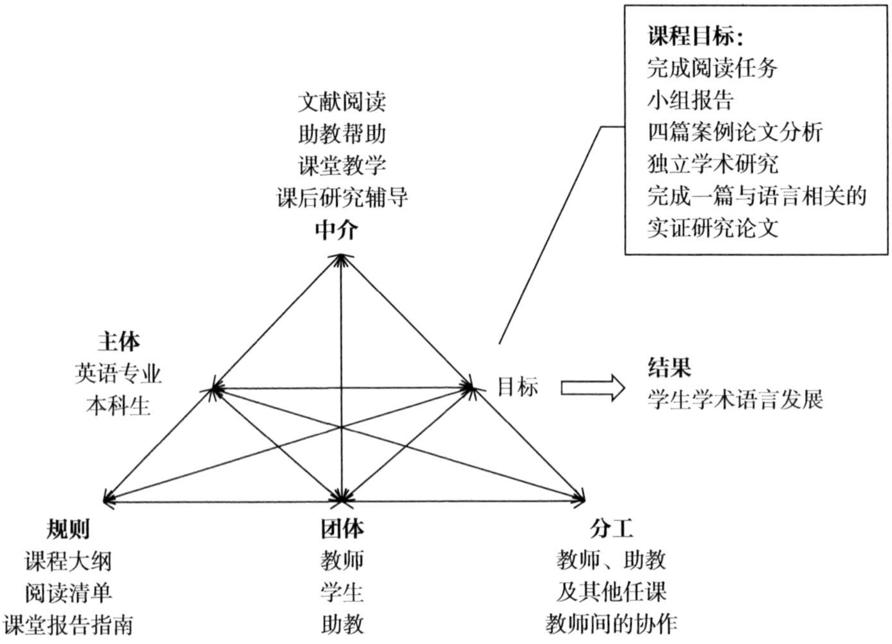

图2　学术写作课程活动系统

本研究中的学术写作课程每周一次，每节课时长约1小时50分钟，为期一学期。课堂教学主要讲解学术写作的基本语步、写作规范和规约等，结合具体研究案例，引导学生关注学术语言形式。研究任务主要由学生在课后完成，学生需自选一个感兴趣的议题大量阅读学术文献，设计并完成一项实证研究，撰写一篇完整的英文语言相关实证研究论文。教师在此过程中提供必要帮助，每位学生都会定期与老师或助教进行一对一小组面谈，汇报自身研究进展，提出问题，并寻求帮助。学生需要在课后自主搜集并阅读领域内相关文献，自由组队选取一个感兴趣的应用语言学研究话题参与课堂汇报。为帮助学生了解学术写作规范，扩充语言学知识，教师在每个单元都会设计“阅读包”，精心挑选不同研究范式下的经典语言学研究论文。学生需要仔细研读这些文章，选取其中的部分文献对写作语言和内容进行分析，撰写评述短文。教师会对每位学生的作文从语言、内容和格式等方面进行定期反馈。

本研究采用一系列研究工具，从多角度收集数据、佐证研究结果。其中，最主要的七项研究工具包括：课堂观察、学生选题日志、一对一小组面谈、学习者访谈、学习者反思日志、学术写作评述短文和期末论文。这些研究工具能从多角度描述学生学术写作学习过程，追踪学生语言发展结果，揭示促成发展的动因。

第一项研究工具为课堂观察。课堂是学术写作学习发生的主要场域。教师通过一系列环环相扣的教学活动，显性传授体裁知识，研究方法和写作规约，并通过案例文本分析，帮助学生理解体裁知识在写作中的应用，培养学生的语言意识，为课后的独立论文写作做铺垫。课堂观察以"活动"为基本分析单元，细致分析每一项课堂活动的目标、中介和学习效果（Lantolf & Thorne，2006）。研究者根据课堂录音，提取典型课堂教学片段进行转录，并依据活动理论框架对教学过程进行分析。本研究中，典型片段的选取主要包含以下步骤：1）按教学模块（文献综述、研究方法、数据分析、讨论、引言与结论、摘要与致谢）筛取每一教学单元一节课的完整录音；2）划分一节课的主要教学活动；3）依据授课内容和课堂教学效果，选取教学活动中的典型片段进行转写和分析。

第二项研究工具为学习者选题日志。课程学习开始后，学生定期向教师提交研究选题日志，记录自己在当周选题过程中的进展和困难。定题后学生仍然每周持续记录自身写作和研究进展，反思当前存在的问题和改进方向。选题日志由教师和助教共同反馈，定题前在班级内共享，促进学生间交流学习。该教学/研究工具不仅能敦促学生每周保持适量文献阅读，推进自身研究，也是追踪他们学术语言发展的重要工具。教师针对学生在研究中遇到的问题进行一对一面谈或书面反馈，确保研究设计合理、可行。针对这些反馈，若学生仍存在疑问，可自行在课后向教师求助，获得更细致的反馈和指导。

第三项研究工具为一对一小组面谈。研究中一对一小组面谈由教师和助教针对学生在写作和研究中遇到的问题共同指导。所有学生在一学期内必须参加三次面谈，同时，针对自身问题，学生还可以与教师或助教自行约定时间进行额外面谈。面谈内容主要包括两部分：首先，学生需要汇报自身研究进展，提出当前仍然存在的问题。之后教师会针对这些问题进行辅导，内容主要涉及理论介绍、研究工具设计和数据分析方法指导等。经学习者同意，研究者对一对一小组面谈的内容进行录音，挑选其中的典型片段进行话语分析。分析方法主要参照活动理论框架，对师生互动中的有效中介机制进行归纳和提炼（Saldana，2013）。一对一小组面谈作为辅导学生研究的主要方式，是对课堂教学的有力补充。这项活动既为学术研究的推进提供支持，也能作为追踪学生学习、写作和研究过程的重要依据。

第四项研究工具为学习者访谈。访谈采取半开放式结构，遵循学习者自愿原则，主要围绕以下内容展开：1）学生对自身学术写作学习经历的描述；2）学习过程中存在的主要困难、挑战及应对方式；3）学术写作学习的收获及仍然存在的问题；4）对课程学习方式改进的建议及期待等。每次访谈时长约一小时。经参与者同意，研究者对访谈进行录音和转写。访谈内容分析采用自上而下和自下而上编码相结合的方式。首先，参考Engeström（1987）活动理论对“矛盾”的界定，识别案例学习者学术写作及语言发展中的矛盾，对比、分析这些矛盾的共性和个性特征。此后，分别运用Engeström（1987）活动理论和Bronfenbrenner（2005）人类发展生态学理论，深度描写案例学习者应对、化解矛盾的方式，揭示其中的关键影响因素。最后，分析这些影响因素间的复杂、动态互动关系，如何调节学生学术语言发展。

第五项研究工具为学习者反思日志。反思日志由学生在课程结束时向教师提交。内容主要包括学术写作课程学习经历描述、个人学习收获、问题、反思和建议等。反思日志分析同样采用主题编码的方式，依据Lantolf and Thorne（2006）对中介和van Lier（2004）对给养的定义，提取、分析案例学习者学术写作学习及语言发展过程中的给养和制约，探究不同因素间的互动关系。本研究中，反思日志既是一项学习工具也是一项研究工具。作为学习工具，反思日志能促使学生在课程结束后回顾自身学习经历，反思自身的收获和不足，重新认识学术写作和研究，调整、完善自身学习的目标和方式。作为研究工具，反思日志可以与学习者访谈相互佐证，丰富研究者对学生学习发生过程的理解。相比访谈，反思日志的撰写给予学生更多思考和反思的空间，因此也更具条理性和系统性，是捕捉学习发生机制的重要手段。

第六项研究工具为学术写作评述短文。本研究中，学生在一学期内共需要提交四篇评述短文。在撰写评述短文时，需要从课程“阅读包”中挑选3–4篇领域内经典学术文献，从研究内容和写作方法两方面，对相关文献进行批判性阅读（Connor，1996；Swales，1990）。评述短文写作方法在一定程度上类似于文献综述写作。学生需要对不同研究领域的文献进行比较、分析，并根据研究主题组织、架构写作逻辑。四次评述短文的主题分别涉及：学术论文总体框架、文献综述、研究方法、数据分析与讨论。评述短文由教师反馈，结合书面反馈和课堂集中反馈两种形式，指出学生写作中的共性和个性问题。该项研究工具不仅能促使学生在课后回顾、内化学术写作规约，在阅读中关注学术语言，还能帮助学生及时发现自身写作中的问题，通过教师反馈与范文示例，不断完善自身写作语言。

第七项研究工具为学术写作期末论文。期末论文反映学生在一学期间的学术研究成果。论文撰写参照语言相关研究论文写作规范，不少于3000词英文，需要包含：摘要、引言、文献综述、研究方法、数据分析、讨论、结论与参考文献，构成一篇完整的实证研究论文。本研究共收集到51份学术写作期末论文，研究领域均为语言相关研究，议题包含二语习得（如二语写作反馈、语言学习策略）、心理语言学（如代词指称的心理加工机制、道德决策的外语效应）和社会语言学（如语码转换态度）等。本研究选取论文引言部分分析群体学习者学术语言发展特征。理据是：1）引言在开篇点明研究的主题、意义和价值，是学术论文的重要组成部分；2）引言需要以简短的篇幅，评述前人研究发现，并基于此阐明研究的目的和必要性，需要以简洁、精确的语言表达复杂思想，对学习者提出语言和认知的双重挑战；3）引言具有比较清晰的语步，包括：界定研究领域、评述前人研究、铺垫当前研究和介绍当前研究（Swales，2011）。这些语步是语言形式、意义与功能的集合体。学术写作的目的，如分析、类比、整合前人研究发现的需要，可能影响作者在写作中的语言选择（Moreno & Swales，2018）。因此，研究学术写作引言，不仅能反映学生学术语言在词汇、句法、语义和语篇层面的表征，还旨在探究不同语言维度间的复杂互动关系。

作为对群体学习者语言发展数据的补充，本研究对3名案例学习者“阳光”“蓝天”和“白云”一学期间学术语言的发展进行追踪，探究不同语言水平的学习者，学术语言发展的阶段性特征。分析语料来源于3名案例学习者一学期间的4次评述短文和期末论文文献综述。理据是：1）尽量缩小语篇在文本长度上的差距；2）评述短文和文献综述均涉及对前人研究发现的分析、整合与评价，在写作目的和方法上具有一定相似性。文献综述初稿由教师反馈，反馈内容主要围绕写作语言表达和内容逻辑两方面进行。学生需要在此基础上，对自身写作进行完善，并于两周后提交文献综述修改稿。本研究同时追踪学生在文献综述初稿和修改稿中的语言表现。

上述七项研究工具能从多角度回答本研究问题，并相互佐证，为学生学习过程追踪和发展结果描述提供有力证据支持。其中，学术写作评述短文、学术写作期末论文和学习者访谈的分析对应研究问题1（学生学术语言发展结果）。课堂观察、学习者选题日志、一对一小组面谈、学习者访谈和学习者反思日志数据对应研究问题2（学生学术语言发展过程）。不同数据间实现多元互证，深度描写学生学术语言的发展过程，揭示促成发展的教学调节机制。

表4　案例课堂教学数据收集情况

序号	数据类型	目的	规格/数量
1	课堂实况录音	了解学术写作课堂形式，教师教学目标、教学方式及学生学习情况	为期一学期的11节学术写作课堂录音及观察笔记 每次录音时长约1个半小时，共计约10小时

（待续）

（续表）

序号	数据类型	目的	规格/数量
2	学生选题日志	了解学生学术写作学习过程；研究进展及困惑	由学生每周提交，持续一学期，助教反馈，共收集到31名学生连续13周的学习日志
3	一对一小组面谈录音	了解学生研究进展，困难及问题；由教师和助教共同承担，单独对每一位学生进行课后辅导	持续一学期，共收集到5名案例学习者与教师/助教在3个时间段的一对一小组面谈录音 每次录音约20分钟
4	学习者访谈	深度了解学生学术写作学习过程、发展结果、先前学习经历等	研究者对5名案例学习者在学期初、期中和期末3个时间段进行跟踪性访谈（转写字数共计约10万字） 另外3名学生自愿参加期末访谈（转写字数共计约3万字）
5	学习者反思日志	了解群体学生学术写作学习过程和发展结果，收集他们对课程的期待及建议	共收集到两个学术写作自然班，31名学习者在期末提交的学习反思日志
6	学术写作评述短文	确认学生学术语言历时发展状况；由教师反馈	持续一学期，共收集到31名学生的4次评述短文 每篇作文约800词（英文）
7	学术写作期末论文	确认学生学术语言历时发展状况；由教师反馈	由学生提交期末论文各部分初稿和改稿，每篇论文约6000词（英文）

表4反映了案例课堂的数据收集情况，包括课堂录音、群体学习者学术写作文本、反思日志，及案例学习者过程性数据等。上述数据从多角度呈现学生学术写作学习过程的全貌，不同证据间彼此优化、互补。表5反映5名案例学习者学术语言发展的过程性数据，包括学习者访谈、一对一小组面谈录音、学习者选题日志和反思日志等，本研究对它们进行数据标记，服务后文分析。

表5　案例学习者的研究数据标记

姓名	数据类别	日期	数据标记	转写字数
阳光	一对一小组面谈	2019.03.31	MT-YG-20190331	2169
	一对一小组面谈	2019.04.23	MT-YG-20190423	1729
	一对一小组面谈	2019.06.11	MT-YG-20190611	2290
	学习者访谈	2019.03.12	FT-YG-20190312	4088
	学习者访谈	2019.05.06	FT-YG-20190506	8174
	学习者访谈	2019.07.02	FT-YG-20190702	10966
	学习者反思	2019.07.10	FSRZ-YG	2296
	学习者选题日志	2019.03–2019.06	XTRZ-YG	3505

（待续）

（续表）

姓名	数据类别	日期	数据标记	转写字数
蓝天	一对一小组面谈	2019.03.26	MT-LT-20190326	2827
	一对一小组面谈	2019.04.27	MT-LT-20190427	1779
	一对一小组面谈	2019.06.14	MT-LT-20190614	1512
	学习者访谈	2019.05.14	FT-LT-20190514	6353
	学习者访谈	2019.07.01	FT-LT-20190701	12889
	学习者访谈	2020.09.25	FT-LT-20200925	5976
	学习者反思	2019.07.10	FSRZ-LT	2106
	学习者选题日志	2019.03–2019.06	XRTZ-LT	2754
白云	一对一小组面谈	2019.03.26	MT-BY-20190326	2049
	一对一小组面谈	2019.06.14	MT-BY-20190614	2234
	学习者访谈	2019.03.13	FT-BY-20190313	3967
	学习者访谈	2019.05.15	FT-BY-20190515	10973
	学习者访谈	2019.07.01	FT-BY-20190701	15661
	学习者访谈	2020.09.27	FT-BY-20200927	9350
	学习者反思	2019.07.10	FSRZ-BY	2003
	学习者选题日志	2019.03–2019.06	XTRZ-BY	1835
思齐	学习者访谈	2019.05.15	FT-SQ-20190515	10978
	学习者访谈	2019.06.21	FT-SQ-20190621	17527
	学习者访谈	2020.10.12	FT-SQ-20201012	23400
	学习者反思	2019.07.10	FS-SQ	2268
	学习者选题日志	2019.03–2019.06	XTRZ-SQ	4441
思逸	学习者访谈	2019.03.12	FT-SY-20190312	5684
	学习者访谈	2019.05.06	FT-SY-20190506	11058
	学习者访谈	2019.06.19	FT-SY-20190619	15483
	学习者访谈	2020.09.28	FT-SY-20200928	10647
	学习者反思	2019.07.10	FS-SY	4399
	学习者选题日志	2019.03–2019.06	XTRZ-SY	1997

本研究中，活动既是教学/学习发生的载体，也是研究数据收集的方法和工具。因此，对学生学习过程的追踪，离不开对课程学习活动规划与实施过程的描述。下文表6展示学术写作课程一学期间的教学安排。

表6　学术写作教学安排及进度

时间	上课内容	作业	课后辅导与反馈
2019.03.01	学术写作体裁介绍		
2019.03.08	学术研究选题原则	选题日志	
2019.03.17	阅读周	选题日志、评述短文 –1	
2019.03.22	文献综述写作 –1	选题日志	
2019.03.29	文献综述写作 –2	选题日志	面谈 –1, 评述短文 –1 反馈
2019.04.05		评述短文 –2	
2019.04.12	研究方法	选题日志、评述短文 –3	
2019.04.19	数据分析与讨论 –1	选题日志	
2019.04.26	数据分析与讨论 –2	选题日志、评述短文 –4	面谈 –2, 评述短文 –2 反馈
2019.05.03	引言与结论	定题、选题日志	
2019.05.10	摘要与致谢	文献综述初稿	
2019.05.17	数据统计原理与操作	选题日志	
2019.05.24	参考文献及引用	选题日志、研究方法初稿	评述短文 –3 反馈
2019.05.31	写作连贯与衔接	选题日志	评述短文 –4 反馈
2019.06.07		选题日志	文献综述、研究方法反馈
2019.06.14	面谈 –3	选题日志、数据分析与讨论初稿、文献综述修改	
2019.06.23		文献综述、研究方法修改	
2019.06.30		期末论文终稿提交	

如表6，学生一学期间的学术写作学习主要包含以下重要阶段。第一阶段是3月29日一对一小组面谈后，学生须根据面谈中的教师反馈建议，结合自身兴趣和现实研究条件，初步确定研究领域，开始第一轮密集文献阅读。第二阶段是5月3日确定研究选题后，学生集中进行数据收集和期末论文各部分撰写。5月期间，学生撰写期末论文文献综述，调整、完善自身研究设计，改良研究工具，进行数据收集。该学习过程能促成学生语言和认知发展在持续写作、研究实践中的深度调节。第三阶段是5月31日课堂写作规范讲解结束后，学生开始投入持久、密集的写作训练与修改过程。此间，学生已在课堂中知悉学术语言的特征及写作规范，并陆续收到教师针对评述短文、期末论文文献综述及研究方法部分的写作反馈。该阶段的学习重心逐渐由研究转向写作。学生在屡次论文修改中逐渐树立、强化自身语言意识，不断审视、反思自身写作语言的发展。上述学习阶段的

划分，一定程度上反映了学生学术写作学习中的关键事件，为后文对学习者语言发展过程及结果的描述提供参考。

3.5 数据分析方法

本研究采用量化文本分析和质性学习过程分析相结合的方法，描述群体学生学术语言发展特征及案例学习者学术语言发展过程。量化文本分析，借鉴Uccelli et al.（2015）对学术语言的界定，从词汇、句法、语义和语篇四个维度，描述、追踪学生学术语言发展。质性学习过程分析主要采用“主题编码”的方法，参考Engeström（1987）和Lantolf and Thorne（2006）对矛盾和中介的界定，及Bronfenbrenner（2005）和van Lier（2004）对人类发展生态系统和给养的定义，分别从活动理论和人类发展生态学视角，识别学生学术语言发展过程中的矛盾与张力，揭示促成矛盾化解的关键个体及环境因素，探究这些因素在学习者语言发展过程中的复杂互动关系。

3.5.1 学术写作文本分析

本研究分别从词汇、句法、语义和语篇层面，描述学生学术语言发展特征。首先，采用多级标注的方法，从词汇复杂度、名词短语复杂度、多元视角采纳（语义）和语步（语篇）等维度，分析群体学习者学术语言发展特征，探究不同维度间的互动关系。词汇复杂度和名词短语复杂度分析，分别采用词汇复杂度自动分析器（TAALE 2.0）和句法复杂度自动分析器（TAASSC 1.3.8），分别选取SUBTLEXus内容词汇词频（frequency）、SUBTLEXus内容词汇范围（range）、名词主语附属成分（dependents per nominal subject）、直接宾语附属成分（dependents per direct object）、介宾短语附属成分（dependents per object of the preposition）和名词补语附属成分（dependents per nominal complement）作为分析指标（Kyle，2016；Kyle et al.，2018）。前两项指标呈现学生写作语言的词汇复杂度，其中，词频指“词汇在语料库中出现的频次”，范围指“包含特定词汇的语篇在语料库中出现的频次”（Kyle et al.，2018，p.1031）。本研究呈现的词频和范围均由TAALE 2.0软件自动对原始数值进行对数转换。后四项呈现不同名词短语成分的复杂度（见表7）。选取理据是：1）复杂名词短语是学术语言发展高级阶段的标志，也是学习者用精确语言表达复杂观点的必备语言资源；2）基于名词短语的语言复杂度指标，能反映短语复杂度在不同语法成分中的表征，揭示学术语言形式、意义与功能间的联结。

表7　名词短语复杂度分析指标示例

Title: Discourse markers in impromptu speeches of Chinese EFL learners of the advanced level		
Discourse marker is [a linguistic unit crucial to communication]. In the past few decades, *researchers of different research backgrounds* have referred to it using different terms and have explored it taking different approaches. Generally speaking, *the study of discourse markers* had taken **the coherence perspective**, **cognitive perspective and relevance perspective** to examine **the patterns and functions of discourse markers** (Schiffrin, 1989). *These researches* were mostly carried out among native speakers in the context of daily conversations or in the pedagogical settings (Fung & Carter, 2007). *Few researches* have focused on **the study of discourse markers**, especially in the context of impromptu speeches...		
特征	定义	例证
名词主语	主动句中的名词性主语	*researchers of different research backgrounds...*
直接宾语	名词（短语）做直接宾语	**the coherence perspective...**
介宾短语	介宾短语	in the context of impromptu speeches...
名词补语	充当补语的名词性成分	[a linguistic unit crucial to communication]

多元视角和语步的分析，借助语料库语言学研究工具CLAN，进行人工标注。多元视角指"理解、运用多个视角"看待、分析问题的倾向（Kuhn & Crowell，2011）。尽管目前相关研究多以议论文为研究对象，多元视角采纳在学术写作中具有重要意义，尤其体现为从不同角度理解、分析、论证复杂问题的能力。如评述前人研究时，对不同观点进行引证和分析，尽量避免观点和视角的偏颇，提高论证的有效性（Andrews，2010）。本研究对视角的界定参考Kuhn and Crowell（2011）分析框架。其中，主体视角（own perspective）指主体自身的视角；对立视角（dual perspective）指与自身视角相反的视角；综合视角（integrative perspective）指在形成观点前，综合、比较、权衡不同视角。本研究对多元视角进行操作化定义，取对立视角与综合视角数量之和。

对语步的分析借鉴Swales（2011）对学术论文引言语步的界定，包含界定研究领域（establishing the field）、评述前人研究（summarizing previous research）、铺垫当前研究（preparing for present research）和介绍当前研究（introducing present research）四个基本语步。该界定方式与Swales（1990）定义的三个引言语步，即界定研究领域（establishing a territory）、引出研究空缺（establishing a niche）和填补研究空缺（occupying the niche）略有区别，强化了评述前人研究和介绍当前研究语步在（学习者）学术论文引言中的重要性。本研究对多元视角和语步的标注，均以T单位即“一个独立句及其所有附属成分”为基本分析单元（Bardovi-Harlig，1992），确保不同语言维度分析的可比性。表8对引言各语步中的多元视角编码进行示例。

表8 引言语步中的多元视角编码示例

类型	示例
界定研究领域：对立视角	While the effects of L1 on L2 have been studied for decades in the field of second language acquisition, the effects of L2 on L1 is a comparatively new perspective in studying bilingual users' interlingual competence.
界定研究领域：综合视角	New as it is, the phenomenon has been confirmed existing and academically valuable.
评述前人研究：对立视角	While some had strongly approved its adequacy in such usage, others still insisted that he could never be labelled gender inclusive, since obvious male image was evoked when using this expression.
评述前人研究：综合视角	Most of research conducted so far focus on the interweaving of L1 and L2 lexicon, while few have studied textual effects of L2 on L1. However, observations confirming textual effects also exist.
铺垫当前研究：对立视角	Besides, as the results were not supported by statistics, limited explanation had been given to some unique death metaphors.
铺垫当前研究：综合视角	Nonetheless, despite the growing interests the topic has received (Robinson, 2011), most of related literature in L2 writing has focused on manipulating cognitive factors and interactive factors so as to specify the relation between task complexity, task conditions and task performance, neglecting the urgent need to unveil the connection between task difficulty and performance (Robinson, 2007).
介绍当前研究：对立视角	The first corpus has raised the immigration issue and the necessity of the physical US-Mexico border wall, whereas the other two pieces of discourse have addressed different aspect of the problem, either being a request for funding or a call for improving the immigration system.

上述标注过程经两名编码者多轮校准，实现编码者间一致性（界定研究领域：$\kappa = 0.73$，评述前人研究：$\kappa = 0.73$，铺垫当前研究：$\kappa = 0.76$，介绍当前研究：$\kappa = 0.75$，多元视角：$\kappa = 0.80$）。同时，本研究选取质性文本片段进行分析，佐证量化文本分析结果。

在此基础上，本研究对3名案例学习者“阳光”“蓝天”“白云”的学术语言发展，进行一学期的追踪，结合质性文本片段分析。呈现3名案例学习者学术语言发展的特征和趋势，佐证量化研究结果。分析指标分别选自句法复杂度、词汇复杂度、语言准确度、语义评价资源使用和语篇连贯与衔接5个维度，与群体学习者学术语言发展指标略有不同。首先，在词汇和句法层面选取综合指标，如句法复杂度、词汇复杂度，反映案例学习者一学期间，学术语言词汇和句法的历时变化。第二，加入语言准确度指标，目的是探究案例学习者语言复杂度与准确度发展间的互动关系。第三，语义层面的分析参考Martin（2000）评价理论，描述、追踪案例学习者语义评价资源使用方式的变化。第四，结合质性文本分析，在语篇层面描述学习者语篇连贯与衔接的发展。简言之，群体学术语言发展的横截面式研究，重在呈现学习者在不同语言维度的表现，探究不同语言分析指标间的复杂互动关系。案例学习者学术语言发展，则更倾向于追踪学习者一学期间，学术语言在不同维度的发展（如词汇、句法、语义、语篇）及准确率变化过程，识别变化发生的关键节点，揭示学生学术语言发展的共性和个性特征。

本研究对案例学习者词汇和句法复杂度发展的测量，主要借助Lu（2010，2012）的二语句法复杂度、词汇复杂度自动分析器。对语言准确度的测量采用人工标注和校对相结合的方法，对学生作文中的所有语法错误进行识别和查验（Ellis & Barkhuizen，2005）。对语义评价资源的描述采用人工标注，参照系统功能语言学马丁评价理论框架，从鉴赏－构成、鉴赏－评价、语势－强化和语势－量化四个维度，对案例学习者6次学术写作文本中的评价资源使用进行多级、多轮标注。

第一轮标注后，研究者从文本中抽取30%的数据，邀请另一位编码者参与编码，帮助其理解、熟悉编码框架。经两名编码者共同协商标注10%的数据，剩下20%的数据由两名编码者各自完成。经检验，两名编码者间信度大于80%。对语篇衔接的测量借助Graesser et al.，（2004）开发的Coh-Metrix语篇自动分析软件。该软件至今已经在相关语言研究中得到广泛运用，分析结果的准确性也基本得到证实（Graesser et al.，2011；Polio & Yoon，2018）。本研究根据学生实际情况，从上述自动语言分析指标中选取部分指标作为学生学术语言发展的重要参考（详见表9）。

表9　学术语言发展测量指标

学术语言能力发展维度	测量指标	定义
句法复杂度（Lu, 2010）	总体句法复杂度	T单位平均长度
	嵌套密度	T单位从句数
	短语复杂度	T单位复杂名词数

（待续）

（续表）

学术语言能力发展维度	测量指标	定义
词汇复杂度（Lu, 2012）	词汇复杂度	复杂词频（词频大于2000）占总词频百分比
	词汇丰富度	矫正类符–形符比（Corrected TTR）
	词汇密度	实词占总词频的百分比
语言准确度（Ellis & Barkhuizen, 2005）	语言准确度	T单位平均语言错误率
语篇衔接（Graesser et al., 2011）	潜在语义分析	上下文语义相似度
	新旧信息比	上下文语义推进

本研究中，句法复杂度分析以T单位作为基本分析单位。在学习者语言分析中，T单位一般适用于书面语分析（Czwenar，2014）。话语切分方式与Lu（2010，2012）采用的语言分析单位相符合。本研究依据Ortega（2012）对句法复杂度发展指标的分类，分别从总体复杂度、嵌套密度和短语复杂度三个层面选取Lu（2010）二语句法复杂度自动分析器中的代表性指标，对学生二语书面语句法复杂度发展进行描述和追踪。

词汇复杂度方面，词汇复杂度、词汇丰富度和词汇密度是三项代表性指标（Lu，2012）。词汇复杂度在语言层面是复杂词汇习得的重要标志，在认知层面能反映科学概念的发展（Lantolf & Poehner，2014）。词汇丰富度能体现学习者学术语言资源积累的广度和深度，但也是学术语言发展的一项瓶颈（Hyland，2012）。词汇密度指语篇中实词（lexical words）占所有词频的比率（Lu，2012，p.192），是区分日常口语表达与学术语篇语言使用的一项重要指标（Lu，2012）。

在语言准确度方面，本研究参考Ellis and Barkhuizen（2005）对语言错误的归类和分析方法，对学生作文中的所有形式语法错误进行标注和计量分析，暂不考虑语言使用的恰当性问题。在人工标注和查验后，研究者根据前文所划分的写作语言T单位，计算T单位平均错误率，作为语言准确率测量指标。

在语义评价资源使用方面，本研究参考Martin（2000）评价理论，从态度–鉴赏–构成、态度–鉴赏–评价、级差–语势–强化和级差–语势–量化四个层面的正向和负向两级，对3名案例学习者学术写作中评价资源的使用进行标注、归类与分析。评价理论为描述情感（emotion）、判断（judgement）、评价（valuation）等语义信息提供了一个系统性分析框架。该框架将评价资源分为态度和级差两类（Oteíza，2017）。态度（attitude）包括情感、判断和鉴赏，主要指与人类主观感受有关的评价信息。其中，情感包括正向和负向感受，判断主要涉及人类行为与是非准则，鉴赏则更多指向客观事物及现象的价值及审美属性（Martin，2000）。级差（graduation）主要涉及主体对客观事物程度的评价，它能赋予客观事物以主观意义潜势（subjective potential）（Hood，2010）。

级差分为语势（force）和聚焦（focus）两个层面。语势包含强化（intensifying）和量化（quantifying）两个维度。其中，强化主要包含情态和意态，从强弱程度上又分为强势和弱势两个子类别（Hood，2010）。强势类似于学术写作中的加强词（booster），在语篇中起突出、强调的作用；弱势类似于委婉语（hedge），在语篇中起限制、弱化的作用（Hyland，2005）。量化主要涉及事物的程度和数量，起限定和修饰的功能。与强化功能类似，量化从强弱程度上也可分为强势和弱势两个子类别（Oteíza，2017）。

上述评价资源的使用可以使学术语言表达更为精确、客观，也能为作者观点、立场的确立提供重要支持。聚焦主要包含价值（valeur）和实现（fulfillment），旨在对事物的真实性、特殊性及完成程度等进行限定和修饰（Hood，2010）。先前研究表明，学术写作中较为常见的评价资源包括态度中的评价维度和级差中的语势维度（Zhang & Ling-Cheung，2018）。这两个维度主要涉及对客观事物的评价及对频率、程度的修饰，与学术写作抽象、客观的语言风格和相对权威和疏离的人际立场具有一致性（Snow & Uccelli，2009）。本研究选取这两个维度作为主要分析框架，描述3名案例学习者在6次学术写作文本中评价资源使用的变化过程。下文表10呈现评价资源分析的示例编码。

表10 案例学习者学术写作文本评价资源（态度-鉴赏）使用编码示例

维度	示例
态度-鉴赏	
构成	
正向	A positive correlation is confirmed by both authors (LT-RE2).
负向	A possible explanation is that it is difficult to obtain as well as code noticing data and all the methods in previous researches are controversial (LT-RE2).
价值	
正向	[T]he accessibility of a research topic is also a vital factor to be considered (YG-RE1).
负向	[F]or doing that you might leave a biased impression on readers and decrease your credibility (BY-RE4).

（待续）

（续表）

维度	示例
级差-语势	
强化	
强势	As a rudimentary step taken in academic writing, choosing a research topic deserves our upmost attention (YG-RE1).
弱势	Plausible explanations for the phenomenon can also be provided (LT-RE1).
量化	
强势	[C]omprehensive literature review should be provided in order to present the gap or contradiction in previous studies (YG-RE1).
弱势	If you have limited time to conduct research, literature reviews can give you an overview or act as a stepping stone (BY-RE2).

在语篇衔接方面，本研究参考Halliday and Hasan（1976）及Halliday and Matthiessen（2004）对语篇衔接的定义，从潜在语义分析和语篇新旧信息比两方面，借助Coh-Metrix语篇分析工具相关维度的典型指标，对学生语篇衔接的发展进行追踪。Coh-Metrix语篇分析工具对潜在语义分析的标注同时从小句、小句与段落及不同段落三个层级展开，涵盖语篇词汇衔接在不同层面的表现（Graesser et al.，2011）。本研究兼顾上述三个层面的语篇词汇衔接特征，取三个潜在语义分析值的平均z值，描述案例学习者一学期间的词汇衔接变化。语篇新旧信息比主要指上下文旧信息在新信息中的占比，占比越高则语篇衔接程度越高。

3.5.2 学习发生过程分析

质性学习过程分析从活动理论和人类发展生态学视角，探究5名案例学习者学术语言发展的过程与机制。活动理论视域下，矛盾即活动系统内部各要素间的不平衡性，是发展的动力和源泉（Engeström，1987，2016）。矛盾的产生、发展与化解是个体与环境因素在实践中相互调节的结果，也是一个不断转化、涌现的过程。该理论视域下，学术语言发展即学习者在真实学术话语实践活动中，不断应对、化解学习矛盾，丰富自身语言、认知资源的过程。受课程、教学、团体、规则和学术文献等一系列中介工具调节。因此，研究学术语言发展，首先需要分析助力学习者化解矛盾，实现发展的中介机制，再厘清这些中介机制在学术话语实践中的关系，分析活动系统内部支持或阻滞学生语言发展的关键因素及其互动关系，最终反馈课程设计与实施。

活动理论视域下，质性数据分析主要包含以下步骤：1）根据Lantolf and Thorne（2006）和Engeström（1987，2016）对中介和矛盾的定义，对学生学习过程中的中介和矛盾进行类属、比较与分析；2）参考Engeström（1987）对活动系统内部不同层级矛盾产生、发展与化解过程的界定，对学生学习过程进行再情境化，识别影响学生学术语言发展的关键事件和关键人物，从矛盾与发展的视角还原案例学习者的语言发展过程；3）借鉴Yin（2018）跨案例比较分析的思路，抽取案例学生学习过程中的共性矛盾，从个体与环境因素互动的角度出发，探究他们如何应对、化解学习矛盾，获得学术语言发展。

对中介作用的类属主要依据Lantolf and Thorne（2006）和Wertsch（1998）对中介工具的定义。反复阅读原始数据、逐层提炼、比较、分析，揭示主体与中介工具在具体社会文化实践中的互动关系。社会文化理论认为，人的高级心智发展缘于具体社会文化语境下的实践活动，受外在中介工具调节，包括：物理工具和心理工具。前者能够调节人的行为，后者不仅规约人的行为，还能调节人的高级心智发展。然而，Wertsch（1998）指出，中介工具是一个相对于人而存在的概念，只有在使用时才能发挥作用。人的主体性在中介工具的使用和与外界环境互动的过程中得以发挥。在此过程中，主体逐渐获取、内化所处社会团体内部的语言、认知资源、文化、价值与规约，获得高级心智发展（Wertsch，1998）（见表11）。

表11　学术语言发展中介编码示例

中介	示例
课堂教学	课堂上会讲解，比如说这一个部分要包括哪些内容，有什么需要注意的，或者引一些其他人的例子，可以比较直观地看，具体某一个部分是怎么写的（FT-YG-20190506）。
教师写作反馈	老师批注说不要直引那么多，后来我也觉得paraphrase比较好。感觉它更能跟你的前言后语搭起来（FT-LT-20190514）。
学术阅读	我一直觉得literature review最难写……要把各种不同的文献总结起来……所以也通过图书馆借的那本书，把这些论文整理一下，先梳理出来一个思路吧（FT-YG-20190702）。
课程规约	当所有任务都做完了，回头看这门课，再看自己最初站在的位置，会感叹自己居然摸爬滚打走了这么远，也就会心生感激了。可能是真的要push自己才能激发潜力吧（FSRZ-LT）。

在识别3名案例学习者学术语言发展的中介后，本研究借鉴陈向明（2000）的编码归类和分析方法，基于原始数据，反复阅读相关质性片段，对促成学生学

术语言发展的有效教学调节机制进行归类、比较与分析，逐层抽象出上位概念。编码步骤主要包括：开放式编码、轴心式编码和选择式编码。开放式编码紧扣原始数据，基于本土话语，发现概念类属；轴心式编码在此基础上归纳、整合，建立概念与类属间的联系，提取上位概念；选择式编码对不同类属进行综合、比较与分析，逐层抽象出核心类属，不断完善下属类属的分析与界定（见表12）。

表12　学术写作教学调节机制编码过程示例

一级编码	二级编码	三级编码	示例
系统性	课程学习活动的丰富性和连贯性	丰富、充实的学术写作学习经历	如果要概括性地描述本学期学术写作的经历，我可能会选择**丰富充实、收获与挑战并存这样的描述**。学术写作学习经历相比其他写作类课程，是更为丰**富、充实的**。不仅是**上课内容比较丰富**，有知识传授、小组讨论以及小组展示，**课后自主学习过程也非常丰富**。此前的写作课可能课后自己的投入就是写一篇文章后就结束了。**但学术写作的整个过程非常具有完整性，从定题到研究到最后的分析和写作，整个过程比较复杂，也非常丰富**。
	课程中介机制的多元性	讲解、阅读与写作相结合的学习方式	**学术写作是任务量很大的一门课，在完成学术论文之外，还需要读几十篇论文，撰写四篇review essay**，但并不需要修改等工作。**虽然很辛苦，但是我觉得老师对于review essay的设置确实在帮助我了解、借鉴文献方面有很大的作用**……和之前写作课相同的地方在于主要靠老师讲解为主，学生讨论为辅，**老师也结合自己写论文的经验给我们介绍了很多干货**。
	课程学习规约对学生学习进展的调控	明确的学习任务和完成周期	**就是在真正、实际在做这些，比如说有一个一个DDL，老师有明确地说什么时候做什么**，就会知道自己的任务是什么，再去做的话就可以促成一些提高。

如表12，研究者先从海量数据中选取典型片段，借用其中的本土概念对片段进行类属、归纳与分析（如“丰富充实、收获与挑战并存”）。此后，对同一类属内部的质性片段进行反复阅读和比较，对部分片段进行重新归类，逐层抽象出上位概念（如“课程活动的丰富性与连贯性”）。在此基础上，研究者进一步对相关概念进行整合与归纳，提取出更为抽象的“一级编码”，高度概括学术写作课程教学调节机制的特征。

本研究对矛盾的分析，参考Engeström（1987，2016）的拓展性学习理论，对3名案例学习者学术语言发展过程中的矛盾与张力进行描述和归类。Engeström（2016，p.42）指出，矛盾即“真实活动系统内部可察觉、应对的冲突衍化过程”。矛盾的产生缘于活动系统内部各要素间的不平衡性，具有层级性，每一级矛盾的解决会推动下一级矛盾的发展，构成个/团体成员的拓展性学习过程（Engeström，1999）。本研究以此为参照，反复阅读原始数据，对3名案例学生学习过程中的矛盾进行类属、比较与分析，并结合学习过程中的关键事件，还原他们的学术语言发展过程。表13以阳光为例，示例矛盾编码和分析方式。

表13　阳光学术语言发展矛盾编码示例

一级编码		二级编码	三级编码
一级矛盾	主体内矛盾	学术写作学习期望与担忧之间的矛盾	我意识到这会很难，但还是充满期待。
二级矛盾	主体与活动系统内部各要素间矛盾	课程学习要求与自身阅读能力之间的矛盾	大量文献内容繁杂，专业术语也非常多，初次阅读是一件很费劲的事，必须读很多遍才能慢慢弄懂。
三级矛盾	新旧活动方式间矛盾	学术写作意义表达需要与自身当前语言水平之间的矛盾	由于存在这样的思维难度，学生在写作时可能注意力过于集中在如何将内容表达清楚，容易忽略语言质量。
四级矛盾	临近活动系统间矛盾	学术写作与其他课程学习方式之间的矛盾	学术写作自主性比较强一点，可能每个人的题目、进度都不一样，要去自己调整，再去修改、推进。

上文呈现了活动理论视域下，学生写作学习过程的分析思路。下文从人类发展生态学视角，呈现案例学习者学术语言发展过程的分析逻辑。生态视角下，人的发展缘于主体与环境在真实社会文化实践中的互动，即发展中的人为实现特定目标，主动从环境中汲取、利用有利资源的过程（van Lier，2004）。在此，环境不仅是发展的背景，也是学习发生的给养，及促成或抑制学习发生的机制。学习者感知、利用环境给养的方式，能影响他们学习发生的过程和方式。主体与环境的互动是发展的根本动因。

生态视角下，学术语言发展即学习者适应变化的学习环境，主动从环境中汲取、利用语言、认知资源，实现自身发展的过程。在此过程中，学习内容并非既定，而是不断涌现、生成的。学习者会根据当前所需，探索、挖掘新学习机会，调整自身学习目标。通过与环境持续进行互动，获取、内化新知，获得语言、认知发展。因此，探究学术语言发展的机制，首先要抓取、描摹学习者在真实学术话语实践活动中，感知、利用环境给养的方式。追踪不同学习阶段内，学习者个体特质与环境因素间互动方式的变化过程。

数据分析主要包含以下步骤：1）识别案例学习者学术语言发展过程中的矛盾与张力；2）揭示促成或抑制学习者应对、化解学习矛盾的关键因素；3）探究这些因素间的复杂互动关系；4）探究个体与环境间互动方式的不同，如何形成不同学术语言发展过程。

识别学生学习过程中的矛盾与挑战，能反映系统内部各要素间的不平衡性，通常表现为个体主观意志与实际能力/现实条件间的冲突（Joyce，1994）。从发展的角度，这种不平衡性促使学习者不断发现、克服自身局限，探索新学习机会，激发自身潜能。因此，矛盾识别在本研究中主要有两点价值：1）从学习者视角出发，反思写作课程设置与教学实施方式，如何为学生学术语言发展提供环境支持；2）通过比较不同学习者应对、化解矛盾的方式，探究促成学习发生的关键因素，反思写作课程的设置和实施，如何满足具有不同语言水平、专业基础学生的学习需求。

基于学生学术语言发展中的困难，本研究结合学习者访谈、反思日志和选题日志等数据，借鉴人类发展生态学理论，深度描写、追踪案例学习者应对、化解学习矛盾的过程，揭示促成学习发生的关键个体和环境因素，及其在不同社会生态系统中的互动关系。Bronfenbrenner（2005）将人类发展生态系统分为：微观、中观、外层和宏观四个层级。微观系统指发展中的人在所处社会文化环境中的活动、角色、身份和关系等，是与人的发展具有最直接、密切关联的系统。中观系统呈现不同微观系统在人发展过程中的互动与联结，是发展中的人不断拓展、丰富自身与环境间互动关系的方式，也是观测、捕捉学习发生机制的重要工具。考虑到本研究中，案例学习者学术语言的发展主要发生于课程和教学环境，本研究着重关注个体与环境因素在微观和中观系统中的互动和变化过程。其中，微观系统指与学生学术语言发展直接关联的话语实践团体/系统，如学术写作课程、其他学术类课程等。中观系统描述学生在不同微观系统中活动、角色与身份间的互动关系，如学生过往学习经历与当前学习方式、需求间的关联。表14呈现各层级社会生态系统中，促成或抑制案例学习者学术语言发展的关键因素。

表14 案例学习者学术语言发展中的给养与制约编码示例

类型	编码	示例
学术写作课程微观系统		
给养–个体	广泛阅读	定题的困难是通过一直读文献解决的，定不下来也是读的少，最开始有很多疑惑的时候就把疑惑都写下来，边读边解决……（SQ-FSRZ）
给养–环境	一对一小组面谈	Individual conference存在的意义对于我来说，主要是梳理我自己的脉络，跟老师讲的时候要讲清楚，首先自己得想明白（SY-FT-20190506）。

（待续）

（续表）

类型	编码	示例
制约－个体	归纳、概括能力	我觉得分析整合能力是一个很大的挑战，很明显我还不够，不知道该怎么抓取。其实我抓取了一些出现次数多的特征，但是有很多我觉得特别有意思的小点，如果可能的话，也会把它写进去，但它们就只出现了一部分，没有办法作为一种general trend处理（SQ-FT-20190621）。
制约－环境	课程规约	定题前我觉得时间非常不够用，因为需要做很多的阅读，并且很多想法其实在并行，去看每条路能不能走通，最后选一条，所以我觉得定题前整个时间非常紧。但是定题后时间其实挺宽裕的……整个实验设计，数据收集，包括我数据收集遇到了问题又重新收集，最后感觉写论文的时间也还是挺宽裕的（SY-FT-20190619）。
其他微观系统		
给养－个体	过往学习经历	最初能分清显性连接词和隐性逻辑，应该是在大一的语法课上……后来大二议论文写作课的时候，老师会指出来，这两句话之间的连词其实没什么关系，为什么要用however? 我当时想的是用这个词它就连贯了啊，老师说不是，这两句它没什么连贯性，你加了更让人confuse。学术写作课的时候，感觉成熟的写作者好像也会用到，但他们不依赖这个，而更多是文字之间的内在联系（SQ-FT-20201012）。
给养－环境	课程设置	感谢学校的跨学科培养。其实我是语言学系的学生，但是我在选方向课的时候还是有机会去选社会学系，包括国政经的课我都上过。所以语言学这块没有一直学语言学上来同学那么精。我看他们做实验，好羡慕啊。他们一定花了很多时间，设计那么复杂的实验。但是我因为上了一些其他的课，又对那些课程挺感兴趣的，总想把这些领域结合在一起，就选了这么一个题（SQ-FT-20190621）。
制约－环境	课程间的协调	我们做研究的方法，一个主要来源是研究方法课，但研究方法课它的schedule和学术写作课是有一点错位的，至少对于我来说（SY-FT-20190619）。

表14表明，学生学术语言发展受一系列个体和环境因素调节，发生于多个微观系统内部，如学术写作课程中的一对一小组面谈、学生在议论文写作、研究方法等课程中的学习经历等。表15基于“思齐”和“思逸”的学习过程，示例个体及环境因素间互动关系的编码。

表15　个体与环境因素间互动关系编码示例

类型	编码	示例
微观系统		
个体－个体	研究兴趣－文献获取	我对心理语言学普遍都挺感兴趣的。其实从一开始收搜集文献，大家都没有一个很清晰的方向的时候，我就能看出来……我发现了一个期刊，上面的文章都超级有意思，好几个感兴趣的点都是从上面找的（SY-FT-20190506）。

（待续）

（续表）

类型	编码	示例
个体－环境	小组面谈－学习进度管理	上次小组面谈，我跟老师说我要做语料库分析。她给我的建议是this is very deep learning。我觉得我是不是搞大了。老师当时跟我说，一定要注意好时间安排，一学期之内最好完成。我回去之后就疯狂地看语料库，自己建库。Individual conference是一个进度的把握，如果那周不面谈的话，我可能还会挪到再下一周去做这件事（SQ-FT-20190621）。
中观系统		
个体－个体	过往学习经历－研究兴趣	很多时候兴趣这个东西可能很早就已经有了苗头，并且无论通过什么样的路径，它都可能会走向一个有点趋同的位置。我初三开始就对化学特别感兴趣，我高中的时候对生物特别感兴趣，这跟我后来学的英语听起来没什么关系。但是我发现在语言学里面，我最喜欢的是心理语言学和神经语言学，我也是最近才发现这其中的联系。其实感兴趣的东西它一直都在……有时候我觉得思维方式其实是很早就定了的一件事（SY-FT-20190619）。
个体－环境	与教师的互动－研究兴趣	我们研究方法老师说过一句话，研究里面事半功倍的事情很少，很多时候是事倍功半，走弯路是一件很平常的事情，有时候弯路也不是真的弯路。我觉得说得很有道理，虽然这看起来像一个弯路，但我确实在做word association task的时候也有收获，而且以后我可能也会再做（SY-FT-20190506）。

上述分析采用类属分析和情景分析相结合的方法，借助NVivo 11质性数据分析软件，识别案例学习者学术写作中遇到的主要矛盾，揭示促成/抑制矛盾化解的关键因素及这些因素间的复杂互动关系。根据陈向明（2000，pp.290–292），类属分析指“在资料中寻找反复出现的现象以及可以解释这些现象的重要概念的一个过程”，侧重于从情景中抽离、归类、比较不同现象，形成概念；情景分析则强调“将资料放置于研究现象所处的自然情景之中，按照故事发生的时序对有关事件和人物进行描述性的分析”。本研究将两种分析方法有机结合，探究支持或阻滞学生学术语言发展的个体和环境因素，及这些因素在真实学术话语实践中的互动、变化和发展过程。

3.6 研究可信度

共有两名编码者参与质性数据分析，编码者1负责所有数据的转写和编码。编码者2负责数据编码和校对工作。两名编码者独立完成第一轮编码，在对一轮编码结果进行讨论、协商后，独立进行第二轮编码，直至编码者间信度大于80%。为保证研究结果可信度，研究者在数据分析中采用多元互证和成员检测等方法，从多角度审视自身数据解读方式的合理性。同时，研究者结合量化语言发展指标、质性文本片段分析和学习者反思等多元数据，从多角度描述、分析学生学术语言发展过程，比较具有不同学习经历、语言水平和专业成绩的学习者，学术语言发展的共性和个性特征。此外，研究者会定期邀请研究对象审阅质性访谈片段的撰写，与他们分享自身数据解读方式，进一步核实数据解读的准确性和恰当性。上述过程定期以正式或非正式的方式进行。在此过程中，研究者不断调整自身数据解读方式，丰富自身对案例学习者语言发展方式的认识，深化自身对学术语言发展机制的理解。

3.7 研究伦理

本研究对所有研究参与者均采取自愿、保密、公平的原则（陈向明，2000）。课程伊始，研究者便如实告知研究对象本研究目的，在获得研究对象许可后方开始开展研究。在研究对象选择方面，研究者始终遵循自愿原则，在第一次访谈前即告知参与者义务和权利，尤其是他们自愿参与的选择权。研究过程中，研究者始终坚持研究对象信息保密原则。在研究数据转写、分析和汇报过程中将所有研究对象匿名，确保个人信息保密。在课程结束后，研究者始终与研究对象保持比较密切的联系，双方形成互助关系。一方面，研究参与者为本研究提供了宝贵而丰富的数据，与研究者分享他们的学习经历、学术语言发展过程及课程学习收获和感悟等。另一方面，研究者作为本研究学术写作课程的助教，在教学实施过程中和课程学习结束后，一直与研究对象保持联系，与他们共同分担学习、研究上的困惑，为他们提供力所能及的智力和情感支持。这种双方面的平等、互惠关系，保障本研究顺利进行。

3.8 本章小结

本章介绍研究方法。从混合研究方法选取理据入手，细致描述案例课堂的教学设计、实施方式、研究对象选取理据及案例学习者追踪过程。详细介绍课堂数据收集和分析的方法，示例数据分析框架和步骤。最后，报告本研究的可信度及伦理考察。

第四章　研究发现

本章报告研究发现。4.1节描述群体学习者学术语言发展的特征，揭示学生学术语言发展在词汇、句法、语义和语篇层面的互动关系。4.2节呈现案例学习者一学期间，学术语言在词汇、句法、语义和语篇层面的发展，并通过质性文本片段分析示例。4.3节采用活动理论视角，识别案例学习者学术写作过程中的典型矛盾，追踪矛盾的产生、发展与化解过程。4.4节采用人类发展生态学视角，识别促成学术语言发展的关键个体特质和环境因素，描述这些因素在不同社会生态系统中的互动关系，揭示促成/抑制学术语言发展的机制和动因。

4.1　群体学习者学术语言发展特征

本节分别从词汇、句法、语义和语篇层面，报告群体学习者学术语言发展特征。其中，词汇和句法层面主要考查词汇复杂度和名词短语复杂度，语义层面主要分析多元视角的采纳，语篇层面对学生学术写作引言部分的语步进行标注。揭示学术语言发展在不同维度的特征及其互动关系。包括：1）多元视角在各语步中的分布；2）词汇和名词短语复杂度在各语步中的表现及其相关关系；3）多元视角的采纳，对学习者词汇和名词短语复杂度各指标的预测效应。针对问题1，本研究计算各语步中多元视角出现的频数和比例。针对问题2，首先对各语步中词汇和名词短语复杂度各指标进行描述性统计分析，再进行皮尔逊相关检验，比较这些指标在不同语步中的相关系数。针对问题3，分别以词汇和名词短语复杂度各指标为因变量，以学生在各语步中多元视角出现的频数为自变量，在检查多重共线性后，将自变量逐一放入多元线性回归模型，检测它们对词汇和名词短语复杂度各指标的预测力，对系数进行标准化处理。

4.1.1　语步中的视角选择

本节报告群体学习者在学术写作引言各语步中，视角选择的情况和理据。表16呈现引言各语步中多元视角出现的频数和百分比。

表16 引言语步中的多元视角

语步	多元视角频数	百分比
界定研究领域	16	11.6%
评述前人研究	58	42.0%
铺垫当前研究	44	31.9%
介绍当前研究	20	14.5%

表16显示，学习者在评述前人研究（42.0%）和铺垫当前研究（31.9%）时，更倾向于采纳多元视角，表明：1）语步的功能及意义表达需要，会影响学生在写作中的语言选择。例如评述前人研究通常需要作者分析、整合、评述不同观点，尽量避免单一视角可能存在的偏颇；2）即便在具有较强指示功能的语步（如铺垫当前研究），在写作中呈现出多元视角的学生仍为数不多。下文分别展示两名学生的学术写作片段，分析他们的视角选择。

But these empirical studies arrived at inconclusive and sometimes contradictory findings. Johnson (2017) remarked that "adding confusion to L2 writing studies... is the very nature of the writing process itself" (p.14). Moreover, he pointed out that besides managing cognitive demands of the tasks, students also had to deal with cognitive demand of writing system and process, which could shift their attention and lead to different results. However, most of the studies focused on L2 learners with high language proficiency, and consequently little is known about the low or intermediate language learners. Also, most studies only measure one or two of the CAF metrics rather than viewing them as a whole (S1).

该片段中，学习者在评述前人研究发现时，首先从inconclusive and sometimes contradictory findings切入，引出该研究议题现存的争端及可能原因，又对此进行述评，阐述先前研究可能存在的空缺，如however，most of the studies... Also，most studies only measure...，铺垫当前研究目的。该生在写作中展现出一定逻辑连贯性和论证意识。在反思自身写作过程时，该同学表示：

肯定要critique，不能只把之前的研究结果，或者研究方法列在那儿。我觉得如果有critique或者是evaluate的话，就把它们串起来了。相当于让你的文章更coherent，带一点分析（S1）。

如上，该生在学术写作中（如评述前人研究发现语步）具有较强的比较、分析和评价意识，这在一定程度上提升了她写作语言的说服力。然而，并非所有学生都持类似看法，如下文案例：

Growing evidence in the close relevance of student engagement to student achievement and learning (Fredricks, Blumenfeld & Paris, 2004; Kahu, 2013; Zepke, Leach & Butler, 2010) has signified the importance of WCF engagement in L2 writing study. This study attempts to extend the knowledge about WCF learner engagement in the context of Chinese University English classroom, targeting at the population of Chinese medium-high level of university English major (EM) students (S2).

该片段中，该生在陈述二语写作反馈投入研究的意义后，随即引出自身研究的目的和问题，未对研究目的进行充分铺垫和论证。在访谈中，她表示：

我觉得学术文章好像更多不是argue，是introductory、previous literature，有这些观点，但要说明白，再继续写。

上述片段表明，学习者在写作中比较、分析、评述不同观点的意识，可能直接影响他们学术写作的观点建构和语言选择。该现象提示，相关学术写作教学在介绍语步意义和功能的同时，还应引导学习者关注实现这些功能的语言和认知资源，树立学生在写作中论证和批判的意识。

4.1.2 各语步中的语言表现

本节报告群体学习者在学术写作引言各语步中的词汇和名词短语复杂度，探究不同语言复杂度指标间的相关关系，辅以质性文本片段分析加以佐证。表17呈现学习者在各语步中语言表现的描述性统计结果。

表17　引言语步中的词汇和名词短语复杂度描述性统计

	名词主语附属成分		直接宾语附属成分		介宾短语附属成分		名词补语附属成分		实词词频		实词范围	
	均值	标准差	均值	标准差	均值	标准差	均值	标准差	均值	标准差	均值	标准差
界定研究领域	1.09	0.10	1.60	1.18	1.43	0.67	1.49	1.77	3.11	0.21	2.77	0.15
评述前人研究	0.94	0.61	1.86	0.79	1.59	0.45	1.73	2.03	3.11	0.19	2.76	0.14
铺垫当前研究	1.01	0.85	1.33	1.09	1.56	0.67	0.28	0.84	3.15	0.26	2.78	0.19
介绍当前研究	1.16	0.50	0.39	0.74	2.31	0.65	0.61	1.22	3.11	0.31	2.71	0.25

表17呈现学习者在各语步中的词汇和名词短语复杂度。在词汇层面，介绍当前研究语步总体呈现较低的实词范围（平均值：2.71，标准差：0.25），表明学习者在该语步中更常使用复杂词汇（如学术词汇）。在名词短语层面，名词主语附属成分（平均值：1.16，标准差：0.50）和介宾短语附属成分（平均值：2.31，标准差：0.65），在介绍当前研究语步中的均值较高。相比之下，直接宾语附属成分（平均值：1.86，标准差：0.79）和名词补语附属成分（平均值：1.73，标准差：2.03）在评述前人研究语步中的均值较高，尽管后者的标准差也较大。该现象表明，学术写作中的复杂词汇和名词短语使用具有比较明显的功能指向，即语言特征服务于特定意义表达的需要。例如，复杂名词主语、介宾短语和复杂词汇的使用，能助力作者在介绍当前研究时，用精确、清晰的语言压缩复杂文本信息：

In order to achieve a systematic linguistic analysis, which is absent in previous studies, the appraisal theory developed by Martin and White (2005) is adopted in the present research (S3).

For this purpose, an experiment and a survey were conducted among 63 participants recruited through snowball sampling (S4).

上述片段中，复杂名词主语如the appraisal theory developed by将复杂内容信息压缩为名词短语成分，为语义的推进如is adopted...创造条件。该现象在介绍当前研究语步中比较明显。可能原因是：该语步中，学习者需要用简洁、清晰的语言，概述当前研究内容（包括理论框架和研究工具等），而复杂名词主语和介宾短语结构，正好能实现这一目的。此外，在评述前人研究语步中，直接宾语附属成分和名词补语附属成分的均值较高，例如：

Besides, studies investigated much about the influence of the tonal/non-tonal variation in language background, but only a few of them examined the perceptual distances among groups from different tonal language backgrounds (S5).

A central dispute in this field concerns different views of cognitive processing resource in two theoretical frameworks, Skehan and Foster's Limited attentional capacity model (Skehan & Foster, 2001) and the Cognition hypothesis by Robinson (2011) (S1).

上述片段呈现出比较复杂的直接宾语成分，如the perceptual distances among groups from different tonal language background及名词补语成分，如different views of cognitive processing resource，它们对应的主语分别是studies和a central dispute in this field，表明复杂直接宾语和名词补语结构的使用，能够帮助学习者提炼、整合前人研究发现。这些复杂语言结构本身也是逻辑和抽象思维的体现。

在描述性统计的基础上，本研究对各语步中学习者词汇和名词短语复杂度各指标，进行皮尔逊相关分析，比较它们的相关系数（见表18、表19）。

表18 界定研究领域和评述前人研究语步中学习者词汇和名词短语复杂度相关性

界定研究领域 / 评述前人研究	V1	V2	V3	V4	V5	V6
名词主语附属成分（V1）		0.21	0.42*	0.06	0.12	0.13
直接宾语附属成分（V2）	–0.07		–0.30	–0.33	＜0.001	0.08
介宾短语附属成分（V3）	0.15	0.05		0.01	0.12	0.25
名词补语附属成分（V4）	0.23	0.14	0.06		0.04	–0.06
实词频率（V5）	–0.44*	0.15	–0.40*	–0.13		0.94**
实词范围（V6）	–0.40*	0.20	–0.39	–0.13	0.96**	

下方数据呈现评述前人研究语步中各语言指标的相关系数，上方数据呈现界定研究领域语步中各语言指标的相关系数 $^{*}p < 0.05$，$^{**}p < 0.01$

表18显示，在界定研究领域语步，名词主语附属成分与介宾短语附属成分间呈显著正相关（$r = 0.42^*$），表明学习者在阐述研究议题重要性时，倾向于同时使用复杂名词主语和介宾短语。在评述前人研究语步，名词主语附属成分与实词频率（$r = -0.44^*$）和实词范围（$r = -0.40^*$）间呈现显著负相关，介宾短语附属成分频数与实词频率（$r = -0.40^*$）间呈显著负相关。考虑到实词频数和范围越低、词汇越复杂、抽象，该现象表明，总结、评述前人研究发现的需要，可以促使学习者同时使用复杂词汇和名词短语结构。例如：

> *With respect to the empirical research on the processing issue of singular they for English native speakers, two prevalent experiments: self-paced reading (Foestsch & Gernsbacher, 1997) and eye-tracking (Sanford & Filik, 2007) had revealed disparate results, and interpreted and evaluated them in drastically different ways (S6).*

该片段中，复杂名词短语，如with respect to the empirical research on与复杂词汇，如disparate、eye-tracking同时出现，表明复杂意义表达的需要能促使学习者使用复杂语言结构，这同时体现在词汇和名词短语层面。例如，评述前人研究的需要，促使学习者用复杂名词短语压缩小句信息，运用专业术语，如self-paced reading、eye-tracking，实现词汇和短语复杂度的协同发展。表19呈现学生在铺垫当前研究和介绍当前研究语步，词汇和名词短语复杂度指标间的皮尔逊相关系数。

表19　铺垫当前研究和介绍当前研究语步中学习者词汇和名词短语复杂度相关性

铺垫当前研究 / 介绍当前研究	V1	V2	V3	V4	V5	V6
名词主语附属成分（V1）		−0.15	0.11	−0.12	0.007	−0.009
直接宾语附属成分（V2）	−0.27		−0.07	−0.17	−0.06	0.02
介宾短语附属成分（V3）	0.11	−0.30		0.23	−0.25	−0.20
名词补语附属成分（V4）	0.10	−0.20	−0.31		0.07	0.07
实词频率（V5）	0.11	−0.28	−0.28	0.20		0.95**
实词范围（V6）	0.04	−0.28	−0.27	0.15	0.98**	

下方数据呈现介绍当前研究语步中各语言指标的相关系数，上方数据呈现铺垫当前研究语步中各语言指标的相关系数 $^*p < 0.05$，$^{**}p < 0.01$

表19中，各语步内词汇和名词短语复杂度间的相关性不再显著。然而，在介绍当前研究语步，实词频率和实词范围间的相关性（$r = 0.98^{**}$）仍然较高，表明学习者在介绍当前研究时善用复杂词汇，尤其是学术名词。这一发现与上文表17中的数据具有一致性，即介绍当前研究语步的实词范围在四个语步中最低（平均值：2.71，标准差：0.25）。例如：

The results and findings of the research contributed to an understanding of the multifaceted and dynamic nature of the impact learner engagement has on Chinese university students with higher English proficiency, and also provided pedagogical implications for the application of WCF in Chinese EFL writing classroom with the identification of influencing factors in learner engagement (S2).

In the end, the present study would help presenting a systematic linguistic way of conducting critical discourse analysis, in which speaker – listener or writer – reader relationship in terms of position setting would be detailedly displayed (S7).

上述两个片段均呈现学习者在介绍当前研究语步中复杂词汇的使用，如multifaceted、identification、systematic、position setting等。这些词汇不仅涉及表达研究内容所需的专业术语如critical discourse analysis，还包含概括性、抽象性的研究内容总结，如identification、systematic linguistic way。该现象表明，学术写作语步的意义和功能，能影响学习者在写作中的语言选择。这同时体现在词汇和短语层面，表明学术语言形式的复杂具有特定目的和功能，服务于具体学术写作语步的意义表达需求，提示相关写作教学引导学生关注学术语言形式、意义与功能间的紧密联结。

4.1.3　多元视角对学术语言复杂度的预测效应

本节探究学生在各引言语步中的视角选择，对写作语言词汇和名词短语复杂度的预测效应。以各语步中多元视角出现的频数为自变量，以词汇和名词短语复杂度各指标为因变量，控制学习者语言水平（见表20）。

表20 多元视角对词汇和名词短语复杂度的预测效应

	模型1 名词主语附属成分 β (t)	模型2 直接宾语附属成分 β (t)	模型3 介宾短语附属成分 β (t)	模型4 名词补语附属成分 β (t)	模型5 实词频率 β (t)	模型6 实词范围 β (t)
二语水平	−0.01 (−0.04)	−0.05 (−0.24)	−0.04 (−0.25)	−0.22 (−1.41)	0.07 (0.44)	0.004 (0.02)
界定研究领域：多元视角	−0.02 (−0.13)	−0.04 (−0.41)	−0.03 (−0.20)	0.06 (0.60)	0.15 (1.16)	0.09 (0.69)
评述前人研究：多元视角	−0.17 (−1.36)	0.03 (0.28)	0.27* (2.10)	0.40** (3.32)	−0.34** (−2.95)	−0.35** (−3.21)
铺垫当前研究：多元视角	−0.13 (−0.99)	−0.11 (−0.75)	0.13 (0.87)	0.03 (0.24)	−0.07 (−0.54)	−0.04 (−0.26)
介绍当前研究：多元视角	0.12 (0.83)	0.10 (0.82)	−0.008 (−0.05)	−0.04 (−0.28)	0.20 (1.70)	0.23 (2.02)
常数	1.65	1.69	3.55**	1.99	8.63**	9.98**
R^2	0.07	0.03	0.09	0.16	0.17	0.18
F	0.80	0.32	1.35	2.58*	4.73**	4.86**
(df)	(5, 45)	(5, 45)	(5, 45)	(5, 45)	(5, 45)	(5, 45)
p	0.56	0.90	0.26	0.04	0.002	0.001

$^{*}p < 0.05$，$^{**}p < 0.01$

表20显示，学生在评述前人研究语步中的多元视角选择，能显著预测他们在多项词汇和名词短语复杂度指标中的表现，如上表中的模型3（介宾短语附属成分）、模型4（名词补语附属成分）、模型5（实词频率）和模型6（实词范围），表明在评述前人研究过程中采纳多元视角的学习者，也倾向于在写作中使用更多复杂名词短语和词汇。

具体而言，模型1（名词主语附属成分）和模型2（直接宾语附属成分）中，学习者语言水平和各语步中的视角选择，对写作中名词主语和介宾短语的复杂度没有显著预测效应。模型3（介宾短语附属成分）中，学习者在评述前人研究语步中的视角选择，显著预测他们引言写作中介宾短语的复杂性（$\beta = 0.27^{*}$），表明善于在评述前人研究时采用多元视角的学习者，也倾向于在写作中使用复杂介宾短语结构。同理，在模型4（名词补语附属成分）中，学习者在评述前人研究语步中的视角选择，显著预测他们写作中名词补语的复杂度（$\beta = 0.40^{**}$）。相比模型3，模型4的拟合度更好（$R^2 = 0.16$），且评述前人研究语步的回归系数也更高，表明复杂名词短语的四项指标中，学习者在评述前人研究语步中的视角选择，对他们写作中名词补语复杂度的区分度最大。在词汇复杂度方面，学习者在评述前人研究语步中的视角选择，能显著负向预测他们在写作中的实词频率和实词范围。换言之，善于在评述前人研究时采用多元视角的学习者，也倾向于在写作中使用更复杂、低频的实词（见模型5、模型6）。

上述分析显示：1）学习者在写作中语言和思维的复杂度具有关联性。例如，善于在评述前人研究过程中采用多元视角的学习者，写作中词汇、介宾短语和名词补语的复杂度也相对较高；2）学术写作中的视角选择具有功能性，四项学术写作引言语步中，评述前人研究语步中的视角选择，对学习者词汇和名词短语复杂度的区分度最大。该现象表明，学术语言在词汇、句法、语义和语篇层面的特征具有比较明显的功能指示。复杂词汇、名词短语和视角的选择，服务于特定交际目的和功能。因此，相关写作教学和研究在描述学生学术语言复杂度的同时，还应关注不同语言维度间的复杂、动态互动关系，帮助学生建立学术语言形式、意义与功能间的联结。

4.2　案例学习者学术语言发展结果

4.1节聚焦群体学习者学术语言发展特征，采用横截面式研究，揭示英语专业本科生学术语言发展在词汇、句法、语义和语篇层面的互动。4.2节采用历时案例研究方法，描述、追踪3名案例学习者“阳光”“蓝天”和“白云”，一学期6次学术写作作业中，学术语言在词汇、句法、语义和语篇层面的发展，揭示发展的共性和个性特征。

4.2.1　文本计量分析

本研究中的6次学术写作文本收集时间，基本对应学术写作课程学习中的关键事件（见表6）。例如，第二次评述短文撰写于2019年4月初，紧随第一次一对一小组面谈。彼时，学生开始筹划选题、集中阅读学术文献。第三次评述短文撰写于同年4月中旬，按照课程学习计划学生应于5月初确定研究选题和基本研究思路。此间，学生一直在进行持续、密集的学术阅读和思考。文献综述初稿撰写于5月中旬。学生已确定选题，正在为细化研究设计进行新一轮的密集文献阅读。文献综述终稿提交于同年6月底。届时，学生已收到教师对4次评述短文、文献综述初稿和研究方法部分的写作反馈，并有机会与教师就论文写作方式进行一对一小组面谈。此外，教师在课堂中选取典型学术写作片段进行集中反馈，树立学生在写作中的语言和体裁意识。上述课程学习中的关键事件对学生学术语言发展起重要调节作用。本节将以此为基线，描述、追踪3名案例学习者一学期间，学术语言在词汇、句法、语义和语篇层面的发展。

具体分析维度包括：句法复杂度、词汇复杂度、语言准确度、评价资源使用和语篇衔接。其中，词汇、句法复杂度和语篇衔接性的测量借助语料库语言学研究工具，语言准确度和评价资源使用分析，则采用人工标注的方法，具体结果详见表21和表22。研究语料包括：4篇评述短文、文献综述初稿及终稿。评述短文撰写要求学生研读课程“阅读包”中3–5篇论文，评述其研究发现及写作手法。写作的目的和方法与文献综述均有类似之处。因此，上述两种数据收集方法，在追踪学生学术语言发展方面，能互补、承接。

表21　案例学习者学术语言历时发展

	句法复杂度			词汇复杂度			准确度	语篇衔接	
	MLT	C/T	CN/T	LS	LV	LD	MEPT	LSASSp	LSAGN
阳光									
E1	24.78	1.45	3.6	0.34	9.06	0.56	0.05	0.29	0.36
E2	25.75	1.29	3.25	0.35	8.6	0.56	0.06	0.27	0.37
E3	28.84	1.75	3.84	0.31	8.31	0.54	0.16	0.29	0.37
E4	35.96	1.88	4.84	0.39	8.61	0.56	0	0.31	0.37
LR-1	39.97	2.08	4.38	0.4	10.18	0.55	0.18	0.28	0.39
LR-2	34.08	1.9	4	0.43	10.47	0.54	0.05	0.29	0.39
蓝天									
E1	25.58	1.7	3.05	0.36	7.81	0.54	0.1	0.24	0.35
E2	20.76	1.65	2.74	0.33	7.42	0.57	0.04	0.21	0.34
E3	23.08	1.48	2.73	0.32	8.09	0.56	0.03	0.17	0.33
E4	23.56	1.49	3.08	0.34	7.94	0.54	0.05	0.2	0.33
LR-1	26.02	1.5	4.29	0.4	7.79	0.56	0.09	0.3	0.4
LR-2	28.78	1.5	4.33	0.41	7.54	0.55	0.07	0.25	0.37

（待续）

（续表）

	句法复杂度			词汇复杂度			准确度	语篇衔接	
	MLT	C/T	CN/T	LS	LV	LD	MEPT	LSASSp	LSAGN
白云									
E1	20.78	2.08	2.51	0.28	7.62	0.49	0.16	0.17	0.31
E2	25.46	2	2.82	0.29	7.41	0.52	0.29	0.18	0.33
E3	24.36	1.89	2.89	0.34	8.64	0.55	0.08	0.22	0.35
E4	21.14	1.81	2.62	0.34	8.18	0.52	0.03	0.21	0.32
LR-1	19.63	1.69	2.88	0.41	9.8	0.57	0.26	0.24	0.36
LR-2	22.33	1.99	3.3	0.41	9.86	0.55	0.09	0.24	0.36

注：MLT指T单位平均长度；C/T指T单位平均从句数；CN/T指T单位复杂名词数；LS指词汇复杂度；LV指词汇丰富度；LD指词汇密度；MEPT指T单位平均错误率；LSASSp指段落内所有句子语义相似度均值；LSAGN指语篇新旧信息比；E1-E4分别指4次评述短文写作；LR-1、LR-2分别指文献综述初稿和终稿。

表21呈现3名案例学习者句法复杂度、词汇复杂度、语言准确度和语篇衔接在一学期间的变化过程。数据显示，3名学习者在上述指标中均有变化，然而发展的内容和速率却各不相同。例如，在句法复杂度方面，阳光有比较明显的进步，蓝天在第四次评述短文和文献综述初稿间句法复杂度有所增长，白云在此方面无明显变化（见图3、图4、图5）。就词汇复杂度而言，3名案例学习者均呈现出比较明显的发展趋势，但发展的内容和速率各不相同（见图6、图7、图8）。在语言准确度方面，白云在4次评述短文中有明显进步，在文献综述初稿中有所下降，又在文献综述终稿中回升。阳光在文献综述初稿写作中的语言准确率也有所下降。蓝天在一学期中均保持较高语言准确率，无明显变化趋势（见图9）。在语篇衔接方面，阳光在学术写作中呈现出比较高的词汇衔接。蓝天在词汇衔接中的表现存在波动，呈现轻微发展趋势。白云的词汇衔接在一学期间缓慢增长。下文表22呈现3名案例学习者学术写作中的语义评价资源使用。

表22 案例学习者学术写作文本语义评价资源使用的历时发展

个案	取向	E1	E2	E3	E4	LR-1	LR-2
	鉴赏-构成						
YG	正向	1	1	1	0	2	1
	负向	0	2	2	0	12	13
LT	正向	0	1	0	1	1	2
	负向	3	0	0	2	8	8
BY	正向	0	0	0	0	0	0
	负向	0	1	0	0	5	5

（待续）

（续表）

个案	取向	E1	E2	E3	E4	LR-1	LR-2
鉴赏-评价							
YG	正向	12	6	5	3	6	5
	负向	0	1	0	0	2	2
LT	正向	7	3	3	2	0	0
	负向	3	0	0	1	1	1
BY	正向	6	7	7	7	4	5
	负向	0	0	0	1	0	0
语势-强化							
YG	强势	9	9	8	14	21	19
	弱势	2	1	4	2	10	11
LT	强势	10	7	10	7	10	12
	弱势	4	5	5	4	6	8
BY	强势	10	10	7	13	13	7
	弱势	6	1	1	2	4	2
语势-量化							
YG	强势	10	12	11	11	24	19
	弱势	2	4	0	3	13	12
LT	强势	11	6	12	6	12	12
	弱势	5	8	4	3	8	8
BY	强势	5	3	8	10	13	15
	弱势	0	2	6	3	5	7

在语义评价资源方面，3名案例学习者的发展兼具共性和个性特征（见表22，图10、图11、图12、图13）。其中，共性特征包括：分析、比较不同研究发现的意识逐渐增强，及强化和量化评价资源使用频数的增加。然而，个体在评价资源使用方面仍存在一定差异。例如，在强化和量化资源的使用方面，阳光在第四次评述短文和文献综述初稿间的增幅大于蓝天和白云。相比阳光和白云，蓝天在各评价维度的正向和负向资源使用比较均衡。下文将详细描述这些特征，并结合学生写作文本进行示例。

4.2.1.1　案例学习者学术语言句法复杂度发展

对案例学习者二语句法复杂度发展的测量主要围绕以下三项指标展开：1）T单位平均长度；2）T单位平均从句数；3）T单位复杂名词数。研究发现，阳光从第三次评述短文起，T单位平均长度明显增加却在文献综述终稿中下降。蓝天从第四次评述短文起，T单位平均长度持续增长，在文献综述终稿中达到峰值。白云在此项指标无明显发展（见图3）。在T单位平均从句数方面，蓝天和白云在此项指标中的表现较为稳定，无明显发展趋势。阳光从第三次评述短文起，T单位平均从句数逐渐增加，在文献综述终稿中有所回落（见图4）。就T单位复杂名词数而言，三名学习者起点较为一致，但阳光在此项指标中的发展早于另外两位学习者。蓝天在第四次评述短文和文献综述初稿间，T单位复杂名词数增幅比较明显，且得到保持。白云从第四次评述短文到文献综述终稿间，T单位复杂名词数缓慢提升。3名学习者中，蓝天的进步比较明显（见图5）。

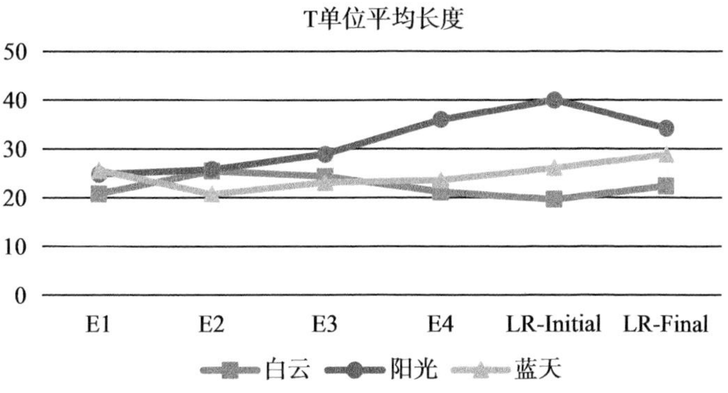

图3　案例学习者T单位平均长度的变化

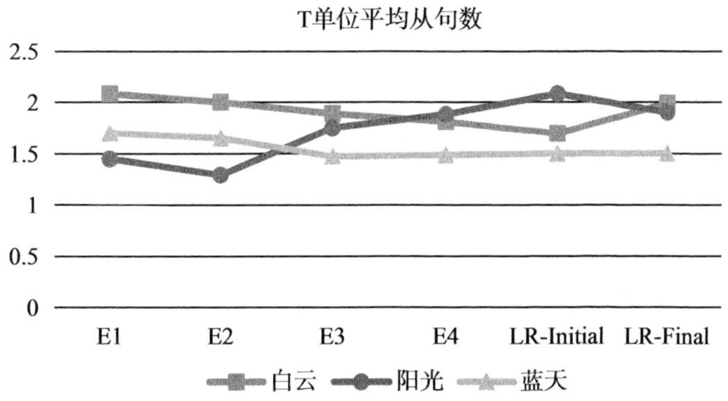

图4　案例学习者T单位平均从句数的变化

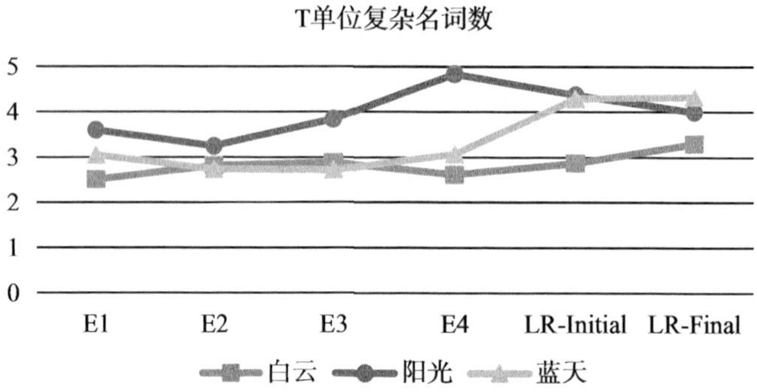

图5　案例学习者T单位复杂名词数的变化

上述数据表明，在句法复杂度方面，阳光在T单位平均长度和T单位平均从句数方面的进步，相较蓝天和白云更为明显，且发展时间较早。蓝天在第四次评述短文和文献综述初稿间，句法复杂度开始明显变化，主要体现在T单位复杂名词数方面，且得到保持。相比前两名学习者，白云在句法复杂度方面的发展不甚明显。T单位平均从句数较高，但T单位复杂名词数发展相对滞后。该现象表明，白云在写作中的句法复杂度，主要依靠从句嵌套实现，小句层面的信息密度和名词化程度相对较低。上述学习者语言发展过程，在一定程度上取决于学术语言复杂意义表达的需要，蓝天表示：

> 之前写作要用简短、有力的句子，因为一篇文章我们只写500到700字，不能用很长的句子。学术写作就无所谓了。有时候肯定要两个并列句才能讲清楚，不会像之前很简短。其他的paper里也没有很短的句子。可能用一句话很短，后面会接长句，就不会一直用短句（FT-LT-20190701）。

案例学习者句法复杂度发展的方式和速率，同时受他们的语言水平调节或制约。白云在访谈中多次提及自身写作过程中语言和内容的竞争，表示自身难以用精确、学术化的语言表达复杂思维：

> 开始写的话，措辞上有很大问题。因为无法兼顾content和language，所以就只有先写出来，再改language。我没有办法，自己语言水平不是很好，只能这样（FT-BY-20190515）。

该片段中，白云提到自身语言水平，限制了学术写作中观点建构和意义表达的精确性。在此情境下，她一般先关注内容，再完善语言。这可能在一定程度上制约了她部分高阶句法复杂度指标的发展，如小句层面的名词化现象和语法隐喻使用（Ortega，2009）。

4.2.1.2　案例学习者学术语言词汇复杂度发展

对案例学习者二语词汇复杂度发展的测量主要从三方面展开：1）词汇复杂度；2）词汇丰富度；3）词汇密度。一学期间，三名案例学习者在词汇复杂度方面，都有比较明显的提升（见图6、图7、图8）。学期初，阳光和蓝天的词汇复杂度均高于白云。第三次评述短文起，阳光的词汇复杂度有比较明显的提升。蓝天和白云的词汇复杂度在第四次评述短文和文献综述初稿间明显增长，且在文献综述终稿中得到保持（见图6）。词汇丰富度方面，学期伊始，阳光的语言表现优于蓝天和白云。此后，3名案例学习者的词汇丰富度一直存在波动。从第四次评述短文起，白云和阳光的词汇丰富度有所提高，蓝天却未呈现明显发展趋势（见图7）。词汇密度方面，阳光和蓝天在一学期间持续波动，无明显发展趋势。学期初，白云在此项指标中的表现落后于阳光和蓝天，却在后续学习中明显增长。在文献综述终稿中，三名学习者在此项指标中的表现已无明显差异（见图8）。

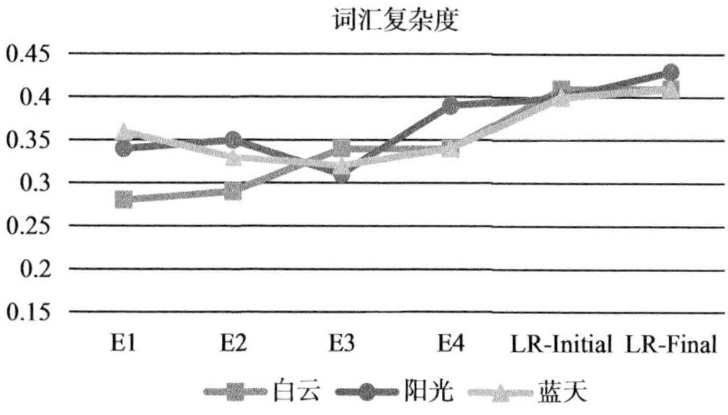

图6　案例学习者二语词汇复杂度的变化

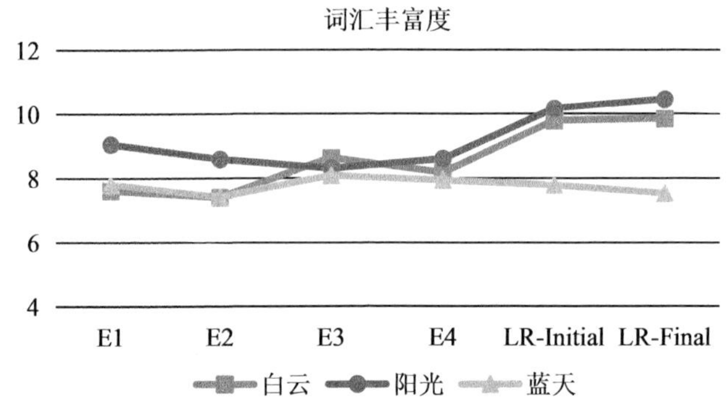

图7 案例学习者二语词汇丰富度的变化

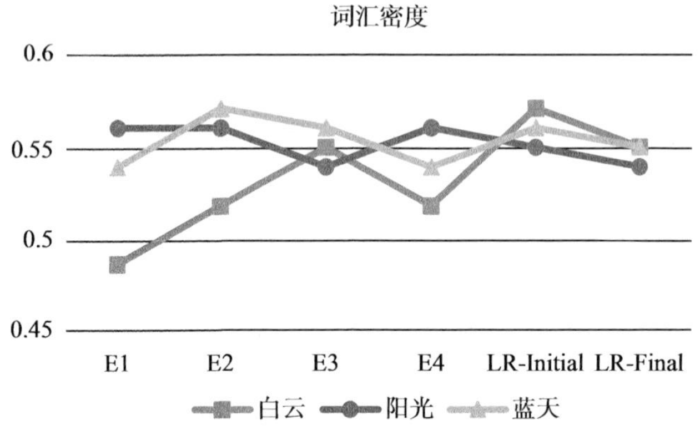

图8 案例学习者二语词汇密度的变化

综上，3名案例学习者在词汇复杂度、词汇丰富度和词汇密度三项指标中的语言表现具有一定阶段性和层级性特征。其中，词汇复杂度发展的个体差异最小。学期初，阳光和蓝天在该语言指标中的表现优于白云。阳光词汇复杂度的发展较早。从第四次评述短文起，蓝天和白云在该指标中的表现明显提升。在文献综述终稿中，3名学习者的语言表现已无明显差异。该现象提示，持久、密集的学术话语实践对学生词汇复杂度的发展起重要调节作用（Guk & Kellogg，2007）。3名学习者在此项指标中的个体差异随她们学术话语实践的深入逐渐减少。白云在访谈中指出：

写作我还是一学期慢慢在接近学术语言……我觉得应该有提高，只是自己可能没有太大感觉（FT-BY-20190701）。

在词汇丰富度方面，3名案例学习者的发展均比较缓慢。学期初，阳光在该指标中的语言表现优于蓝天和白云。随后，3名学习者的词汇丰富度一直波动，无明显发展趋势。第四次评述短文和文献综述初稿间，阳光和白云在该指标中有所进步，蓝天无明显发展趋势。该现象表明，相比词汇复杂度，词汇丰富度的发展可能更具长期性，是学术语言长期语言社会化发展的结果（Uccelli，2019）。学术写作过程中，学生可能需要在写作规范性和语言丰富性间进行取舍，尤其在自身语言资源比较缺乏的情况下，学生可能更倾向于运用已有的程式化语言表达：

> 我有时候老用一个词，一个句子结构，没有办法让它多样。表述得很awkward（FT-LT-20190514）。
>
> 我在磨句子的结构。我感觉我只能用那几个结构，而且我想表达的意思，没有办法用比较native的形式。我就不停地查词典，看它的用法，但是我没有办法做到……（FT-LT-20190701）。

该片段反映，蓝天在学术写作中，难以兼顾语言表达的准确性和丰富性。一方面，作为学术团体的"新手成员"，她的学术语言资源不够丰富，致使在写作中大量依赖已有程式化语言表达。另一方面，学术写作进行复杂意义表达的需要，促使蓝天不断延伸自身中介语系统，发现自身学术语言资源的匮乏。在此情况下，语言表达的恰当性和丰富性间往往会形成竞争（Ellis & Barkhuizen，2005），表现为蓝天在写作中的措辞困难。

在词汇密度方面，学期伊始，阳光和蓝天的表现明显优于白云。白云在一学期间进步明显。到学期末，3名案例学习者在该指标中的语言表现已无明显差异。该现象表明，相比词汇复杂度和词汇丰富度，词汇密度的发展在中、高水平学习者身上可能不甚明显，因为他们在该指标中的语言表现已趋于稳定。对中等水平的语言学习者而言，词汇密度的发展仍具有一定空间。

4.2.1.3　案例学习者语言准确度发展

对语言准确度的测量，采用T单位平均语言错误率。对语言错误的界定依据英语语法规则，暂不考虑语言使用的恰当性问题。对3名案例学习者4次评述短文与期末论文文献综述部分的语言错误进行逐一标注、校对，结果如图9。具体而言，学期伊始，白云的语言准确率相比阳光和蓝天较低，却在4次评述短文间有所进步，呈现明显发展趋势。在文献综述初稿中，白云和阳光的语言准确率都有所回落。在文献综述终稿中，两名学习者在该指标中的语言表现均有所回升。相比阳光和白云，蓝天的语言准确率在一学期间相对稳定。这可能与她自身的语言基础和语言意识有关。

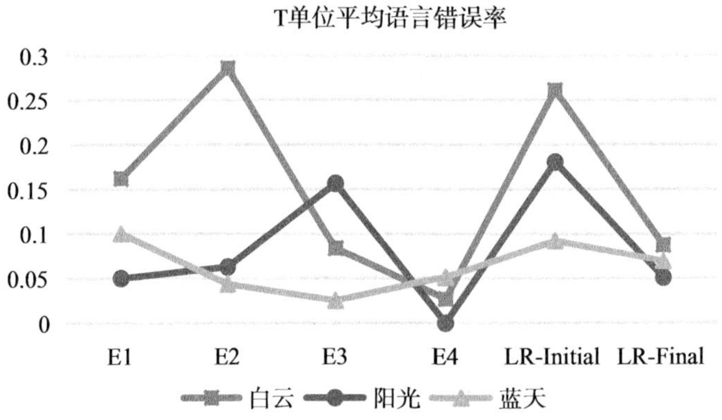

图9　案例学习者书面语准确度的变化

上述现象提示：1）学习者在写作中的语言准确率与内容复杂度间可能存在竞争关系（Skehan，1996）；2）语言准确率的发展受个体语言水平和语言意识调节（Svalberg，2007）。例如，阳光和白云在文献综述初稿中，语言准确率均有所回落，这在一定程度上反映了她们在写作中语言与思维的竞争。相比评述短文，文献综述对学生分析、评述不同观点的能力提出更高要求。在此情况下，对内容的关注很可能减损学习者语言表现（Skehan & Foster，2012）。语言准确度的保持同时受学习者语言水平和语言意识调节，如学习者对自身写作过程的自我调控、评价和反思。蓝天表示：

> 我写东西特别慢，必须要句子让我觉得满意。他们有的写很快，比如说一个小时能写三四百字。我做不到，我会慢慢磨句子，写个句子都要写好久……我经常把语法、格式那些比较方便的先改了，然后再读的时候，可能会有一些觉得自己的意思没表达清楚的地方，或者这个地方inconsistent（FT-LT-20190701）。

上述片段表明，蓝天在写作中具有较强语言意识（Benson，2007）。她在写作中十分谨慎、专注，也会主动反思、评价自身语言表达的效果。表明蓝天在写作中的语言意识和自我调节能力，有助于其学术语言在不同维度的发展。

4.2.1.4　案例学习者语义评价资源使用

本研究对3名案例学习者语义评价资源使用的测量主要涉及：1）“鉴赏–构成”维度；2）“鉴赏–评价”维度；3）“语势–强化”维度；4）“语势–量化”

维度。评价理论视域下，鉴赏主要涉及对客观事物价值的评价，包括正向和负向两方面（Hood，2010）。在学术写作中，鉴赏资源的使用能展现作者的声音（voice），又在一定程度上确保了评价的客观性，是一种常用语言资源（Zhang & Ling-Cheung，2018）。正向鉴赏资源通常反映事物的积极性和一致性，负向鉴赏资源则更多指向差异性和负面性。据此，鉴赏资源的使用能反映作者有意识地比较、分析不同文本内容的倾向和意识。这一点在文献综述写作中尤为重要。语势隶属于评价理论的级差范畴，主要涉及态度介入系统的分级（王振华，2001）。级差主要包含语势（Force）和聚焦（Focus）两个层面。前者主要涉及对客观事物重要性、数量和程度的评价，后者则更多指向事物的价值（valeur）与实现可能（fulfillment）（Hood，2010）。学术写作中，语势的使用通常相比聚焦更为明显（Zhang & Ling-Cheung，2018）。

本研究发现，在鉴赏–构成维度，相比前4次评述短文，阳光在文献综述初稿中开始使用更多正向和负向构成资源，表明她分析、综合不同研究发现的能力有所提升。蓝天鉴赏–构成资源的使用与阳光具有类似发展特征。但相比阳光和白云，在4次评述短文中，蓝天已展现出一定分析、比较、综合不同研究发现的意识。由图10可知，蓝天在第一次和第四次评述短文中，均展现出一定负向构成资源使用倾向。白云的负向构成资源使用，相比阳光和蓝天较少，直到文献综述写作才开始趋于稳定。白云的正向构成资源使用几乎为零。表明她在写作中不善于建立不同文献间的联系，且直到文献综述写作，才逐渐开始关注、综合、评价前人研究的不足（见图10）。

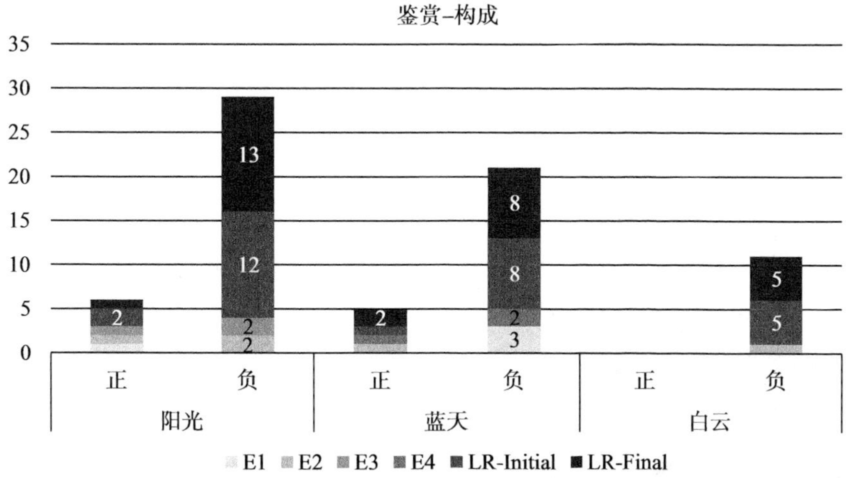

图10 案例学习者鉴赏–构成资源使用

为进一步了解3名案例学习者学术写作中鉴赏–构成资源的使用情况，本研究抽取部分文本片段，进行深入分析。例如，阳光在第二次评述短文中，对文本的写作方式进行细致分析，并从中归纳、提炼文献综述写作的方法。

> In each of the sections, the authors evaluated those assembling or contrasting findings, indicating the significance of studying code switching in South Korean high schools, and eventually, disclosed the research questions of the current study (YG-RE2).

该片段中，阳光在总结他人写作手法时，提及不同研究发现的相似和差异性，阐释、分析、综合这些发现的意义和价值。这不仅是对课堂写作体裁知识学习的巩固，也为阳光之后的文献综述写作做铺垫：

> 以前看别人literature review的时候，觉得非常daunting process，如果自己能理出一个思路，再去找到相关论据，就是一个提高的点，可以把很混乱的东西整理、梳理出来了（FT-YG-20190702）。

该片段表明，随着学术话语实践的深入，阳光对文献综述写作的目的和功能逐渐产生更深刻的认识。这不仅反映在意识层面，还体现在文本层面，如阳光在文献综述写作中对正向和负向构成资源的使用。该现象在蓝天的学术语言发展中也有体现。在文献综述终稿中，蓝天对不同理论模型下，相关研究的不同发现进行评述与分析。

> To test these two hypotheses, scholars examined the effects of different cognitive task complexity dimensions in the two models and ended up with various and sometimes contradictory conclusions（LT-LR-F）.

该片段体现了蓝天在写作中分析、综合、评价不同观点的能力和意识。这与她在阅读中关注语言形式和在写作中关注行文逻辑的意识有关。在鉴赏–评价资源使用方面，阳光和白云的正向评价资源使用均较为丰富，但使用频数在6次学术写作文本中未见明显发展趋势。相比之下，蓝天的正向评价资源使用较少，但负向评价资源使用频数相对较高，且在6次学术写作中比较稳定。相比阳光和蓝天，白云的负向评价资源使用频数较低，仅在第四次评述短文中出现（见

图11）。该现象表明，相比构成资源，3名案例学习者在评价资源使用方面均无明显发展趋势，却呈现出一定个体差异，尤其在正向和负向评价资源使用频数的比率方面。三名学习者中，白云的正向和负向评价资源使用频数差距较大，而蓝天的正、负向评价资源使用相对均衡。表明她在写作中具有从正、反两方面把握、看待问题的能力，与她在写作中的评价资源的使用方式具有一致性。

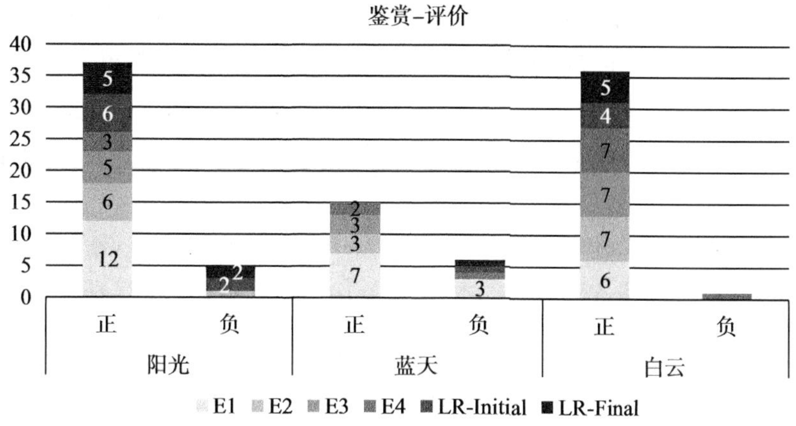

图11　案例学习者鉴赏-评价资源使用

3名案例学习者学术写作中鉴赏-评价资源的使用，一学期间呈现以下变化趋势：1）评价形式多样化，从单纯使用形容词逐渐发展为使用复杂动词、名词词组；2）交替使用正、负向评价资源，即同时运用多种评价资源表达意义。例如白云在文献综述初稿中，将正向评价态度嵌套在动词和复杂名词词组中。相比她在评述短文中主要依托单一形容词进行评价的方式，白云一学期间评价资源的使用日趋多样化。

It also makes it possible for other researchers to replicate the study if the researcher did a really good job (BY-RE3).

Moreover, some researchers even celebrated it as a normal, even noble demonstration of language proficiency (Berthele, 2011)(BY-LR-I).

上述片段表明，白云表达积极和重要性的写作评价资源日渐丰富。例如，第三次评述短文中，白云倾向于使用good。到文献综述初稿中，她用于描述和表达的语言资源日益丰富（如celebrated、normal、noble）。

从正、负向评价资源使用的方式看，文献综述写作中3名案例学习者逐渐展现出正、负向评价资源交替使用的倾向。具体而言，从多角度分析、评价与综合不同研究发现的需要，促使学习者不断拓展、丰富自身（学术）语言资源，探索多元意义的表达方式，实现语言、认知的协同发展。阳光在文献综述初稿中写道：

> [A]lmost none of the research already conducted in this field is equipped with well-established and generally acknowledged theoretical framework, nor did they combine these three dimensions of study together explicitly in their research design, therefore, the findings coming out of previous literature seem to be relatively scattered and unilateral (YG-LR-I).

该片段中，阳光使用多种评价资源，评述前人研究发现。评价资源的使用逐渐从词汇向句法和语篇层面拓展，评价资源使用的类型和功能也更加丰富，反映出复杂意义表达需要对学生学术语言发展的调节作用。

对语势–强化资源使用的界定，从强势和弱势两方面展开。前者主要包含情态和意态的强化，功能类似学术写作中的加强词；后者指向情态和意态的弱化，类似于学术写作中的委婉语（Hood，2010；Hyland，2005）。在强势资源使用方面，3名案例学习者一学期间的发展轨迹各不相同。阳光从第三次评述短文起，语势–强化资源的使用明显增加，反映出她在写作中与读者互动的意识逐渐增强。相比之下，蓝天在6次学术写作文本中，强化资源的使用一直存在波动，直到文献综述终稿才开始有比较明显的提升。白云的强化资源使用从第四次评述短文起开始增加，在文献综述初稿和终稿间下降。表明白云在写作中强势资源的使用尚缺乏稳定性，语言表现也存在波动（见图12）。

在弱势资源方面，3名案例学习者的发展轨迹兼具共性和个性特征。如图12，阳光和蓝天在第四次评述短文和文献综述初稿间，弱势资源的使用频数有比较明显的增加。相比之下，白云弱势资源的使用在6次学术写作文本中一直存在波动，无明显发展趋势。该现象与白云强势资源的使用情况类似，表明白云在该维度中的语言表现尚缺乏系统和稳定性。下文基于3名案例学习者的学术写作文本，示例他们在语势–强化维度，强势和弱势资源使用的变化情况。

> Last but not least in the top three methods, experiment is probably the most sophisticated to be covered (YG-RE3).

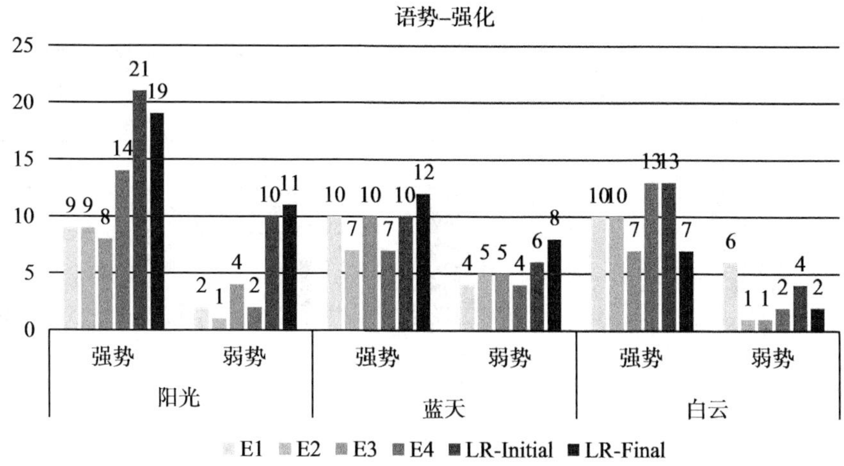

图12 案例学习者语势–强化资源使用

The last one ethnography, which is comparatively less common for us students, is a way of studying the social behavior of an identifiable group of people (BY-RE3).

With inconclusive findings of empirical research, the causal relationship between cognitive task complexity and cognitive burden that is theorized in models still needs to be further tested (LT-LR-F).

上述片段反映，3名案例学习者在学术写作中均能较合理、恰当地使用相关强势和弱势资源，主要依靠副词、比较级和情态动词实现，如probably、comparatively、less、still、need to等。值得注意的是，在复杂意义表达中，作者能通过同时使用强势和弱势资源，增强意义表达的效果，进而增加文章的说服力。例如，阳光在第三次评述短文中使用了probably the most兼顾语义的强化和弱化功能，提高意义表达的精确性。蓝天在文献综述终稿中的措辞，如still needs to be further tested通过still、further等程度副词的使用，表明作者的观点和立场。该现象提示，多元语势资源的运用可能是学术语言发展高级阶段的一项重要特征。

对语势–量化资源使用的考察亦从强势和弱势两方面出发。语势–量化维度主要修饰事物的广度和深度，如程度、距离等。强势资源起正向强化作用，弱势资源则起负向弱化作用（见图13）。

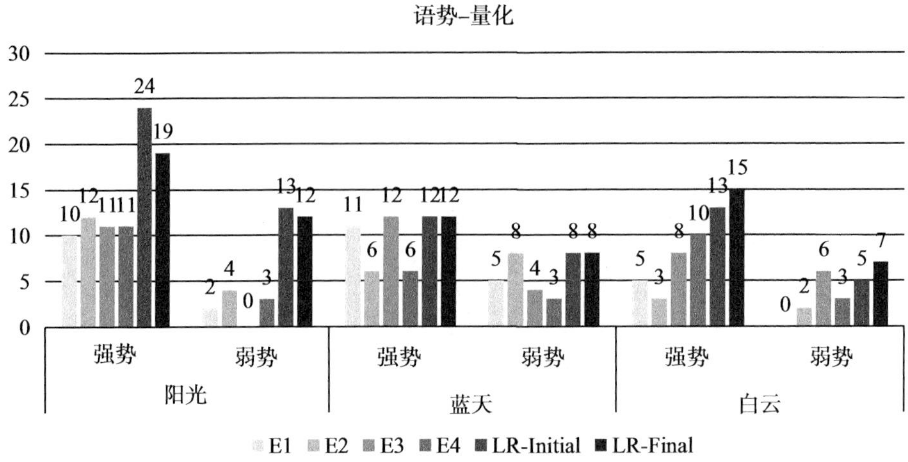

图13 案例学习者语势－量化资源使用

图13显示，3名案例学习者在量化资源使用方面，发展轨迹各异。阳光的强势和弱势资源使用在第一次到第四次评述短文间无明显发展，却在第四次评述短文和文献综述初稿间明显提升。该现象表明，阳光在文献综述写作中具有一定与读者互动的意识，意义表达的复杂性和精确性也有所提高。相比之下，蓝天在六次学术写作文本中量化强势和弱势资源的使用均无明显发展趋势，且存在一定波动。此外，蓝天的强势和弱势资源使用频数差值较小，表明她在写作中通常会兼顾正、反两方面信息，合理、适度使用量化评价资源。白云在学期初第一次评述短文的写作中，强势和弱势资源的使用均较少，却在一学期间持续增加。该现象反映，白云在写作中限定词和修饰语的使用频数逐渐增加，意义表达的精确性也不断提升。这与她写作体裁知识的发展和写作实践的深入密切关联。如其所言：

> 我感觉教学的重点不是要写出一个多么好的东西，主要是要了解学术写作的一些规范和架构，哪些是一定不能做的（FT-BY-20200927）。

上述片段表明，课堂体裁知识讲解对学生了解学术语言特征和写作规范具有重要指导作用。但体裁知识的内化需要以持久、密集的学术话语实践活动为基础，具有长期性。下文选取3名案例学习者写作文本中的典型片段进行示例、分析：

> A brunch of interviews, both orally and literally, were presented in the study (BY-RE1).

> Besides, the authors illustrated the results very roundly by using in total eight tables, each with specific caption, considering the fact that the study involved quite a few participants, therefore a lot of data, which might not be able to be well presented otherwise (BY-RE4).

该片段反映了白云第一次和第四次评述短文中，量化资源使用方式的变化，主要包括：1）强势和弱势量化资源的交替使用；2）同时使用多种语势资源，提升意义表达的复杂性和精确性。白云在第四次评述短文中同时使用多种量化资源，并加以阐释，如quite a few、therefore a lot of data，这在一定程度上提高了她在写作中语言表达的精确性和客观性。同时，她交替使用强势和弱势资源，如which might not be able to be well presented otherwise，提升自身评述前人研究发现的精确性和客观性。这一发现与前文多种语势资源在蓝天和阳光写作文本中的运用形成呼应，提示多元评价资源的运用可能是学术语言发展高级阶段的一项重要特征。

4.2.1.5 案例学习者学术语篇衔接发展

本研究对学习者语篇衔接的测量主要涉及词汇衔接，包括：1）潜在语义分析；2）语篇新旧信息比。前者关注段落内不同句子之间的语义相似度，后者关注语篇中新旧信息的照应与衔接。二者从不同层面，描述学习者在学术写作中语义信息的建构过程。研究发现，在潜在语义分析方面，学期伊始，阳光在该指标中的语言表现优于蓝天和白云，且在一学期间无明显发展趋势。蓝天在该指标中的表现，在第一次到第三次评述短文间持续波动，在第四次评述短文和文献综述初稿间有比较明显的提升，在文献综述终稿中有所下降。白云的语篇词汇衔接在一学期间存在波动，呈现一定发展趋势。文献综述终稿中，白云在此项指标中的语言表现不再明显落后于阳光和蓝天（见图14）。

在语篇新旧信息比方面，3名案例学习者一学期间均呈现一定发展趋势，但发展的内容和速率各不相同。阳光的语篇新旧信息比总体呈缓慢增长态势。蓝天在第一次和第四次评述短文间，在该指标中的语言表现存在波动，无明显发展。在第四次评述短文和期末论文初稿间，该指标有比较明显的发展。白云从第一次到第四次评述短文间，语篇新旧信息比无明显发展，却在期末论文文献综述初稿和终稿中持续增长。到期末，阳光的语篇新旧信息比略优于蓝天和白云，后者在该指标中的语言表现已无明显差异（见图15）。

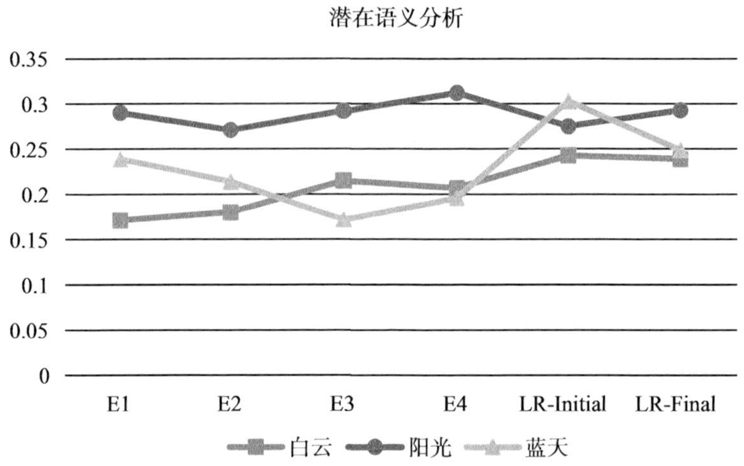

图14　案例学习者段落内句子间的潜在语义分析

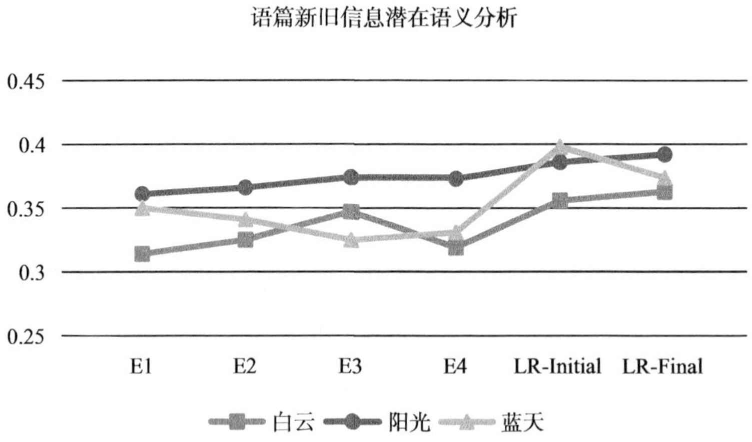

图15　案例学习者语篇新旧信息间的潜在语义分析

该现象表明，相比语言复杂度，学术语篇连贯与衔接的发展可能更具长期性，受学习者语言水平、语言意识和写作策略等因素调节。例如，阳光的写作和语言基础，持续调节她在6次学术写作文本中的词汇衔接表现。此外，语篇衔接的发展，可能同时受学习者语言意识与写作习惯等因素调节。这一点在蓝天的写作中尤为明显。如图14，在第四次评述短文和文献综述初稿间，蓝天的语篇词汇衔接有比较明显的提升。这可能与她在写作中的自我调控能力有密切联系。蓝天在回忆自身写作过程时表示：

> 写的过程还是很痛苦的。因为有很多文献，先在自己脑子里列。比如这部分我要引入两个theory，我要说一个dispute，然后才引出我的问题。我就会想，我要对比这两个theory，要用哪个模型？我之前看了一些文献，脑子里有一些零碎的印象……因为脑子里已经有框架了，就时不时去refer这些框架（FT-LT-20200925）。

该片段表明，蓝天在文献综述写作中会主动构建不同观点与研究发现间的联系，时时评价、反思自身写作语言和逻辑的恰当性。在此过程中，思维在写作中得到进一步提升，语言也在严密的思维活动中得到锤炼。蓝天在写作中不断思考、反思与评价的意识，为其语篇衔接的发展创造条件。同理，白云在学期初语篇衔接的表现相对落后于阳光和蓝天，但经过一学期的密集学术话语实践，到期末她在两项语篇词汇衔接指标中的表现，与阳光和蓝天已无明显差异。白云在反思日志中写道：

> 从一开始非常缓慢地阅读到最后有效率地吸收自己想要的部分，我明白了学术文章的基本框架，找到了一些写作的基本规律和技巧，明白这也不是一件很难的事，只要用心就可以做好（FSRZ-BY）。

4.2.2 质性片段分析

为深入了解3名案例学习者学术语言发展的状况，本研究依次抽取她们在一学期间4次评述短文和文献综述的首段，分析词汇、句法、语义和语篇层面的特征（见表23–28）。选取文章首段是因为在评述短文中，首段不仅需要对研究主题和内容进行概括，还需要把复杂信息凝练成要点，突出文章主题。因此，首段的内容和结构在一定程度上反映了全文的主要内容。同时，首段写作具有一定难度，因为作者在阐述主题时，需要将复杂信息高度凝练，并通过语篇连贯与衔接手段，建立观点间的逻辑联系。因此，首段写作在全文中占据重要地位（Moore & Cassel，2010）。下文针对3名案例学生写作文本首段中语言表现的变化，描述她们的学术语言发展。

4.2.2.1 阳光学术写作文本片段分析

表23 阳光评述短文片段节选

作文编号	评述短文/期末论文片段节选
E1	As a rudimentary step taken in academic writing, choosing a research topic deserves our upmost attention. After reading and contemplating on several academic essays provided, I have come to a humble opinion of how to choose a research topic and to actualize it through the process of writing.
E2	Literature review, as a research/knowledge synthesis, is an indispensable sector in academic paper that fully reveals the academic ability of the author and the academic significance of the current study. What a literature review does is that it summarizes, interprets and critically evaluates significant literature published on a specific topic in a systematical way. Through the remainder of this remark, I would discuss the question of "How is literature reviewed and how is it related to the research topic" from the perspectives of content, organization and language.
E3	In the presenting review essay, the question of how research methods can be reported in research papers is discussed. As a section introducing in detail how a study is conducted, the reporting of method draws a general picture of the reliability and validity of the current study. Owing to different types of methods, the presentation of the method can take up various forms, and in this review three kinds of the most commonly used methods would be discussed.
E4	Before we present and analyze data in an academic paper, the first and foremost thing we need is to identity the type of data, which means to distinguish between qualitative and quantitative data. Quantitative data refer to the statistical results, signified with numbers, whereas qualitative data refer to non-statistical findings, normally not in the form of numbers. Although vary in collection and presentation, both types of data pivot on the research topic and serve to answer the research questions. The following review will try to demonstrate how these objectives are achieved respectively for qualitative and quantitative studies.

表23反映了阳光在4次评述短文中首段写作方式的变化。结果显示，在第一次评述短文中，阳光对写作目的和理据的论述还比较粗浅，观点更多与个人经历和情感体验相关，论证的学理性比较缺乏，也未对论点进行展开。她提道："After reading and contemplating on several academic essays provided, I have come to a humble opinion of how to choose a research topic and to actualize it through the process of writing."该片段中，阳光提及文章写作的目的，但多为叙事性描述，少有涉及对学科知识的概括和思考。该现象在一定程度上印证了前文对阳光学术写作学习困惑的描述，即她在学术写作初期未形成清晰的学科概念，学术写作和研究大量依赖个人经验感知（Lantolf & Poehner，2014）。在语言方面，她多次使用第一人称如I、our，且在句中多次使用动名词，如choosing、reading、contemplating，这在一定程度上削弱了阳光语言表达的精确性、简洁性和客观性。该现象在后续作文中得到改善。

第二次评述短文中，阳光有比较明显的进步。她对文献综述的结构和功能进行阐述，由此引出自身写作目的和主要内容。阳光写道："Literature review, as a research/knowledge synthesis, is an indispensable sector in academic paper that fully reveals the academic ability of the author and the academic significance of the current study." 相比第一次评述短文，她对学术语篇各部分的意义和功能形成更深入地理解。这种认识上的深化，同时体现在写作语言组织层面。例如，在写作中使用更多复杂名词短语对内容进行压缩，再通过小句联结进行意义建构（Halliday，2000）。例如，"**an indispensable sector**... that fully reveals the academic ability... and **the academic significance of the current study**" 即小句压缩和名词化现象的体现。

第三次评述短文中，阳光延续了先前写作手法，语言表达也更加简洁。她用一句话概括研究方法的意义和功能，随后迅速切入主题。她写道："Owing to different types of methods, the presentation of the method can take up various forms, and in this review **three kinds of the most commonly used methods** would be discussed." 这句话在语篇中起到承上启下的作用。前半句话承接了上文关于研究方法汇报必要性的论述，后半句话则引出本文写作的目的和主题，阐述三种常见的研究方法汇报方式。该现象反映，思维的加工深度同时体现为语言的精炼与客观（Wignell，1998）。随着阳光对学术写作和研究认识的深入，她语言表达的逻辑和连贯性不断增强。

第四次评述短文中，阳光直接切入主题，比较量化和质性数据分析方法的异同。此次作文中，她有了分析、综合与比较不同研究结果的意识。例如，她在比较定量与质性数据分析方法时指出，"Although vary in collection and presentation, both types of data **pivot on** the research topic and **serve to** answer the research questions." 这句话在段落中起到较好的承接作用。具体而言，前半句话呼应前文对定量和质性数据分析方法区别的概述，后半句话对这一现象进行评价和总结。该现象反映，随着学术话语实践的深入，阳光逐渐具备分析、综合与评价不同观点和方法的能力与意识，写作语言的逻辑性与连贯性不断提高。这一点在阳光的文献综述写作也有体现。

上述文本片段分析显示，4次评述短文中，阳光在词汇、句法、语义和语篇层面均有一定发展。在词汇层面，随着学术阅读实践的深入，阳光在写作中复杂词汇和学科概念的使用频率逐渐增加。例如，第三次和第四次评述短文中出现了reliability和validity等学科概念，第二次和第三次评述短文中出现了复杂名词和动词词组，如an indispensable sector、critically evaluate和most commonly used。

上述语言特征的涌现，呼应上文写作文本计量分析的结果。在句法层面，阳光的人称代词使用，逐渐由第一向第三人称转换。例如，第一次和第二次评述短文中，阳光在写作中使用了I have come to和I would discuss的第一人称表述，但到第三次和第四次评述短文时，她将相应表述转述为被动语态，如would be discussed、how these objectives are achieved。该现象表明，阳光的学术语言逐渐趋于精准、客观，她对待知识的态度也逐渐开始渗透到自身语言表达方式中。在语篇层面，阳光在前四次评述短文中均展现出一定语篇连贯与衔接特征。在第四次评述短文中，阳光在开篇点明质性和量化数据呈现方式的异同，之后层层递进，在段尾引出写作目的和结构。上述发现与阳光的文本量化分析结果形成呼应。下文截取阳光文献综述初稿和终稿的首段内容，描述其学术语言发展过程。

表24　阳光文献综述片段节选

作文编号	文献综述片段节选
LR-Initial	Different types of errors and error correction have always been a controversial and integral part in student's language learning process, and a considerable amount of literature has been published on error study and analysis. As early as in the first half of the 20th century, researchers have already paid great attention to the issue of errors and error correction, among which, Harap (1930) compiles a composite profile of students' written and oral errors basing on 33 previous studies which describes 106 error types under eight major subcategories. Later during the 1950s and 1970s, scholars like Brooks (1960) and Hendrickson (1978) consider errors negatively due to the interference and distraction they expose on learners and should therefore be fully eradicated. **Also**, a number of authors (Grittner 1969; Chastain 1971; Dulay & Burt 1974; Krashen & Seliger 1975; Lange 1977; Terrell 1977) hold a pessimistic attitude towards error correction and recommend that teachers accept a wide margin of deviance from the alleged "standard" form and structures of the target language. However, conflicting voices still exist during this period. Corder (1967) and Kennedy (1973) challenge the prevalent disapproving views about learner errors, arguing that errors and error correction provide important clues about the process of second language acquisition.
LR-Final	Error correction has always been a controversial and integral part in student's language learning process, and a considerable amount of literature has been published on error study and analysis. As early as in the first half of the 20th century, researchers have already paid great attention to the issue of errors and error correction, among which, Harap (1930) compiled a composite profile of students' written and oral errors based on 33 previous studies which describes 106 error types under eight major subcategories. This handbook set an unprecedentedly comprehensive paradigm for latter studies to follow in error categorization. **Furthermore**, other than the objective carding of errors, a number of authors (Grittner 1969; Chastain 1971; Dulay & Burt 1974; Krashen & Seliger 1975; Lange 1977; Terrell 1977) held a pessimistic attitude towards error correction and recommend that teachers accept a wide margin of deviance from the alleged "standard" form and structures of the target language. However, conflicting voices still existed during this period. Corder (1967) and Kennedy (1973) challenged the prevalent disapproving views about learner errors, arguing that errors and error correction provide important clues about the process of second language acquisition.

两次文献综述中，阳光在语言表达的准确性、恰当性和逻辑性方面均有一定提升。在准确性方面，她在文献综述终稿中对部分语言错误进行修正，包括非谓语动词的使用和时态等（如based on、challenged）。在恰当性方面，她对部分赘述进行精简，如段首句关于error correction的界定。在逻辑性方面，阳光在初稿中的文献回顾方式主要体现为陈述和罗列。终稿中，她在回顾前人文献时，代入自身理解和思考，进一步斟酌段落内部逻辑关系，加强上下文语义关系的联结（如Furthermore、other than）。

上述文本片段呈现阳光基于教师写作反馈，不断调整、修改自身写作语言及观点的过程。反映了阳光在密集学术写作、阅读实践及长期思考过程中，学术语言和认知的发展。相比阅读，写作能促使学习者运用现有语言、认知资源建构观点和意义，显性关注词汇、句法特征及篇章逻辑结构。在此过程中，语言学习与内容学习深度调节（Lantolf & Thorne，2006），为学术语言的发展创造条件。

4.2.2.2 蓝天学术写作文本片段分析

蓝天在4次评述短文和文献综述中也有比较明显的进步，体现在写作语言的复杂性、客观性、逻辑性和连贯性等方面（见表25）。

表25 蓝天评述短文片段节选

作文编号	评述短文/期末论文片段节选
E1	At the very beginning of a paper, background information of the research topic is introduced to provide the audience with a brief sketch of the issue. It is followed by literature review which illustrates the strong points and limitations of preview researches, and then present the necessity as well as worthiness to conduct this research. For instance, in literature review, Okuda and Anderson (2017) point out the deficiency in previous literature, and then briefly explain the language socialization mechanism they would use in their research and the reason why it is an effective approach to L2 writing. They use quantitative sentences including, "Given such contradictions, there is further need to examine international L2 graduate students as a distinct population in conversations..." These sentences equip the audience with a deeper understanding of the importance of this research.
E2	To write a literature review, the author first provides a general sketch of recent researches on his/her research topic. In the two papers, Lyddon (2011) explores the relationship between corrective feedback, textual enhancement and the acquisition of L2 grammatical redundancies, and Mackey (2006) concentrates on the relationship between feedback, L2 learner's noticing of form and L2 development. Although grammatical redundancy is only part of L2 acquisition, both authors start with the relationship between interactional feedback and L2 acquisition in general. A positive correlation is confirmed by both authors. Also, in Morita's (2004) research, he first introduces two common approaches to study L2 students' academic socialization, despite that he only adopts one of them.

（待续）

（续表）

作文编号	评述短文/期末论文片段节选
E3	Sequentially, there are several parts included in the section of research methods in general, which are sampling, material (questionnaire, tests) and data collection. Sometimes the material is named "data collection instrument" and included in the "data collection". Overall, there are three steps in every part to report research methods, including describing the methods, justifying the chosen methods and connecting the methods to research questions.
E4	To present and analyse the data, firstly the author should mention the source and form of data, or namely, where the data is from as well as how he collects it, and whether the data is quantitative or qualitative, verbal or non-verbal, etc.

如表25，第一次评述短文中，蓝天就展现出一定观点论证的意识，她从文献中寻找材料支撑自身观点，使论证过程有理有据。例如，在描述文献综述写作功能时，她写道："For instance, in literature review, Okuda and Anderson (2017) point out the deficiency in previous literature, and then briefly explain the language socialization mechanism they would use in their research and the reason why it is an effective approach to L2 writing."但她没有在开篇明确指出自身写作的目的和意义，而是直接进入陈述。这在之后的写作中得到改善。

第二次评述短文中，蓝天延续了先前写作手法，又结合具体案例，对不同研究发现进行评析。她写道："**Although** grammatical redundancy is **only part of** L2 acquisition, both authors start with the relationship between interactional feedback and L2 acquisition in general. A positive correlation is **confirmed by both authors**."在分析与总结后，蓝天又引证了另一项实证研究，强化自身论点。然而，她依旧未在开篇引述文章主题，不同句子间的逻辑联系也有待提高。

第三次评述短文中，蓝天的写作语言更加精炼，逻辑性也更强。在段首句，她高度概括了研究方法写作的框架："Sequentially, there are several parts included in the section of research methods in general, which are **sampling, material** (questionnaire, tests) **and data collection**."在此基础上，她对每部分的主要内容进行陈述。此次作文中，蓝天的归纳和概括能力，相比前两次作文有比较明显的提高，单位语言的名词化现象和信息密度也逐渐增加。这与她持续的学术阅读、写作和思考密切关联。

第四次评述短文中，蓝天并未对自身写作逻辑进行阐述或例证，未展现出明显发展特征。综上所述，蓝天的四次评述短文在措辞和行文方面均有一定进步。在词汇层面，第二次评述短文中，蓝天开始使用一系列科学概念（如corrective feedback、textual enhancement）。相比第一次评述短文，蓝天在第二次和第三次评述短文中，语言表达的精确性也有所提高。第一次评述短文中，部分语言表达如quantitative sentences、researchers有失精确，在后续写作中得到改善。在语篇层面，蓝天在第一次评述短文中采用大段直接引用。第二次评述短文中，她对文章内容进行转述，对不同研究发现进行评析，写作的逻辑性也有所提高。下文将结合蓝天在文献综述初稿和终稿中的表现，对此进行详述。

如表26，蓝天的两次文献综述写作改动较大。在初稿中，蓝天展现出一定词汇衔接，论文中的几个关键词，如task complexity、trade-off hypothesis在上下文中频繁复现。但仍存在一些问题，如写作目的和主题不突出，及出现部分口语化的表达等（如various and sometimes）。在文献综述终稿中，蓝天对论文首段进行大幅调整。进一步明确写作的目的和主题，并对词汇和句法表达进行精简和凝练。例如，被动态（is used extensively、will be discussed）和复杂名词短语（generally used measurement、widely used measurement）的使用等。反映蓝天的学术写作已出现部分名词化和语法隐喻特征，呼应了前文文本计量分析结果，即蓝天在文献综述中T单位复杂名词数的增加。

表26　蓝天文献综述片段节选

作文编号	文献综述片段节选
LR-Initial	Among the efforts to explore the effect of cognitive task complexity on L2 written output, most researchers base their studies on the Cognition Hypothesis (Robinson, 2001, 2005, 2011) and the Trade-off Hypothesis (Skehan & Foster, 2001; Skehan, 1998), which interpret cognitive task complexity and predict their impact in different ways. To test these two hypotheses, scholars examined the effects of different cognitive task complexity dimensions in the two models, and ended up with various and sometimes contradictory conclusions.
LR-Final	The construct of **complexity, accuracy** and **fluency** (CAF) (Skehan, 1989) is **used extensively to investigate** the language performance of L2 (Inoue, 2016; Freeman, 2009; Norris & Ortega, 2009). In the following section, the **generally used measurement** of CAF in SLA and **most widely used measurement** in task-based research will be discussed.

上述学术化的表达方式是蓝天密集、持久学术话语实践的结果，也是她在写作中主动琢磨、反思的体现，她在反思日志中写道：

在学期开始时，我对学术论文一无所知，通过几篇review essay强迫自己深入阅读文献，我在各种文献里得到了很多启发，也学习了很多新的符合学术规范的词汇。同时我也意识到，学会阅读、使用文献是学术写作里至关重要的一步，为以后的各种实验、写作打下坚实的基础（FSRZ-LT）。

该片段提示，蓝天在阅读中深入思考、反思、关注语言形式的习惯，为她学术语言资源的积累和写作语言质量的提升奠定基础。该现象也回应了学术写作课程设置的初衷，即通过真实的学术阅读、写作和研究实践，促使学生大量接触、深度加工高质量学术文本，促成学术语言发展和学科知识学习间的深度调节。

4.2.2.3 白云学术写作文本片段分析

表27呈现白云在4次评述短文中，写作语言抽象度、客观性、逻辑性和连贯性方面的发展。由前可知，白云的语言表现与阳光和蓝天在学期初具有一定差距，但经过一学期的努力，白云文献综述终稿中的多项语言指标获得进步，如词汇复杂度、词汇丰富度、词汇密度、语篇词汇衔接等。

表27 白云评述短文片段节选

作文编号	评述短文/期末论文片段节选
E1	Three papers are selected to be read intensively to analyze how to actualize a research topic. They are... The actualization involves several steps to guarantee the rationale and complete the structure of a research. I will elaborate each step with examples from the papers that have been mentioned above, analyzing the structure and language.
E2	A literature review discusses published information in a particular subject area, and sometimes information in a particular subject area within a certain time period. Good literature reviews provide you with a handy guide to a particular topic. If you have limited time to conduct research, literature reviews can give you an overview or act as a stepping stone. Therefore, it is very important for us to write a good literature review as a preparation for our later studies and discussion.
E3	The method section in a research paper introduces in detail how a study is conducted, which includes the demographic information of study objects and study procedures of collecting and analyzing data. It is of vital importance to provide the readers with a brief explanation of the chosen research method and make clear why the chosen method is the most appropriate one for the objectives of the study.
E4	The section of results or findings of a paper is to answer the research question(s) raised in previous part. Normally, results are for quantitative studies and finding are for qualitative ones. I believe it is a genuine report on what you have done for the research and what you have obtained from it. Since the qualitative and quantitative studies have different styles in presenting results/findings. I will elaborate the two types respectively, with examples in authoritative papers.

第一次评述短文中，白云对写作目的的表述并不明确。她的写作逻辑主要体现为一种叙事逻辑，未展现明确的学术语言特征（Schleppegrell，2004）。例如："[T]he actualization involves several steps to guarantee the rationale and complete the structure of a research." 该句中，白云学术语言表达的准确性和恰当性欠佳。在描述量化特征时，她用到了several，学术语言表达有失精确。此外，部分措辞和语言搭配并不恰当，如guarantee the rationale、complete the structure。该现象反映，学期初，白云的学术语言资源积累比较匮乏，她对学术语言意义和功能的认识也比较模糊。

第二次评述短文中，白云在开篇首段指出了学术写作文献综述部分的意义和功能，并加以评述。该现象反映，经过课堂体裁知识讲解和课后的密集写作、研究实践，白云开始形成部分科学概念，对学术语篇各部分的意义和功能也有了新的认识。然而，相比阳光和蓝天，她在学术语言表达的精准性和连贯性仍比较欠缺。例如："If you have limited time to conduct research, literature reviews can give you an overview or act as a stepping stone." 该句在表述上比较宽泛，不够聚焦。之后白云写道："Therefore, it is very important for us to write a good literature review..." 此句中，白云运用了连接词therefore，尽管该句与前句的因果联系并不明显。该现象表明，白云在持续阅读、写作训练中逐渐形成一定学术语篇衔接与连贯意识。但她在写作中仍大量依赖显性衔接手段，上下文间的逻辑连贯性仍有待提高。

第三次评述短文中，白云学术语言表达的抽象度和精确性都有所提高。例如，她开篇点明研究方法写作的主要目的和功能："The method section in a research paper introduces in detail how a study is conducted, which includes the demographic information of study objects and study procedures of collecting and analyzing data." 相比前两次作文，该段的文本信息密度有所增加。白云开始使用名词短语凝练、概括文本信息，提升自身写作语言的精准性（如the demographic information of the study object、study procedures of collecting and analyzing data）。在此基础上层层推进，阐述研究方法选择理据。

白云的第四次评述短文中基本延续先前写作手法，但她开篇首段语言表达的准确性和恰当性仍有待提高。例如："The section of results or findings of a paper is to answer the research question(s) raised in previous part." 该句中，白云的措辞有失恰当和精准，如the section... is to的赘述表达及in previous part单复数错误等。该现象反映，白云的学术语言表现尚不稳定，学术语言的内化需要以持久、密集的学术话语实践作为基础（Uccelli et al.，2020）。

上述片段反映，4次评述短文中，白云在词汇、句法和语篇层面均有一定进步。在词汇层面，她的词汇使用更加复杂、精确。第一次评述短文中，她的词汇选择一定程度上有失精确、客观（如guarantee the rationale、complete the structure），表明她尚未充分内化相关学术语言表达，学术文本加工的深度也有待提高。在第三次和第四次评述短文中，白云词汇使用的复杂性和精确性有一定提高，例如学术词汇（如demographic information）和态度标记的使用（如of vital importance）。句法层面，白云在4次评述短文中展现出两个特征：1）第一人称的使用；2）嵌套句的使用。如第一次评述短文的I will elaborate和第四次评述短文中的I believe。此外，她在写作中句法复杂度的表征主要体现为从句嵌套，小句层面的名词化与语法隐喻特征并不明显。语篇层面，白云在4次评述短文中，小句间的词汇衔接有一定提高。在第四次评述短文中，白云围绕定量和质性数据呈现方式，层层递进，逐步澄清写作目的。这些进步在白云的文献综述写作中也有所体现（见表28）。

表28　白云文献综述片段节选

作文编号	文献综述片段节选
LR-Initial	With the development of globalization, CS is a widespread phenomenon throughout the world and has been discussed and debated since last century. Poplack first defined code-switching (CS) as "the alternation of two languages within a single discourse, sentence or constituent" (Poplack, 1980). Besides, Gumperz (1982) and others believed CS is the exchange of speeches that belonging to two different grammatical systems or subsystems. Later, it was defined by Gardner-Chloros as "the alternate use of elements from two different languages or dialects within the same conversation or even the same utterance" (Gardner-Chloros, 1991). In 2009, Gardner-Chloros himself further explained this use of two languages or dialects in the same conversation by bilingual people in his book (Gardner-Chloros, 2009).
LR-Final	With the development of globalization, CS has been a widespread phenomenon throughout the world, which Poplack first defined it as "the alternation of two languages within a single discourse, sentence or constituent" (Poplack, 1980). Besides, Gumperz (1982) and others believed CS is the exchange of speeches belonging to two different grammatical systems or subsystems. Later, it was defined by Gardner-Chloros as "the alternate use of elements from two different languages or dialects within the same conversation or even the same utterance" (Gardner-Chloros, 1991). In 2009, Gardner-Chloros himself further explained it as the use of two languages or dialects in the same conversation by bilingual people in his book (Gardner-Chloros, 2009). All scholars above agreed that CS refers to the alternation of two language systems, but they disagreed on the way and range of its use. Apart from "speeches and conversations", the switch "within a single discourse, sentence or constituent" is taken into consideration in the present study as well.

表28显示，文献综述初稿中，白云的科学概念和复杂词汇使用相比前四次评述短文有所增加，这可能与写作内容复杂度的提升有关，也是她持久、密集的学术阅读和写作训练的结果。但内容复杂度的提升一定程度上影响了白云在写作中的语言准确率，例如在使用复杂从句时产生语言错误（如that belonging to）。该现象回应了上文白云对自身语言水平的担忧，尤其体现为自身语言基础对复杂意义表达需要的制约。语篇层面，白云写作中的逻辑性和连贯性，在文献综述初稿中有所下降。由表28可知，白云对语码转换的界定主要依靠文献罗列，缺失自身批判性思考、分析与综合，对不同概念间逻辑关系的梳理也不甚明晰。在文献综述终稿中，白云归纳、总结和概括的能力有所提高。例如："All scholars above agreed that CS refers to the alternation of two language systems, but they disagreed on the way and range of its use." 这句话高度概括了不同定义间的联系和区别，也起到了承上启下的作用。该现象反映，白云在写作中的逻辑性和连贯性仍存在一定欠缺。这可能与她对文献、概念的熟悉和内化程度及自身语言基础有关，她表示：

> 可能最多的是文献综述这一块，我还烦恼文献综述写不好呢。经常有老师说不要去罗列一个观点，你一定要罗列了之后自己有总结。对，我觉得我可能总结那一块差点，如果只是罗列，我还ok（FT-BY-20200927）。

学术语言表达的逻辑和连贯，在很大程度上是思维逻辑和严密的体现（Moje et al., 2008）。因此，白云学术写作中逻辑性和连贯性的发展，不仅是一项语言问题，也是写作思维方式及认知深度的体现。据此，相关写作教学与研究不仅需要重视学生在写作中的语言连贯性，还应关注学生在写作中的意义建构过程，从思维方式的发展反观语言学习的需求。

4.2.3 学术语言发展特征跨案例分析

上述分析表明，3名案例学习者一学期间，均获得了不同程度的学术语言发展。从客观语言分析指标看，她们在句法复杂度、词汇复杂度、语言准确率、语义评价资源使用和语篇衔接等方面，都展现出不同程度的进步。学术写作文本片段分析结果显示，3名案例学习者在写作中逐渐展现出更丰富的学术语言特征，包括：复杂名词短语、科学概念、表达的逻辑性、连贯性与客观性等。然而，她们在写作中的语言表现具有一定差异，语言发展的速率与方式也各不相同。

从案例学习者学术语言发展过程看，阳光语言复杂度的发展比较明显。这同时体现在句法和词汇复杂度两方面，包括T单位平均长度、T单位复杂名词数、T单位平均从句数、词汇复杂度和词汇丰富度。句法层面，阳光的发展先于蓝天和白云。第二次评述短文起，她在三项句法复杂度指标中均有发展，虽然在文献综述终稿中有所下降。第三次评述短文中，阳光写作语言的语法隐喻和名词化现象开始涌现，单位语言信息密度逐渐增加，语言的逻辑性和连贯性也不断提高（Byrnes，2009）。词汇层面，阳光词汇复杂度的发展也先于蓝天和白云，从第三次评述短文起，开始明显增长。词汇丰富度在第四次评述短文和文献综述初稿间有比较明显的提升，且得到保持。语篇层面，阳光在词汇衔接（潜在语义分析）和语篇新旧信息比方面的语言表现，优于蓝天和白云，写作语言的逻辑性和连贯性一学期间比较稳定。在文献综述写作中，阳光整合、归纳与评价前人观点的意识与能力不断增强。在语言准确度方面，阳光一学期间的语言表现趋于稳定，除去文献综述初稿中的暂时波动。在语义评价资源使用方面，阳光在鉴赏-构成和鉴赏-评价维度的正向资源使用比较稳定，负向评价资源却在第四次评述短文和文献综述初稿间明显提升。语势-强化和语势-量化资源的使用呈现类似发展趋势。该现象表明，阳光在文献综述写作中与文本互动的广度和深度都有明显提升，这与她阅读量的增加和对自身研究课题思考的深度密切关联。

蓝天在句法复杂度、词汇复杂度、语义评价资源使用和语篇衔接方面也有比较明显的发展。相比阳光，她在句法复杂度方面的发展仅在T单位复杂名词数一项指标中比较明显。该指标在一定程度上体现了学术语言在短语层面的特征，是二语句法复杂度发展高级阶段的体现（Ortega，2012）。蓝天句法复杂度发展的速率相比阳光也较慢，直到文献综述初稿才开始显现。在词汇复杂度方面，蓝天在第四次评述短文和文献综述初稿间明显发展，并得到保持。词汇丰富度在一学期间均较为稳定，无明显发展趋势。在语言准确度方面，蓝天一学期间表现始终保持较高准确度，且波动幅度较小。这可能与她在写作中反复琢磨、反思的习惯有关。语义评价资源使用方面，蓝天的鉴赏-构成负向资源使用在两次文献综述中明显增加。该发展趋势与阳光具有一致性，表明蓝天在文献综述写作中具有从正、反两方面分析、评价不同观点的能力和意识。在语势-强化和语势-量化资源使用方面：1）蓝天在各维度中强势和弱势资源的使用频数相对均衡；2）强化资源的使用在第四次评述短文和文献综述间明显增加。该现象表明，蓝天在文献综述中与文本互动的深度逐渐增加，且她善于从正、反两方面对已有文献进行分析、比较与综合，提升自身学术语言表达的客观性。语篇衔接层面，蓝天在写作中的词汇衔接和语篇新旧信息比在第四次评述短文和文献综述初稿间有所提升，却在文献综述终稿中略有所下降，这可能与她在修改稿中大幅调整内容有关。然而，质性文本片段分析显示，文献综述终稿中，蓝天学术语言的概念化程度和上下文语义衔接有所提高，这是对量化词汇衔接指标发展的有力补充。上述结果表明，学习者语言意识及在阅读、写作中自我调节的能力，可能影响写作中语言学习的发生。例如，蓝天对学术语言抽象性、精确性和连贯性的认识，促使她在阅读中主动关注语言形式，在写作中反复斟酌、完善语言表达，不断提升写作语言的恰当性、逻辑性和客观性。

白云在词汇复杂度、准确度和语篇衔接方面都有比较明显的进步。相比阳光和蓝天，她在写作语言准确度和句法复杂度方面的发展相对滞后。在词汇复杂度层面，白云学期初在词汇复杂度和词汇密度方面的表现，均落后于阳光和蓝天，却在一学期间持续进步。到学期末，她在上述指标中的语言表现与另两位学习者间已无明显差异。从发展速率看，白云词汇密度的发展先于词汇复杂度和词汇丰富度。第三次评述短文起，白云在写作中的词汇密度已基本接近阳光和蓝天。但词汇复杂度和词汇丰富度的发展，直到第四次评述短文和文献综述初稿中，才开始显现。句法复杂度层面，白云一学期间均无明显进步。该发展趋势与阳光和蓝天形成对比，尤其在T单位复杂名词数层面。语言准确度层面，白云的语言表现相对落后于阳光和蓝天，且存在波动。在文献综述初稿中，白云的语言准确率有所下降，这可能与写作中语言与思维间的竞争有关（Skehan，1996）。语义评价资源使用方面，白云的正向和负向评价资源使用比例不均衡。6次学术写作文本中，她的正向构成资源和负向评价资源使用几乎为零，正向评价资源使用比较丰富。表明白云在写作中具有与文本互动的意识，但从不同视角看待问题，综合、评价不同观点的能力仍有待提高。语义评价资源层面，白云一学期间强化资源的使用无明显发展趋势，量化资源的使用频数却逐渐增加，表明她在写作中逐渐倾向于使用更多限定词和修饰语，提升自身表达的准确性和客观性。语篇衔接层面，白云在第一次评述短文中的词汇衔接和语篇新旧信息比均落后于阳光和蓝天，在后续写作中呈缓慢增长态势，表明她逐渐树立了写作连贯与衔接的意识。在文献综述终稿中，3名学习者在语篇词汇衔接方面的表现仍然具有一定差异，阳光的词汇衔接最好，蓝天略优于白云。但相比学期初，她们在词汇衔接方面的差距逐渐缩小，反映了持久、密集的学术话语实践活动对学生语言发展的调节。

上述分析表明，1）相比句法、语义和语篇，学术语言在词汇层面的发展似乎更易受教学活动调节，个体差异也相对较小；2）学习者写作语言准确率与内容复杂度间可能形成竞争关系，对于语言基础较弱的学生比较明显；3）学习者写作文本中单向评价资源使用的发展较为常见，但正、负评价资源的均衡使用仍可能构成一定挑战，尤其在多元视角看待问题，分析、比较、综合不同观点层面。综上，学术语言发展是一项多元技能的综合体，涉及词汇、句法、语义和语篇等层面，在语言学习活动中相互调节。发展结果受学习者过往经历、当前语言水平、写作目的和阅读、写作策略等因素调节。例如，当学习者中介语系统尚处于调整阶段时，对语言准确度的关注可能减损他们语言使用的复杂性、恰当性及语篇连贯与衔接。未来研究应更加关注不同语言维度在学术语言发展过程中的复杂互动关系，有目的、有选择地为具有不同语言基础的学生，提供个性化教学支持。

纵览3名案例学习者的学术语言发展过程，本研究主要有以下发现。首先，学术语言发展具有历史性和延续性。学习者过往经历、语言水平和语言意识都可能持续影响他们当前语言学习和发展的方式，尤其当学习者中介语发展仍处于调整期，语言知识尚不稳固、内化尚不充分时（Ellis & Barkhuizen，2005）。相比之下，语言基础较好的学习者，在学术写作中能分配更多的有限注意力资源关注内容、语篇的连贯与衔接。经过一段时间的密集学术写作和研究实践，学习者在上述语言维度中的个体差异会逐渐缩小，虽然相比词汇和句法，语义和语篇层面的发展似乎更具挑战和长期性。到学期末，3名案例学习者在词汇复杂度方面的表现已无明显差异，但句法复杂度发展仍具有一定阶段性特征，尤其在T单位复杂名词数方面，学习者已有语言基础，可能深刻影响他们在学术写作中小句层面名词化和语法隐喻特征的发展。

在语义评价资源层面，3名案例学习者的差异主要体现在：1）鉴赏－评价和鉴赏－构成维度中负向评价资源的使用；2）语势－强化和语势－量化维度中弱势资源使用的频数，和强势、弱势资源使用比例两方面。前者主要指向写作中观点、视角的丰富性和学习者分析、比较不同观点的能力。后者则主要涉及语言表述的客观、精确和恰当性。本研究发现，学术语言发展过程中，学习者负向评价资源的使用逐渐增加，尤其在复杂意义表达与论证需要的驱动下。此外，学习者正、负向，强势、弱势评价资源的使用逐渐趋于均衡，体现出他们同时运用多种语义评价资源，提升语言表达精确性的意识。

在语篇衔接层面，3名案例学习者在语篇新旧信息比方面的变化大于词汇衔接（潜在语义分析）。发展趋势受学习者当前语言水平、语言意识和写作任务等因素调节。例如，学习者在写作中的反思和自我监控意识，可能帮助他们获得更多语言学习机会。学术语言衔接与连贯性的发展是显性语言意识和隐性学术话语实践共同调节的结果。相关学术写作教学在培养学生语言意识的同时，还须为学生创设大量接触、深度加工和使用学术语言的环境和动机。

4.3　活动理论视域下的案例学习者学术语言发展过程

本节深度描写3名案例学习者“阳光”“蓝天”和“白云”学术语言发展过程中遇到的矛盾与张力，揭示促成矛盾化解的关键因素（见表29）。

表29　案例学习者学术语言发展过程中的矛盾

矛盾层级	阳光	蓝天	白云
一级矛盾	我意识到这会很难，但是充满期待	难，却又不得不做	语言基础薄弱，难以适应课程学习要求
二级矛盾	阅读速度与文本加工深度间的矛盾	语言学背景知识欠缺导致的阅读理解困难	语言水平和阅读方式对于阅读学习效果的制约
三级矛盾	自身学术语言资源无法满足写作表意需要	学术写作语言与其他体裁写作语言的差别	写作中语言能力与认知能力的不协调
四级矛盾	学术写作学习方式自主性的挑战	学术写作学习方式的挑战：难，但也收获满满	学术写作学习方式的挑战：学习过程的曲折性与长期性

表29显示，3名案例学习者学术语言发展过程中遇到的矛盾具有一定共性特征，但学习者应对、化解矛盾的方式各不相同。下文将基于这些矛盾，探究促成矛盾化解的关键因素，并通过跨案例比较分析，探究学习者过往经历、语言水平、语言意识和认知策略等因素，如何帮助她们应对、化解学习矛盾，获得学术语言发展。

4.3.1　阳光的学术语言发展过程

阳光来自北京市某重点高中，外语基础和专业成绩在年级上均排名靠前。当谈及自身学术写作学习的目标和动机时，她表示，“我觉得最紧密的联系之后肯定还想考研，读研究生出国，这个肯定是会非常有帮助”（FT-YG-20190312）。

阳光表示，自己拥有一定学术研究兴趣，认为学术写作与自身未来学习、工作规划联系紧密。该现象表明，阳光的学术写作学习兼具内在和外在动机，她对学术写作学习的重视，在一定程度上确保了她日后在课程学习中的投入。

4.3.1.1 学术写作难，但是充满期待

当谈及自身对学术写作学习的初始认识时，阳光表示“虽然会很难，但还是充满期待”（FT-YG-20190312）。自己先前虽然尝试过学术研究，“也看了一些论文，但是看得不多”，研究方式主要“来自讨论”，对研究过程也缺乏全局性认识。阳光在大一时曾参与过他人的课题研究，对研究过程有一定了解，也体会到了做研究的艰辛与不易：

> 大一的时候我学姐，她也是上学术写作。虽然她是社会学的，但是她做research的过程我参与挺多的。因为她做的正好也是我感兴趣的，比如说跟她去interview。这样一个过程下来，我体会到这门课会做这样一个research，虽然会很难，但还是充满期待（FT-YG-20190312）。

上述片段反映，阳光先前的写作学习和研究经历，在一定程度上影响了她对学术写作的认识。她提到，先前研究主要基于讨论，文献阅读较少，学理性较差，并未形成系统性认识。这段经历让她意识到阅读文献在研究中的重要性，为学术写作学习提供借鉴。同时，参与他人研究的经历也帮助阳光形成对学术写作和研究的基本认识，如研究过程的艰辛和收获。该现象表明，学生过往学习经历可能影响他们对当前学习目标的认识和在课程学习中的投入。

当谈及先前写作学习经历时，阳光表示，自身写作语言的逻辑性仍有待提高，尤其是观点与例证间的逻辑联系。她希望通过真实的研究和写作实践，提升自身语言表达的逻辑性和连贯性。她在学期初的访谈中指出：

> 之前没有想过一个完整的，整个research的逻辑。以前最多是我论点和例子没有逻辑关系，没有一个整体从有疑问，再去探索，再做出结论的过程……我觉得写作语言在长短上没什么特别的限制，不要太长、不要太短。最主要的是能让人读着，感觉能表达清楚，非常accurate（FT-YG-20190312）。

该片段中，阳光将自身写作中逻辑连贯性的薄弱归咎于缺失整体研究思路，即“没有一个整体从有疑问，再去探索，再做出结论的过程”。该现象反映，学术写作课程伊始，阳光就意识到了学术话语实践（如学术阅读、研究）与写作学习间的联系。学术写作过程也是学科知识建构、传承与发展的过程，写作语言的精准和逻辑是科学思维方式的反映（Shanahan & Shanahan，2008）。因此，学习者要获得学术语言发展，就必须积极投身真实学术话语实践。

4.3.1.2 学术研究、阅读与语言发展

学术写作课程伊始，阳光很快进入学习状态，但她在论文选题方面遇到了一些困难，主要表现为难以具化选题，明确研究的目的和意义。她在访谈中表示，自己对二语习得很感兴趣，但目前难以找到一个具体可行的选题。在第一次选题日志中，她写道：

> After the orientation of the course, I started to think about my research topic for the semester, and I began to **identify my personal interest within several linguistic branches.** Triggered by one of the reading materials this week, I came up with the topic concerning the study of SLA. As an EFL student myself, I'm intrigued by **Long's interactive hypothesis and noticing hypothesis**, and I also realized that many literatures have concentrated on **SLA in interactive classroom, yet less attention is attributed to SLA under an extracurricular context**. I think I can probably approach SLA from the perspective of extracurricular input... My **remaining questions** at this stage are generally **whether the possible topics I chose have academic value, and their feasibility within one semester** (XTRZ-YG-20190313).

相比先前的研究经历，阳光在学术写作中有了主动阅读文献的意识。她在文献中找到了自己感兴趣的话题，二语习得中的输入与互动。基于自身观察，她发现了部分先前研究空缺，但对自身选题的学术价值和可操作性仍然存疑。具体而言，文献阅读给阳光带来了看待问题的新视角，帮助她建立日常语言现象和语言学理论间的联系。但该片段中，阳光对语言学理论的认识在很大程度上仍建立在原有日常概念的基础之上。她对科学概念（如interactive hypothesis）的理解仍比较

浅显，难以建立科学概念和日常概念间的对话关系，确定一个有价值又可操作的研究选题。针对这一问题，阳光与教师在第一次小组面谈中进行讨论（见片段一）。

片段一、教师与阳光第一次小组面谈片段节选（MT-YG-20190331）

1 T：你觉得高中的时候老师上课会用code switching是吧？学生呢？

2 Y：其实我有一点忘了。感觉高中英语课堂里没有那么多讨论。

3 T：高中课堂既然有这样一个资源，你也可以再看看其他？因为你现在已经有一个潜在的数据源在那里。

4 Y：但我好像突然又失去了方向。

5 T：比如上次的input和output，你可以看看高中老师给学生的corrective feedback type。

6 Y：feedback是看作业吗？

7 T：或者是课堂feedback，比如上课会有oral production。

8 Y：我觉得好像会，但没有很多。

9 T：对，那可以从writing的角度。你觉得他们作业好拿到吗？

10 Y：我可以去问问。

11 T：writing的话，我不知道她会不会愿意吧？你觉得她会把批改作业的照片发给你？

12 Y：但如果是corrective feedback，研究的是对学生outcome的影响？

13 T：outcome的话这个学期可能不会太能测出他们的进步情况。因为我们定好的数据收集就是两周或者是三周，从他们水平提高的角度上，在短时间内到底有没有提高这个不太能确定。你可以看老师给了什么样的feedback，学生比较喜欢什么样的feedback？或者学生对待feedback的态度是什么样的？会不会incorporate到最后的学习中？是不是effective？

该片段中，教师与阳光就研究选题进行细致讨论，涉及研究可行性、方向和研究方法选择等方面。从第3话轮起到第11话轮，教师针对阳光现有研究资源提出研究可行性假设。第12话轮中，阳光提及自身对于研究思路的困惑。对此，教师对研究的可行性进行分析，提出可能解决方案。这种个性化的话语互动中介具有较强的针对性、即时性和情境性，对学习者语言、认知发展起重要调节作用。在教师的帮助下，阳光在三月末确定了研究话题：

我最开始是定了另外一个题，但因为和我们班一个同学一样，很难找到不同的点，当时就换到了 written corrective feedback。从零开始看，后来就感觉 literature 大部分都说的是从老师的角度研究 pedagogy。就觉得从学生的角度去看，想做 student preferential view。后来就想研究方法，正好学姐这边提供了帮助，可以先通过做content analysis 来看到他们的 errors，还有 error correction，然后再通过和同学，比如说可以是设计问卷、访谈来看整个 error correction 过程当中，他们的心路历程……（FT-YG-20190506）

确定选题方向后，阳光开始进行密集的学术文献阅读，寻找研究思路。然而，她在研究设计方面遇到了困难，具体表现为：当前认知水平与研究需要间的矛盾：

自己有了一个想研究的目标，但怎么去实现它，或者说怎么具体地把那些点体现出来，怎么 control variables？怎么体现它的变化，找到自己想要的 data 比较困难。Method 的设计，有时候觉得比较混乱（FT-YG-20190506）。

上述访谈时间适逢学术写作课程学习中期。按照课程规约，学生在确定选题之后，需要在一个月内细化研究方案。为实现这一目标，阳光开始第一轮高强度的密集学术阅读，结合教师反馈深入思考，不断完善自身研究思路。在选题日志中，阳光写道：

After some further contemplation and discussion, **I have determined the specific direction of my research within the field of WCF**, that is **as our TA suggested, learner preference**. And I have apprehended in literature that **student preference was also an important and insufficiently-researched aspect**. Therefore, I modified my research topic into the current one.

…

Existing problems:

1）**How to optimize different research instruments** (questionnaire, interview etc.) to demonstrate students' attitude and preference.

2）**How to soften the subjectivity of qualitative data from students** and how to examine their gains in L2 argumentative writing proficiency (XTRZ-YG-20190416).

此次日志中，阳光提到自己已基本确定研究选题，但对研究方法和研究工具的设计仍存在困惑，对不同研究变量间的关系也缺乏深入思考。针对这一困难，阳光同时感受到了来自同伴和课程要求的压力。她不断增加自身课程学习投入，积极寻求外界帮助。下文节选阳光与助教4月23日的小组面谈片段。

片段二、阳光一对一小组面谈片段节选

1 Y：这其实只是我的第一步，我想研究student preference需要什么？我本来想做一个questionnaire，因为我感觉比较好弄嘛，就是看他们的感受，拿questionnaire对照前面的framework。

2 T：如果要develop questionnaire也可以依照前面的framework，都是串起来的。比如你一方面统计text analysis，可以先统计一个总数，如果你能看出类别，比如案例也可以找来访谈。但我们一般要有一个general picture，群体趋势，再找个体。个体跟群体是variation还是comply？然后你再去interview他们，觉得自己为什么会有进步？

3 Y：所以最后研究的是feedback对哪一种error correction最有效？

4 T：Feedback只是我们关注的一个途径，最后要基于他们的development，比如所有人的linguistic有一个发展，你就要去深究为什么develop？它可能会给你关于feedback的信息，可以是纸质的，也可能是老师口头的。就是text analysis的重点不一定是types of feedback，你可以透过types of feedback看到development。这样的话对写作教学就会有implication。（MT-YG-20190423）

该片段中，阳光与助教就研究方案展开讨论。助教基于阳光的初步研究设想，为她指出不同研究思路，搭建认知支架。例如，第4话轮中，助教指出反馈分析的目的在于探究反馈如何调节学生写作发展。帮助阳光建立研究目的、内容与价值间的关联。为下一阶段的阅读、写作和研究计划做铺垫。

此后，阳光开始了新一轮的密集文献阅读。她把阅读的目标聚焦在教师反馈与学生投入的关系上，希望通过文献阅读寻找数据分析框架。她写道：

> This week **I gathered more previous literature and reinforced my attention in a surprising gap**, that is the **learner (student) engagement perspective in WCF (written corrective feedback) in SLA study**. I learned that **this is a very new focus in this academic field**, and a relatively systematic theory of learner engagement in the field of SLA study is proposed only in 2010 by Ellis. Therefore, studies in this respect are still in their infancy, and **I would like to further my interest in this area** and perhaps gain even only a little more insight into the issue at hand.
>
> **I also developed two analytical frameworks for my study, basing on Hyland's theory of metadiscourse model (2005), Paul & Elder (2008) intellectual standards** and Chomsky's categorization of grammar... (XTRZ-YG-20190509)

这篇日志中，阳光已基本确定选题和研究思路。通过阅读，她发现了部分前人研究空缺，及可借鉴的理论和数据分析框架。阳光在写作和研究中的进步，是持久、密集的学术阅读和思考的结果，也得益于一系列系统、连贯的学习活动，包括课堂教学、教师课后辅导和日志/写作反馈等。换言之，教师辅导和反馈对学习者语言发展的调节作用，根植于真实的学术阅读、写作和研究实践。

上述分析显示，从3月31日第一次小组面谈到5月初确定选题期间，阳光一直在持续、密集地阅读相关学术文献，结合文献和教师指导，深入思考、完善自身研究思路。这种持久、深度的阅读和思考方式，潜移默化地影响了她的写作语言发展。本研究挑选阳光一学期间评述短文中的典型片段进行分析（见表30）。对比她在几次评述短文中写作语言的进步。

表30 阳光评述短文教师反馈片段节选

	文本片段	教师反馈
RE-1	Moving on, originality refers to the avoidance of high overlap in the objectives and content of the research with previous literatures. Evident in Okuda & Anderson (2017), a gap in literature concerning the language socialization framework in academic writing and writing center issues is detected, and is therefore approached by the researchers with original thinking and design. Hence, we can see that a thorough literature review is very essential in gaining our originality in research.	Good job analyzing this. What about the other paper(s)? Similar or different? How similar or different?

（待续）

（续表）

	文本片段	教师反馈
RE-3	In the reporting of method section, the researchers first introduced the participants of the study, 222 English majors from a large university located in Budapest, following with the reasons **of** selecting English majors as their population and sample, as well as the researchers' expectation out of them. Gender distribution, English proficiency, nationality and other demographic information serving as criteria of selection are also presented explicitly. The next essential sector in the method report of this study is about the questionnaire, the content, items and constructs of the questionnaire are explained in details. Particularly, by combining the purpose and the specific item question, the researchers gave us a clear picture of what the questionnaire consisted of and the targets behind each question....	Avoid using ing forms as nouns by all means. **for** Good analysis Good summary here **detail**
RE-4	To be specific, in a study aiming to examine **student'** and instructors' use of materials in multilingual writing classrooms and the relationship between materials and **miscommunicatiom** done by Matsumoto (2019), the author overviewed three sections of data analysis explicitly, and informed that all three sections corresponded to the first research question concerning the employment of materials by teacher and students at miscommunication moments, and that the final section most directly addressed the second question relating to the casual relationship between materials and teacher's misunderstanding. In each section of data analysis, excerpts of student-teacher conversations in class were displayed along with figures showing situations in which these conversations took place...	**students'** typo Very good example and analysis! Backs up your argument nicely.

如表30，4次评述短文中，阳光在词汇和语篇方面都有一定进步。第一篇评述短文撰写于3月17日学期初。届时，她还未开始选题，对学术写作规范的了解不够深入。阳光评述短文的撰写主要依赖她先前的写作基础。由教师反馈可知，阳光具有将观点与例证相结合的意识。但她深度加工文本，分析、比较不同观点的意识仍较薄弱。同时，她在写作连贯性、对观点的阐述与分析方面仍有较大提升空间。上述问题在第三次评述短文中得到改善。这篇短文撰写于4月中旬，阳光确定选题和梳理研究思路的阶段。此间，她开始大量阅读文献，对学术写作语言组织方式有了更深入的了解。同时，该篇评述短文撰写时，教师已完成文献综述写作方法和技巧的讲解，丰富了阳光对写作语言的认识：

> 课堂上比如说这一个部分要包括哪些内容，还有什么要注意的，或者有一些其他人的例子，可以比较直观地看，这个部分是怎么写的（FT-YG-20190506）。

此次评述短文中，阳光结合教师反馈，优化自身观点和论证过程，写作语言也得到进一步凝练。例如，画线部分第一句话，Gender distribution, English proficiency, nationality and other demographic information serving as criteria of selection are also presented explicitly 包含比较明显的名词化特征，体现了阳光学术语言的发展。

第四次评述短文中，上述特征得到巩固和发展，主要体现在词汇和句法层面。阳光在写作中的动词和名词使用也日趋多样，如overview、address、display、intensive illustrations、clarifying and questioning、reinforced significant。她在反思日志中指出，这些进步缘于自身持久的文献阅读、教师反馈和课堂教学等多元中介机制的调节：

> 关于英语写作以及语言能力，因为这门课程可能本质上来讲还是一门写作课，所以除去最后的期末学术论文，学期中也进行了不少写作训练，我从这些训练以及最后期末论文的撰写，以及平常大量文献的阅读中，拓宽了词汇量尤其是对学术语言的掌握，句子的复杂程度以及写作的速度也有了显著的提升。此外，老师针对我的写作所给出的详尽的反馈也为我提供了很多帮助，让我逐步意识到自己写作的缺陷在哪里以及好的写作所具备的特点（FSRZ-YG）。

4.3.1.3　文献综述写作困难：语言逻辑、连贯与精确

确定研究思路后，阳光开始进行文献综述撰写。她遇到了新的挑战，体现为1）难以整合、评价不同研究的观点；2）写作语言的逻辑连贯性较弱；3）语言表达有失精确、客观。学术写作过程中，阳光感受到了自身当前语言、认知资源与学术写作意义表达需要间的矛盾。如前所述，学术语言发展的挑战不仅限于语言形式和体裁规约层面，更多缘于学科内容和思维的复杂，对写作语言精确性、逻辑性和客观性的要求（Kuhn et al., 2013）。尤其在文献综述写作中，作者需要对不同观点进行分析、比较、综合与评价，体现论证的过程。这对学习者语言和认知构成双重挑战（Zwiers，2008）。阳光提道：

> 可能会要evaluate几篇文章这样。一是我要用很简单的语言把它概括出来，觉得有点难。比如说哪些信息要说，哪些不要说，就是一个概括的能力（FT-YG-20190506）。

该片段中，阳光提到她在组织语言、整合不同观点方面遇到的困难，包括概括、分析、比较和评价已有研究发现等。在此过程中，她感受到了自身学术语言和认知资源的匮乏。她在反思日志中写道：

> 学术写作要求写作者运用极为正式和严谨的语言来探讨和汇报学术问题，这是语言上学术写作的一个难点；除此之外，很多时候由于所研究的问题本身有一定的难度和深度，学生比较难以形成成熟的资深见解，因此可能思维的难度也是较大的，并且正是由于存在这样的思维难度，学生在写作的时候可能注意力过于集中在如何将内容表达清楚，会比较容易忽略语言的质量。但如果能够克服这两项挑战，我认为学术写作这样的教学方式能够比其他的写作教学方式更为有效地达到全方位提高学生思维、语言和专业水平的目的（FSRZ-YG）。

该片段中，阳光提到了自身学术写作过程中语言和思维间的竞争。思维层面，学术写作是真实学科语境下的学术话语实践活动，也是学习者表达复杂意义、建构知识的过程。语言层面，学生作为学术团体内部的新手成员，学术语言资源的积累不够丰富，内化程度也不充分。在此情况下，复杂意义表达的需要，可能会消耗大量有限注意力资源，并在一定程度上影响学生在写作中对语言形式的关注（Kormos，2012）。面对这一困难，阳光积极探索写作策略，有意识地在阅读中关注学术语言。她回忆到：

> 我一直觉得literature review最难写，很花费时间精力，因为要把各种不同的文献总结起来，都要了解。所以也通过图书馆借的那本书，把这些论文整理一下，先梳理出来一个思路吧，最后其实看得挺多，用到很多文献，我没数，但是肯定超过30个的标准了，这是我做得最认真的一部分（FT-YG-20190702）。

该片段中，阳光提到了两项写作策略：1）参考已有研究的写作思路；2）在写作前拟提纲。这些策略的使用在一定程度上缓解了阳光在写作中语言和思维的竞争，给予她更多关注、深度加工学术语言的机会，为语言与认知发展的深度调节创造条件。

经过上述努力，阳光于5月中旬完成文献综述初稿的撰写，并结合自身在阅读中的思考和反思，对研究议题的基本共识和已有研究发现进行评述。然而，她在语篇层面的逻辑和连贯性仍有待提升。对此，教师对阳光的文献综述初稿进行了详细反馈，帮助她进一步完善自身观点、调整写作语言（见表31）。

表31　阳光文献综述修改及教师反馈片段节选

	文本片段	教师反馈
LR-First draft	Although CA added fresh new insights into the study of error correction, it soon came under attack by series of empirical studies (Wolfe, 1967; Wilkins, 1968; Selinker, 1969; Burt, 1975; Politzer &Ramirez 1973; George, 1972) revealing that interference from learner's L1 is strongly insufficient to be regarded as the general cause of all the other types of errors found in other areas of the leaner's linguistic knowledge. It is worth mentioning that majority of studies in this field categorize different types of WCF owing to the form of teacher's feedback, namely, content-based and form-based, direct or indirect feedback, or correction by underline and correction by description. Therefore, the current study aims to adopt an error-oriented way of WCF categorization, incorporating a larger scope of errors, including...	Tool long Elaborate according to According to previous studies or based on your own classification? Elaborate and justify.
LR-Second draft	Although CA added fresh new insights into the study of error correction, it soon came under attack by series of empirical studies (Wolfe, 1967; Wilkins, 1968; Selinker, 1969; Burt, 1975; Politzer &Ramirez 1973; George, 1972). These studies revealed that interference from learner's L1... Therefore, the current study aims to adopt an error-oriented way of WCF categorization and synthesizes three theories in L2 writing and language development proposed by Canale & Swain (1980), Hyland's theory of meta-discourse model (2005) and Paul & Elder's intellectual standards (2008). This categorization incorporates a larger scope of errors, including...	

表31反映了阳光文献综述初稿写作中的两个问题：1）句子过长、内容不够聚焦；2）语篇逻辑连贯性比较薄弱。问题1对应写作语言的精确性和恰当性，问题2对应语篇的连贯与衔接。如前所述，阳光在写作中有连续使用多个从句的习惯。这在一定程度上体现了她学术语言句法复杂度的发展，却也在一定程度上导致语言赘述及写作重点不突出，影响上下文语篇的逻辑连贯。教师在反馈中多次提及这一问题。对此，阳光在修改稿中对部分长句进行了精简和重组，也逐渐开始意识到自身写作中存在的问题：

对我来说可能简洁方面问题更大，我写作的一个问题被很多老师指出来，就是句子写得太长、不够focus。我最近在写申请的PS，我回去看当年写的那篇文章，发现很多句子非常长，可能确实会有loose focus的情况，这也是表达水平的一个方面（FT-YG-20200925）。

该片段中，阳光开始意识到，写作中的长难句使用如果不能恰当表达意义，甚至会适得其反。该意识的形成，缘于学习者经验积累、系统性学习活动和教师反馈等，表明学术语言发展具有实践性和长期性，学术写作课程中的学习和实践经验具有延续性，可能持续调节学习者未来的学术话语实践过程（Duff，2010）。

阳光文献综述初稿中的另一个突出问题是写作语言连贯性欠缺。例如，表31中的教师反馈，指出了阳光写作中的逻辑跳跃问题："According to previous studies or based on your own classification? Elaborate and justify." 针对这一问题，阳光在修改稿中对研究框架的选择理据进行阐释和修改。当问及自身对教师写作反馈的看法时，阳光表示：

一些正文部分的反馈，我觉得很多地方让我知道学术写作的标准在哪里，非常有效果。比如有的观点我直接写上去了，没有多想，直接放在那儿，老师就写elaborate，要不以前可能没有这个意识……后来写discussion和conclusion的时候，就意识到我把这个结论摆出来，需要citation，或者一些不具体的话，我就不写。（FT-YG-20190702）

该片段中，阳光提到教师反馈对自身写作过程的影响，例如在写作中引证、阐释自身观点的意识，促使阳光以读者的视角，审视、分析、评价自身写作，反思自身写作中仍然存在的局限。上述意识的形成，对阳光写作语言逻辑和连贯性的发展具有一定调节作用，促使她在写作中主动评价、思考、反思。

4.3.1.4 学术写作语言学习方式挑战

如上可知，阳光在写作中的进步是自身主观能动性发挥和系统教学活动共同调节的结果。学习者个体特质和课程学习环境同样重要，二者间相互调节，为学术语言发展创造条件。本研究中，阳光的学术语言发展兼具显性和隐性特质。一方面，课堂体裁知识、写作规范讲解，和教师反馈等教学中介，能培养学生在写作中的语言意识。另一方面，这些意识在实际写作过程中的实现，在很大程度上依赖于学习者在课后持久、密集地学术阅读、写作和研究实践。换言之，学术写作课程中，语言学习有很大一部分在课后发生。是学习者基于自身需求主动探索、内化环境资源的结果。然而，这也可能与学生多年所习惯的学习方式形成冲突：

> 其他的课可能主要是上课听老师讲，之后下课去完成作业，可能自主性没有那么强。学术写作自主性比较强一点，可能每个人的题目、进度都不一样，要自己调整、设计，再去修改、推进，我觉得这一点上可能会比较困难，容易焦虑（FT-YG-20190506）。

如阳光所言，“每个人的题目、进度都不一样，要自己调整、设计，再去修改、推进……”。然而，学习过程和结果的不确定性，激发了阳光在学习中的主动性。促使她积极应对、化解学习矛盾，持久投入、思考和反思，为学术语言的发展奠定基础：

> 完成了一篇学术写作，虽然结构还不是很严谨，但也能培养一种学术素养，就比如substantial judgement，这个东西还是需要去验证下，凭空一句话放出来会不被信服。就像刚刚写论文的过程一样，你的观点、这句话需要citation，需要有理有据，以后的写作也可以用到这种思维。还有就觉得学术之路非常艰辛，但如果能做完就非常有成就感（FT-YG-20190702）。

如阳光所言，学术写作学习的收获不仅限于语言层面，还体现为思维的精密与客观及亲自体验学术写作与研究过程。换言之，学术写作的目的不仅限于掌握语言和学科知识。更多情况下，学习者的意志、动机和体验本身即构成了学习发生的重要条件。使学生在调整、优化自身学习方式的过程中，不断丰富自身体验，形成新的行为、认知。

纵览阳光的学术语言发展过程，可以发现两点重要促学因素：1）持久、密集地学术阅读、写作和研究实践，为学术语言的发展创造条件；2）多元、系统性学习活动和资源丰富的学习环境，为学术语言的内化提供支持。上述中介机制的实现，取决于学习者在真实学术话语实践中，积极应对、化解学习矛盾的方式，受学习者过往经历、语言水平和学习动机等因素调节、制约。

4.3.2 蓝天的学术语言发展过程

本研究中的第二名案例学习者蓝天，毕业于一所外国语中学，外语基础和专业成绩在全年级位列中上水平。蓝天同学性格比较内向，学习认真踏实，具备一定自主学习和研究能力。在初次访谈时，蓝天表示自己先前没有系统的学术写作和研究经历，但很重视学术写作学习，希望能够产出一份令人满意的成果：

> 学术写作这门课很重要，它对我以后有帮助。因为学术论文以后肯定要用到，我很想申请研究生，要交一篇writing sample，学术论文要好好写（FT-LT-20190514）。

4.3.2.1 学术写作学习挑战

蓝天对学术写作学习抱有较高期望。对于蓝天，学术写作学习与自身未来的学习/职业规划具有密切联系，其中最直接的关联体现在申请研究生的需要。该现象反映，蓝天的个人学习目标与学术写作课程学习目标之间良好契合，这为她日后在学习中的投入奠定了基础。但在课程伊始，她对课程学习要求还是表现出一定程度的“畏惧”和“担忧”：

> 可能是刚开始，大家都会很抵触，包括我自己，就觉得为什么我们才大二，就要给我们这么难的任务？但是又不得不做嘛（FT-LT-20190701）。

在蓝天看来，学术写作的“难”同时体现在语言和认知两方面。语言层面，学生作为学术团体内部的新手成员，学术语言资源相对匮乏，独立撰写论文具有较高挑战性。认知层面，学生需在一学期内独立完成一项语言相关实证研究。这一项任务极具挑战，因为学生需要逐渐从获取、学习知识，转变为主动建构、发现知识。

4.3.2.2 研究设计、文献阅读与学术语言发展

随着课程学习的深入，蓝天在学期初的焦虑情绪逐渐缓解。她的关注点逐渐转向文献阅读和研究设计。然而，她发现自身当前研究基础与学术写作选题要求间存在一定差距：

> 首先定题就是一件很费劲的事情，因为好的研究问题是学术写作的基础。但是由于对语言学领域的知识认识过于浅薄，我根本不知道有什么方向可以选择，也完全无法判断什么是好的研究问题，什么是没有意义或者已经研究饱和了的问题。研究方法的老师教我们去图书馆一楼翻阅各大语言学杂志，寻找自己感兴趣的话题，再确定一个更具体更细节的方向。翻了四五天的杂志，加上和学姐的一对一面谈，我才终于基本确定了研究话题（FSRZ-LT）。

上述片段表明，蓝天作为学术团体内部新手成员，对相关领域内的研究基础和现状比较陌生。她表示，“由于对语言学领域的知识认识过于浅薄，我根本不知道有什么方向可以选择，也完全无法判断什么是好的研究问题，什么是没有意义或者已经研究饱和了的问题”。针对这一问题，蓝天开始阅读学术文献，积极寻求外界帮助。她在文献阅读的过程中形成一些模糊的科学概念，尝试建立这些概念间的联系，设计研究。在小组面谈中，蓝天与助教对此展开讨论。

> 片段三、3月26日小组面谈片段节选
>
> 1 L：只需要让他们写一次就可以了吗？
>
> 2 T：如果只写一次的话，就需要用多种方法收集数据。相当于你现在有总分、小分，还有CAF analysis。从不同角度阐述不同水平学生的写作语言特征。现在具体的设计思路还不太清晰，你可以回头去看一下别人的writing，一般从哪些方面measure writing quality？Assessing writing，看别人的工具和方法。一般比如有lexical、grammar、discourse。然后可以去看CAF是怎么测的？看他们的theoretical framework, 怎么measure？如何operationalize dimensions？
>
> 3 L：好的，差不多。你觉得这个题可以吗？
>
> 4 T：也还行吧。如果有实证的empirical data，但要在controlled条件下测。你可以看一下这类研究挺多，具体的dimension去predict writing quality。
>
> 5 L：如果要看teaching method对writing quality的影响？
>
> 6 T：那个你得做教学实验了。
>
> 7 L：这是不是不太好做？

8 T：稍难。一种思路是找一个对照班，不同的教法，要保证学生水平差不多，还要有前测、中测、后测。可能稍微有一点难，而且时间成本比较高。如果你只做一个班的话，那得尽量长期跟踪，从多角度收集data去求证。如果你不一直跟在课上，可能会比较困难。看assessing writing的话会稍微好操作一点。

9 L：如果是阅读可以怎么做呢？

10 T：如果你要测阅读水平，那基本思路一样，要有一个operationalization of reading performance，要看它的specific abilities，比如inferencing、analyzing，它们的cognitive operation。但如果要测它每一小部分的ability要设计很多实验。

11 L：我看论文有测学生的眼动。

12 T：对，眼动。但你得有仪器。

13 L：但会有人研究阅读能力对写作水平的影响？

14 T：这个可以。但你就得控制别的。相当于common knowledge，因为他们都属于literacy。其实你大概方向定了，就在writing、reading、assessing方面……（MT-LT-20190326）

该片段中，蓝天就自身初步研究设想与助教展开讨论，主要围绕研究设计的可行性问题。上述片段反映，蓝天在阅读部分学术文献后，形成了一些模糊的科学概念，如教学与写作质量间的关系，阅读能力对写作水平的影响等。然而，她对这些概念间的逻辑联系，及在具体研究中的实现方式仍不甚清楚。基于蓝天的设想，助教从不同视角对研究思路进行可行性分析，拓展蓝天对科学概念的理解，也为她判断自身选题价值和可操作性提出建议。例如，第2话轮中，助教根据蓝天目前所掌握的资料和条件，提出了研究思路可行性假设。第3到14话轮中，蓝天继续阐述自身研究设想，寻求互动性反馈。上述会话方式具有回应性、互动性和拓展性，帮助蓝天逐步聚焦研究选题，加深对科学概念的理解，明确研究思路。

初步确定研究选题后，蓝天开始大量阅读文献，寻找研究思路。然而她在文献阅读方面遇到了困难，具体表现为：学术语言理解困难。学术语言具有较强专业性和学科性，是科学思维方式在语言层面的体现（Flowerdew，2013）。学生作为学术团体内部新手成员，对相关科学概念和学术语言的组成方式都比较陌生。这可能直接导致学术阅读理解障碍。蓝天在反思日志中写道：

> 我觉得最艰难的是阅读文献的过程。其实我选择的研究问题搜集资料起来并不是很难，但是大量的文献内容繁杂，专业术语也非常多，初次阅读是一件很费劲的事，必须读很多遍才能慢慢看懂。理解内容了之后还需要整合分析各篇文章，各个实验报告，进行文献综述撰写。但不得不说，文献给自己的论文写作提供了很多的思路、语言方面的参考。现在反思起来，觉得虽然阅读文献、参考文献的过程艰难，但学习过程本身是很有意义的（FSRZ-LT）。

如蓝天所述，“大量文献内容繁杂，专业术语也非常多，初次阅读是一件很费劲的事，必须读很多遍才能慢慢看懂”。部分学术文献在一定程度上超越了蓝天当前的语言、认知水平，但深入阅读、加工学术文本的过程，也构成了蓝天学术语言发展的过程。先前研究表明，文献阅读对学术语言发展的调节效果，在一定程度上取决于学习者在阅读中的认知投入和策略选择（Goldman et al., 2016）。成功的读者会在阅读中深度加工文本、主动寻求意义关联，补充背景知识、探索阅读策略，实现语言和认知发展间的深度调节（Hirvela，2016）。蓝天在阅读中具有较强的语言和策略意识，她表示：

> 刚开始看的时候，有一些术语我不知道，上网查一下，大概了解它是什么。再想它跟每一步的关联，为什么会这样？读多了就懂了（FT-LT-20190514）。

该片段中，蓝天提到了两种阅读策略：1）查阅资料、补充背景知识；2）在阅读中深度挖掘文本信息，推断作者意图。这些阅读策略的使用体现了蓝天在阅读中深度加工文本、建构意义、建立不同文本、学科知识间关联的习惯。随着文献阅读量和领域内学科知识的增长，蓝天在文献阅读中的困难逐渐得到化解，阅读过程更具选择性和目的性，阅读策略的使用也更加多样：

> 老师之前说过让我们记笔记。我现在会记，如果要写literature review，会记它有什么findings。我大概先看一下摘要，我觉得应该大家都这样。再看一下它research的发现，再看一下conclusion。如果觉得这些东西都挺好的，再去看一下它的实验方法……因为paper太多了，没有办法全看。如果要了解知识背景，还是会看introduction（FT-LT-20190701）。

该片段反映，蓝天文献阅读的目标逐渐从理解文章内容，过渡到有目的地整合、加工、运用学科知识。她在阅读中的自主性逐渐增强，与文本的互动深度也不断增加（Hirvela，2016）。这是课程要求和学习者语言意识共同调节的结果。一方面，广泛阅读和深度理解的需要，促使蓝天积极探索有效学习策略，提高自身阅读的效率。另一方面，阅读策略的形成在一定程度上得益于蓝天的语言基础和语言意识，如在阅读中主动建立不同文本间联系，寻求意义关联的意识。这些阅读习惯促使蓝天在阅读中显性关注语言形式、深度加工文本，为研究思路的细化和学术语言发展创造条件。下文片段四反映了蓝天在阅读中不断细化、完善选题和研究思路的过程。

片段四、蓝天选题日志节选

XTRZ-LT-20190427

After a discussion with the professor, I get some basic ideas of the direction of my research. After **resorting to the essay the teacher helped me find**, I came across some others. **These papers suggest that I can approach the question by researching prompts of differing cognitive complexity and see their effects on writing CAF**. Also there are theories to turn to, including Robinson's Cognition Hypothesis and Skehan and Foster's Limited Attentional Capacity Model to measure and control the prompts' level of complexity.

XTRZ-LT-20190515

Theoretical framework: **Based on the Cognition Hypothesis put forward by Robinson in 2001, the resource-directing features of cognitive task complexity can be manipulated by a number of variables**, and provision of planning time as well as topic familiarity are the two most researched.

Assumption: **I assume that topic more personal and familiar to students can ease cognitive burden and lead to greater writing quality** (higher lexical/syntactic complexity, accuracy and fluency).

对比蓝天的两次选题日志，可以发现她的研究思路日趋完善，对问题的理解也逐渐深入、成熟。从一开始思考理论在研究中的适切性，到将理论运用到具体研究设计中。例如，蓝天在5月15日的日志中，把Robinson（2011）认知假说关于任务复杂度和准备时间，影响被试语言产出质量的观点，融入自身研究设计，进行变量控制和筛选。该现象反映，蓝天对理论知识的理解不断深入，学术阅读的效率也不断提高。从学期初的阅读理解困难，逐步过渡到理论的内化和应用层面。该变化过程反映了阅读、写作和研究三者在学术语言发展过程中的互动关系，即学术语言和学科思维发展通常是同步进行的。

表32　蓝天评述短文教师反馈片段节选

	文本片段	教师反馈
RE-1	Yoon and Polio (2017) also have a comparison and category of previous literature. Xiao (2018) points out that, “Drawing on data from interviews and a single writing task, this study investigated strategies used by two proficient EFL learners in a specific context and categorized them into 4 categories and 11 subcategories, **which are by no means exhaustive**. To enrich our understanding of writing strategy use, **more individuals and contexts need to be included in future research**.” Yoon and Polio (2017) also writes...	What do you mean by “category”? Use another word. Good job summarizing these. Due to space limitations, you might want to paraphrase rather than directly quote these.
RE-2	In the latter part of “Interactional feedback and classroom L2 instruction”, Mackey argues that cognitive process should be examined to better learn outcomes of form-focused instruction, and naturally moves on to the discussion of noticing (a cognitive process). Also, he clearly illustrates the correlation between feedback, noticing and L2 learning based on previous literature, which is, negotiated feedback can help L2 learners notice language subtlety and thus facilitates L2 learning.	Good job! How is this related to your argument? Be more specific and elaborate.

表32显示，蓝天在两次评述短文中的写作语言表达方式有所不同。第一次评述短文中，蓝天采用大段直引，很少对原文进行评价与分析。第二次短文中，蓝天将直引改为转述，自己组织语言评述前人研究发现。随着学习的深入，蓝天在写作中的措辞也愈加学术化。例如，第一次评述短文中，她使用了category of previous literature的模糊表达。这在一定程度上反映了蓝天对学术语言表达方式的陌生及学术语言资源的匮乏。第二次作文中，蓝天开始在转述中使用examine、illustrate、facilitates等学术词汇。她处理、加工学术语言的能力也逐渐提升。在访谈中，蓝天表示，这在很大程度上得益于教师的写作反馈和自身持久的阅读、写作和研究实践：

老师批注说不要直引那么多，我后来也觉得paraphrase比较好。它能更跟你的前言后语搭起来（FT-LT-20190514）。

如上，教师反馈引发了蓝天在阅读中对学术语言组成方式的关注，她在阅读中逐渐强化了这项意识：

我发现他们不会直接去引用原文的句子，都是paraphrase，所以后面才会加那么多作者。我之前以为他们直接引用，说为什么这些文章都有一样的句子，原来他们是paraphrase的。之前写paper我都直接粘的，我直接粘那个人的句子，然后打括号写谁、年份。现在我写literature review都是paraphrase，就是把他们的思想概括一下（FT-LT-20190514）。

该片段表明，蓝天对学术语言的认识在写作学习中不断发展。促成变化的主要原因包括：教师反馈、深入学术阅读和真实写作实践。教师反馈树立了蓝天在阅读和写作中的语言意识，密集的学术话语实践活动，为学术语言资源的累积、内化和发展创造条件。

4.3.2.3 学术写作语言与先前写作语言的冲突

随着课程学习的深入，蓝天遇到了新困难，主要体现在学术语言表达方面，包括：措辞、语言连贯性、观点逻辑性等。学术写作方式与蓝天先前所习惯的语言表达方式间形成冲突，这主要缘于学术写作的学科性，观点组织的逻辑性和论证的严密性等。蓝天表示：

大一的写作课刚从高中出来，完全不一样，之前都是强调尽量用长难句炫技之类的，到大学老师让你用朴素但是优美的句子，其实很难。之前养成那种明明可以用很简单的句子表达，但必须要用一种非常复杂、fancy的结构。上了大学就感觉思想比形式更重要，内容比形式更重要。每次任务都会要想一个新颖的标题，我觉得想题目是最难的。学术论文我感觉就没有那么强调题目的新颖性。其实我前三个学期都在非常努力地想题。这个学期也是，但是我觉得没有办法那么新颖了，因为你必须要建立在前人的研究上，还是尽量让自己的研究科学一点，比fancy的题目更重要（FT-LT-20190514）。

该片段中，蓝天谈到自己对写作语言认识的两次转变，从高中追求语言形式的复杂"尽量用长难句炫技"，到大学发现"内容比形式更重要""尽量用朴素但是优美的句子"，逐渐发展为学术写作对学理性的追求。如上可知，学术语言发展兼具历史性和现实性，学习者过往经历能持续影响当下语言学习方式，并可能持续影响未来学习发生的可能。例如，教师在其他语言类课程中的写作反馈，持续影响蓝天在学术写作中的语言学习方式。每一次认识的转变都引发了蓝天语言表达方式的转变，为学术语言的发展创造契机。

然而，蓝天对学术语言特征的认识与具体写作过程仍存在一定脱节。尤其在文献综述写作中，建立不同观点间的逻辑联结，需要以持久的语言资源积累和学科思维训练为基础（Racelis & Matsuda，2013）。这对蓝天而言极具挑战。在文献综述初稿中，教师对蓝天的语言连贯与衔接问题进行反馈（见表33）。

表33　蓝天文献综述修改及教师反馈片段节选

	文本片段	教师反馈
LR-First draft	Skehan and Foster (1998, 2001) view attention and/or working memory as a limited resource (Johnson, 2017). Their limited attentional capacity model consists of cognitive complexity, code complexity and communicative stress. The dimension of cognitive complexity is the focus of this review and it is divided into two subcategories—cognitive familiarity (e.g. pre-knowledge) and cognitive processing (e.g. organization of information). Based on the recognition of L2 learners' limited attention resource, the trade-off hypothesis suggests that there is a competition among L2's complexity, accuracy and fluency. Fluency has to be sacrificed in return for higher accuracy and complexity.	Citations Not important to tell the reader this. **Coherence issue**: you first talked about attention and/or working memory, and then you mentioned trade-off hypothesis, and then you talk about working memory/attention again. **Reorganize** Citations
LR-Second draft	Skehan and Foster (1998, 2001) view attention and/or working memory as a limited resource (Johnson, 2017). Based on the recognition of L2 learners' limited attention resource, the trade-off hypothesis (Skehan & Foster, 1998, 2001) suggests that there is a competition among L2's complexity, accuracy and fluency. Fluency has to be sacrificed in return for higher accuracy and complexity. Their framework of task difficulty/complexity consists of cognitive complexity, code complexity and communicative stress. The dimension of cognitive complexity is further divided into two subcategories—cognitive familiarity (e.g. pre-knowledge) and cognitive processing (e.g. organization of information) (Skehan & Foster, 1998, 2001).	

表33呈现蓝天在文献综述写作中存在的语言问题、教师反馈及修改情况。一稿中，蓝天的上下文逻辑存在跳跃，不同观点的组织一定程度上缺乏条理，写作语言的连贯性也较为薄弱。在教师的建议下，蓝天对该段文字进行重述和调整。当问及自身对教师反馈的看法时，蓝天表示，教师反馈促使自己在阅读中显性关注语言形式，研读专家作者的行文方式，并在写作中逐渐养成主动思考、反思和评价的习惯。上述语言意识的形成，既受蓝天先前语言学习经历的影响，又得益于教师及时、密集的指导和写作反馈（见片段五）。

片段五、蓝天学术写作访谈片段节选

1 L：之前literature review老师总说citation。其实method没怎么改过。我就记得citation，有好多地方要加……还有格式。基本上就是coherence，还有explain这些。

2 T：那你觉得之后的写作过程中，大概会怎样处理这些问题？

3 L：coherence。比如说可能之前看他们写的，会比较注重language，就不太会注重句子的coherence。现在必须得用自己的语言连一遍，改一改会稍微好一点，就会更连贯。比如说我发现了这个results，体现了这个东西，我要解释，要explain。

4 T：这个意识大概是怎么培养起来的？

5 L：可能有时候老师提醒说，这个地方没有说清楚，这个地方和前面互相矛盾。自己的话就是在看文章的时候觉得读不通，就会去改（FT-LT-20190701）

该片段中，蓝天提到之前看文章“会比较注重language，就不太会注重每个句子的coherence”“现在你必须得用自己的语言连一遍，改一改会稍微好一点，就会更连贯”。真实的学习目标和写作需求，促使蓝天逐渐养成在阅读、写作中主动建构意义、评价自身语言表达效果的意识。该意识的形成在一定程度上得益于教师的写作反馈，又在蓝天的真实学术话语实践中不断内化、发展，并持续影响她未来的写作和语言学习过程。蓝天在一年后的追访中指出：

刚开始接触学术写作的时候可能没有这种感觉，因为学术文章比较难懂。可能在文献阅读一定量的积累之后，会形成鉴赏能力，会觉得这个文章的逻辑好强，语言特别简洁。首先因为你能看懂，其次你看的多，就会有一个对比，各个文章之间的对比，包括和自己文章的对比，我觉得有一个量的积累（FT-LT-20200925）。

该片段反映，蓝天在学术写作课程中树立的语言意识和写作观念，在她日后的写作和研究实践中得到强化和发展。如其所言，“在文献阅读一定量的积累之后，会形成鉴赏能力”，体现在不同层面，如学术语言的逻辑、精准和客观等。这在一定程度上反映了蓝天文献阅读能力的提高，在理解文意的基础上，她将注意力逐渐转向写作语言，在阅读中形成批判性思考和反思的习惯，主动学习他人学术语言表达方式，不断拓展、丰富自身在写作中的语言和认知资源。

4.3.2.4　学术写作难，但收获满满

如上可知，蓝天在学术写作学习中，始终积极应对、化解学习矛盾。这在很大程度上缘于她的强烈学习动机，在学习中的主观能动性、韧性和自我调节能力等。她在反思日志中写道：

我认为这学期的学术写作经历是一段很难忘的经历，如果要用两个词概括，我觉得是艰难，但同时也收获满满。毫无疑问，在经历了一学期的struggle之后，不可能不学到东西。可能只有在学期最后，课程结束之后才会感激这门课。在学期中，在论文里挣扎的时候心境是完全不一样的，想的全是为什么要学习这门课，这门课有什么意义，为什么写起论文来这么辛苦，学院为什么要逼着才大二的学生学这么难的东西。但当所有任务都做完了，回头看这门课，再看自己最初站在的位置，会感叹自己居然摸爬滚打走了这么远，也就会心生感激了。可能是真的要push自己才能激发潜力吧（FSRZ-LT）。

蓝天认为学术写作学习是“一段很难忘的经历”“艰难，但同时也收获满满”。她在访谈中多次提及这种复杂心情，及自己在调节、规约学习行为和情绪方面所做的努力。一方面，课程学习压力和目标，促使蓝天在面对困难时，充分发挥主观能动性，从多角度调动语言、认知资源，积极探索、利用环境资源。另一方面，蓝天在学习中的内在驱动力，帮助她积极应对、化解困难，调节自身认知和情感过程，不断提升自身克服困难的“韧性”。这种自我调节与规约的意识，为蓝天学术语言的发展创造条件，促使她在阅读、写作中逐渐养成类比、分

析的习惯，保持自身在学习中的高认知、行为投入，积极应对挑战，汲取环境资源，实现超越自身当前语言、认知水平的能力表现。综上，蓝天在学习中不断应对、化解矛盾的过程，构成了她学术语言的发展过程。

蓝天的学术写作学习经历，反映了个体特质和环境因素在学术语言发展过程中的深度调节。首先，课程学习目标和个人学习目标的契合，赋予学术写作以意义与价值，充分激发学习者主观能动性，帮助他们积极应对、化解学习中的矛盾（Duff & Doherty，2012）。其次，学习者语言意识、认知策略和自我调节能力等因素都可能影响其对外界环境给养的感知与利用方式，进而影响写作中的语言学习效果（Kormos，2012）。再次，高质量教学中介能基于学生当前学习需求提供即时性、回应式的反馈，帮助学生实现超越自身当前水平的能力表现（Lantolf & Thorne，2006）。最后，个体特质（如语言意识、自我调节能力）并非一成不变，而是随学术话语实践活动的深入不断变化、发展。在此过程中，个体与环境间的互动关系不断变化，为学习者语言、认知能力的发展创造条件。

4.3.3 白云的学术语言发展过程

本研究中的第三名案例学习者白云，来自一所普通高中，语言水平和专业成绩在年级上均位列中游。大学前两年间，白云的写作成绩一直在进步，她在学习中的主动性和信心也逐渐增强，在谈及自身学术写作学习目标时，白云表示：

> 第一找到一个自己感兴趣的话题，第二把这个东西写好，第三如果有可能去期刊上发表一下。因为我也打算留学，可能比较需要这方面的东西。总之我说现实一点就是写好，拿比较高的分。我以前特别不在意GPA，没定要出国之前就很低，现在想把成绩搞好一点（FT-BY-20190515）。

4.3.3.1 对自身语言水平的担忧

白云对学术写作学习也具有较强动机，“总之我说现实一点就是写好，拿到比较高的分”。学术写作与白云的学习目标同样具有较强关联。但白云的语言基础较弱，这使她在学期伊始即对课程学习要求产生一定程度的担忧：

> 咱们这个落脚点最终还是writing。我语言质量其实不是很好，这是一个很大的问题，我高中是普通高中，而且是国家专项计划进来的，所以跟那些外校同学比，基础是比较差的。我这三学期写作根据分数说至少有一个进步的趋势。但也可能是因为narrative比较要求语言质量，而且对词汇量很有要求。可能argumentation这方面就好一点，如果你逻辑理清楚了，就好一些。我还是希望能够越来越好吧，我对自己语言这块比较担心（FT-BY-20190313）。

该片段中，白云表示自身语言基础相比其他同学较弱，但仍然对学术写作学习充满期待，希望能取得令人满意的成绩。白云自入学以来对写作一直比较重视，成绩也一直在提高。但她在课程开始前少有学术阅读和写作经历。因此，对课程学习要求存在一定程度的担忧：

> 我希望尽早定题，能够给后面留充足的时间，语言希望能好一点，只有多改我觉得。因为如果你很匆忙，后面根本没有时间，只能说尽早定题，越早开始越好吧（FT-BY-20190313）。

上述片段反映了白云在学术写作课程开始时的复杂心情。一方面，她对学术写作学习充满期待，也为自己设定了较高学习目标。另一方面，她对学术写作学习要求表现出一定程度的担忧，这主要缘于她对自身语言水平的不自信。这一矛盾伴随白云一学期的学术写作学习，促使她保持较高学习投入，不断探索提升自身语言能力和写作水平的方法。

4.3.3.2　文献阅读中的语言挑战

在课程初期的短暂焦虑后，白云很快投入到学术写作学习中。同阳光和蓝天一样，她在研究选题和设计方面遇到了一些困难，具体表现为：自身当前认知水平与学术写作课程学习要求间的矛盾。如前所述，本研究中的学术写作学习在真实学科语境下展开，教师不再是学生研究和写作活动的唯一受众，学习的最终目的是参与学术团体内部的知识构建和意义交流（Johns，1997）。这对学生而言极具挑战。然而，任务的真实性、丰富的意义和价值，又为他们积极投入写作和研究活动提供了很大空间。白云表示：

> 认识就是可能它没有想象中那么难，或者说它的难点转移了。以前不了解，以为难在要写这么长的东西，后来发现其实这不是难点，而是要选一个题目去深入研究，然后不停地想我怎么设计，难是难在这里。当然自己写的也不好，还要改很多……所以可能认识更清晰了之后，对难点的认识转移了（FT-BY-20190515）。

该片段中，白云提到随着课程学习的深入，她对学术写作难点的认识逐渐转移，从写作任务转向选题和研究设计。由上可知，学生在学术写作课程开始前已选修过相关语言学方向类课程（如语言学概论、语义学），但未接受过系统的学术写作和研究训练。换言之，白云的学术语言和学科知识仍相对匮乏。这在一定程度上导致了她学期初在选题和文献阅读方面遇到的障碍。在近两周的阅读后，白云对一些科学概念形成了模糊的理解。但她难以建立这些概念间的关联，对研究思路设计及可行性方面仍然存在疑惑。在小组面谈中，她与教师就选题方向和意义展开讨论。

片段六、白云与教师3月26日小组面谈片段节选

1 B：对，因为我可能读得太少了，我就看到了handbook有几章，有一个是做女性这方面的……它去搜了很多资料描述这个词的adjective，它的态度是positive，还是negative？

2 T：但这个是需要一个语料的。

3 B：对，我看到它搜集了很多比如说talk show，这是不是会任务量很艰巨？

4 T：是的。除非你能找到一个现成的语料、数据库，直接分析。你输进去之后看它的relevance、collocation有哪些？

5 B：这个就比较难做了，比如我要分析对一个词的态度，我就不能说只选某一个语料，得把它们全部找出来才行？

6 T：一般一个语料可以是一个很大的语料，但是就看你有哪些语料库accessible？能找到什么？因为不同的语料库可能来源也不同，有的是written source、有的是spoken source、它们的具体出处不太一样，可能只有某一种或某一个数据库是适合你的。

7 B：我很难找到最适合我的数据库。

8 T：不一定哦，你不是看过刚刚那个嘛。它是用了什么，然后你要用的那个，你看是否accessible？（MT-BY-20190326）

由白云与教师的互动中可知，她在阅读文献后形成了一些模糊的科学概念和研究思路，但对研究问题的可行性尚缺乏深入思考。教师基于白云当前学习需求，为她提供可能研究方向，补充相关学科知识和研究方法。例如，第6话轮中，教师提到了确定语料库的标准和方法："一般一个语料可以是一个很大的语料，但是就看你有哪些语料库是accessible的？能找到什么？"这种基于学生当前认知水平的回应式教学反馈，具有较强互动性和启发性，能激发学生深入思考、反思自身选题的价值和可操作性。简言之，教师为白云指点迷津，帮助她实现超越自身当前语言、认知水平的能力表现（Cole & Wertsch，1996）。

除教师帮助外，白云还多次提及同伴在研究方案选择和细化过程中的作用。相比教师指导，同伴双方无明显智力和权势方面的差异，这使同伴间的交流在一定程度上更具互动性、平等性和协商性（De Guerrero et al.，2000）。同时，同伴间的交流不受具体课堂学习时空影响，通常发生于日常生活场景中，是对教师反馈及课堂教学的有力补充。白云表示：

> 感觉自己是撞车式前进。我和我同学，中午下课从食堂打了饭回宿舍，我们经常聊这些问题。我们形容像在一个非常狭窄的甬道开车，车就一直这样撞、撞，但是它是往前走的。你在交谈过程中，交谈着、交谈着就发现我要不定这个题。现在回忆起来，我的很多想法其实是在和她的交流中，忽然迸发出来的（FT-BY-20190515）。

该片段中，白云将她的选题过程描述为"撞车式前进"。这既体现了学术研究过程的前进性和曲折性，也反映了会话互动和同伴交流在学习中的作用。如前所述，学术写作学习的目标不仅限于知识掌握，而是旨在让学生体验发现、建构知识的过程（Dewey，1996）。该学习方式能使学习者对某一具体问题保持较长时间的专注，促使他们主动探索、利用环境给养，不断拓展、丰富自身学术语言和认知资源。在此情境下，课堂已不再是学习发生的唯一场所。同伴间的日常交流也能涌现出学习机会。

在初步确定研究思路后，白云不断增加自身课程学习投入，她开始密集阅读领域内的相关学术文献。同蓝天一样，她在学术阅读中遇到了比较明显的困难，主要表现为：文献阅读需求与阅读效率间的矛盾：

> 我讲的是阅读上的难点，怎么从一篇文章中提取最有用的信息？肯定一篇文献有可以借鉴的部分，有的也没办法用到。有的用到的会多一点，有的用的会少一点，我怎么去最有效率地做这个事儿。因为效率真的很重要，如果太慢了就做不出来（FT-BY-20190515）。

该片段中，白云指出自身在阅读文献时，难以有效提取、归纳文章中的重点信息，导致阅读效率较低。然而文献阅读的效率对学术写作和研究十分重要。一方面，学术阅读的目的已不单纯局限于获取知识，而是学生设计、开展学术研究的重要中介。这促使白云主动探索阅读策略，调控自身阅读过程，在有限时间内最大程度地获取、利用加工有效信息。另一方面，阅读量和阅读深度间可能形成竞争关系。如何在兼顾效率的前提下，最大程度地提取、加工有效信息，内化学术语言表达方式，一直是白云阅读过程中的难点。她指出：

> 有时候看文献，比如在别人的综述里提到的文献，classics看原文看不懂，或者说一知半解……别人文献综述里的东西，觉得总结得特别到位，就忍不住去复制粘贴。但不能这样做，我一般复制粘贴过来之后再paraphrase。我知道这样不对，但是没有办法，而且时间又很紧（FT-BY-20190515）。

该片段中，白云提到自己在学术阅读中遇到的困难，即自身当前语言、认知水平难以满足深度阅读、加工学术文本的需要，进而影响写作中意义的表达和观点的组织。相比蓝天，白云在阅读理解中的认知投入和自我调节能力相对薄弱。她在访谈中并未提及在阅读中主动补充背景知识，进行类比、分析和推断的经历（Fitzgerald & Shanahan，2000）。此外，白云的语言基础也可能制约其学术阅读成效，尤其当面临语言加工和内容学习的双重任务时。针对这些困难，白云坚持阅读，不断拓展自身学科知识，阅读理解困难也逐渐得到缓解：

> 一开始会有困难，后来会觉得好点，因为发现大家在互相cite。他们引的那些最well established你都知道了嘛，而且术语其实就那几个。理论也知道了，我觉得其实有越来越好，这方面的难度反而不是很大（FT-BY-20190515）。

该片段表明，白云的学术阅读效率随阅读量的增加逐渐提高。在一定程度上证实了真实学术实践活动对学术语言发展的调节作用。在此过程中，白云的写作语言表达也不断提升。下文表34反映了白云在评述短文中获得的教师反馈。

表34 白云评述短文教师反馈片段节选

	文本片段	教师反馈
RE-1	In Mackey (2006), "Long's interaction hypothesis (Long 1983, 1996, 2006) proposes that..." introduces one of the most established theory in this field. After presenting a series of resent studies, Mackey concludes "In summary, it has been found that...", questioned a previous claim by saying... The researcher would **record** the experimental procedure honestly and illustrate each step in detail.	Good that you are referring to the articles ☺ Try to be more specific and detailed. "record" is not quite appropriate here. Use "present".
RE-2	Another example is in Ellis (2015), the researcher link studies to one another, and stress relatedness of research on your topic. He arranged "acquisition sequences", "L2 negation", "idealization" and "de-idealization" in a coherent way to help the readers to understand the logic.	Be more specific. What kind of studies? How are they related to each other? How did he stress relatedness? Also, why did you use "your" here? Do you mean "his"? You can elaborate more here. It is a little too simple. Why do you think it is coherent?

表34显示，第一次评述短文中，白云采用大段直引，自身观点与引文观点间的衔接比较生硬。措辞也有失恰当，如record等。第二篇短文中，白云在引证方式和观点衔接方面略有改善。然而，她在论证逻辑性、语言的连贯和衔接方面仍存在比较明显的问题。教师针对这些问题进行详细反馈。但白云表示，自身从教师反馈中获得的语言学习机会比较有限：

> 我感觉对我没有太大帮助……我没有觉得有什么提高。我的认识是这样的……（FT-BY-20190701）。

该片段表明，相比阳光和蓝天，白云学习、利用教师反馈的意识相对较弱。可能原因包括：1）由于自身语言基础的限制，白云在写作中可能需要更多语言层面的支持。单纯依赖写作反馈，可能难以满足白云在写作中的语言学习需求。2）白云在写作中对学术语言的关注程度不够，这可能抑制她有效学习、利用教师反馈，从中获得语言学习机会，并可能持续影响她在后续写作中的表现。

4.3.3.3 语言和认知能力发展的不协调

随着课程学习的深入，白云阅读文献的效率逐渐提高。但她在写作中遇到了新的困难，具体表现为：自身语言水平与认知水平间的不协调，及课堂体裁知识学习与实际写作任务间的鸿沟。换言之，白云当前语言水平可能无法满足她用学术语言表达复杂思想、观点的需要。如前所述，学术语言发展是学习者参与学术实践过程中不断获取、内化、拓展自身语言、认知资源的过程（Duff，2007）。学生作为学术团体内部新手成员，对团体内部的思维方式、规则与规约还不甚熟悉，学术语言和认知资源也相对匮乏。这在写作中通常表现为语言与认知活动对有限注意力资源的竞争（Skehan，1996）。白云表示：

> 以前是什么都不知道，觉得要写一个很长的东西，很怕。现在的难点主要是你的认知能力和创作能力是不协调的。如说看文献的水平提高了，别人的设计、写的东西你能看懂，因为你对这个领域了解越来越多。但是当自己真正下笔的时候，会发现很多问题。比如说文献综述，发现自己写的真得不好，认识已经到这儿了，但是能力还在一个比较低的位置（FT-BY-20190515）。

白云多次在访谈中提及自身语言水平对写作过程的制约，即自身语言水平难以满足学术写作意义表达的需要（Kormos，2012）。她表示，“认识已经到这儿了，但是能力还在一个比较低的位置”。该现象提示，学习者学术语言资源的内化并非自然发生，而是受多重个体及环境因素调节。当学习者具备一定语言、认知基础，且能主动规约自身学习过程时，学术话语实践对学术语言发展的调节作用才能够更大程度地发生。

白云语言、认知资源的短缺，致使她难以将课堂上学习到的体裁知识，恰当地运用到真实写作实践中。她表示，“当自己真正下笔的时候，会发现很多问题”。该现象反映，白云当前的语言、认知资源难以满足她在写作中的意义表达需要。如前所述，学术写作兼具认知性和社会性。学习者不仅需要基于特定社会文化背景下的学术写作目的、功能和受众群体，调整自身写作方式（Tardy，2011），还有必要关注具体体裁写作目标的实现过程，即实现具体体裁写作目标所必备的语言、认知和元认知能力（Negretti，2017）。本研究的学术写作教学中，这些能力的训练与提升在很大程度上来源于学生在课后的阅读、写作和研究实践，是学生积极发挥主观能动性，主动调节、规约自身学习过程的结果。针对写作语言问题，白云在6月11日小组面谈中向老师求助（见片段七）。

片段七、白云和教师6月11日一对一小组面谈片段节选

1 T: 这个没有关系，literature review和method这周就会发给你们。你们这周交上来results and discussion然后我再看，再反馈。之后你们还可以根据反馈再改一回。语言本身你可以找人帮忙看，如果自己觉得不放心的话。

2 B：我自己很不放心，但是现在……

3 T：我看看大概情况啊。我跟你改了一些语法，还挺多的。你就具体看看是什么问题。还有一个办法是自己交之前先polish一遍。

4 B：对，之前那几个学期就是同学之间互相改，然后我同学我们关系很好，她语法很好，就把我的改了。但现在她又很忙，我不可能让她去改我的。

5 T：那你就把我跟你改的那些改了。我跟你基本都改了。

6 B：那好，我自己再努力（MT-BY-20190611）。

该片段中，白云对自身的写作语言质量表现出一定担忧。相比先前的写作任务，学术写作的篇幅更长，对语言的要求也更高，包括语言的准确、逻辑和连贯性等方面。这对语言基础较弱的白云而言极具挑战。在语言准确度方面，白云在写作中仍存在部分基础语法问题，她对写作语言的调整可能需要教师和同伴的帮助。例如，第4话轮中，白云指出自己在先前写作中主要依靠同伴进行语言修改，这与她的语言基础、语言意识和写作策略等因素都有一定关联（Kormos, 2012），也取决于她回应教师反馈的方式（见表35）。

表35 白云文献综述修改及教师反馈片段节选

	文本片段	教师反馈
LR-First draft	However, researchers have developed more terminologies by differentiating various aspects of this phenomenon, including code-mixing and code-borrowing. Firstly, code-mixing was discussed. Some researchers, McClure (1977) for instance, believed CS only refer to the shift of constituents, while others disagreed. Muysken claimed that lexical and grammatical features of two languages appear in one sentence should be counted as CS (Muysken, 2000). But both of them agreed that at a bigger boundary, CS involves some clausal and sentential switching. This paper adopts a broader sense of definition, that is, any lexical and grammatical features...	"was discussed" how? This sentence is a bit empty in its meaning. **refers** You mentioned code-mixing in the previous sentence, which is like the topic sentence. But all this section here did not mention code-mixing. How is code-mixing similar or different from CS? Elaborate.

（待续）

（续表）

	文本片段	教师反馈
LR-Second draft	In addition, researchers have developed more terminologies by differentiating various aspects of this phenomenon, including code-mixing and code-borrowing. McClure (1977), for instance, believed code-mixing is the other type of CS, which means an individual's use of opposite language elements rather than a community behavior. It occurs when the individual has trouble in accessing a term for the concept that he or she is trying to convey in the language he is using but is able to access the term in another language. Later, Muysken (2000) stated in his book that he was using the term "code-mixing" to refer to all cases where lexical items or grammatical features of two languages appeared in one sentence, which obscured the differences between CS and code-mixing and intended to combine the two. This paper does not mean to discuss the difference between them and therefore, adopts a broader sense of definition of CS, that is, whether it is conducted by...	

表35显示，白云在写作中存在一定基础语法和语篇连贯与衔接方面的问题。语言问题在长难句写作中比较明显，她提道：

> 我没有在高中系统学习语法知识，导致我大量依赖语感，依赖语感就会出问题。有一些语言错误我自己发现不了。比如你写长句的时候就有语病，要语法非常好的peer给我改出来（FT-BY-20190515）。

该现象反映，白云的语言基础在一定程度上制约了她的学术写作学习成效。先前语言学习中的遗留问题在学术写作中开始显现。这一点在白云对待教师反馈的方式和态度上也有体现。她表示：

> 第一，语法错误改过来了。第二，老师给我说了一些有问题的地方，起码代表我觉得没有问题，但是一个reader觉得有问题，比如说上下文有一些地方衔接得不恰当。有一些我觉得可以写，但是其实不能这样写的地方也改了……比如我说语言自古以来就是相互交互、影响的，老师说需要citation（FT-BY-20190701）。

上述片段中，白云对于教师反馈进行了部分回应。依据教师反馈对自身写作进行修改，但并未提及教师反馈对自身未来写作过程和方式的影响。换言之，她关注的更多是教师反馈的内容，而非反馈对于写作过程的启发。该现象提示，教师写作反馈的作用不仅限于为学生指出写作中存在的问题，还可能起语言意识培养和写作方法示范作用。帮助学生形成调节、规约自身写作过程的能力。随着学习的深入，白云对于自身语言基础和写作学习的方式有了新认识。她逐渐放平心态，决定继续努力，逐渐缩小自己与同伴间的差距。她表示：

> 矛盾就是我自己进步了很多，但是其他同学基础还是太好了。语言是一个积累的过程，别人比我先积累了那么多年，我再怎么也赶不上，后来我心态放平了，不要去跟别人比。只能说在自己的基础上做好就可以了……（FT-BY-20190701）。

该片段表明，白云在学术写作中应对、化解学习矛盾的过程，也是她学术语言、认知资源不断丰富、发展的过程。此间，她不断激发自身潜力，调整、重塑学习目标及语言学习和写作方式。在此过程中，她的学习目标和自我身份定位逐渐清晰。这种互动、涌现式的学习模式，与拓展性学习理论对人发展的认识高度一致（Engeström，1987，1999）。

4.3.3.4　学术语言发展的持久性与曲折性

学术写作学习过程中，白云逐渐认识并接受了自身语言水平与其他同学间的差距，树立了更长远的学习目标。在努力寻找差距的过程中，她不断重新寻找自我定位、反思自身语言学习方式的局限：

> 我其实比较喜欢，这个东西持续时间还蛮长的，我投入了大量时间在做。之前好像没有这样想，都是碎片式的。你会发现，如果真的要把一个东西很深入地去谈，而且要做好的话，一开始肯定会走一些弯路的。这个也没有关系，就是说很正常，只要最后走到一个正确的路就好。我觉得变化吧，是你发现有什么不对之后，一开始很焦虑，当然现在也很焦虑，但是没有那么绝望。你会发现有问题是很正常的，因为不可能一步到位，几乎每一个小的决定都没有一次定下来，是想了很多次之后……我不知道最后写出来效果怎么样，因为这个和语言水平有很大

> 关系……但至少我选了一个还比较感兴趣的题，现在各种design我还挺喜欢的，那就很好了。这个是变化了，我觉得从不成熟，到现在还不敢说成熟，但好一点（FT-BY-20190515）。

相比先前“碎片式”的学习方式，学术写作学习似乎更具持久性。这一点在学术语言发展中同样有体现。学术写作中，语言既是学生获取学科知识、开展学术研究的基础，也随学术话语实践的深入不断丰富（Prain & Hand，2016）。在此过程中，语言学习和认知发展并非单纯的对立关系，而是在真实学术话语实践活动中相互调节。在此，学生不再是被动的语言知识接收者，而是团体实践、交流活动的参与者和知识的建构者（Allwright，2003）。他们实时监控自身语言学习过程，调整学习方式，规划自身学习进展，反思学习成效和不足。这种从知识获取（acquisition）向知识建构（construction）的语言学习方式转变，促使学习者积极发挥主观能动性，持续反思、调控自身学习行为（Sfard，1998）。

上述学习过程的发生缘于学习者过往学习经历，当前学习体验和未来学习、发展规划间的深度互动，是促成个/团体成员认知、实践方式转变的主要动力之一（Akkerman & Bakker，2011）。正如白云所言，“但至少我选了一个还比较感兴趣的题，现在各种design我还挺喜欢的，那就很好了”。经过一学期的学术写作和研究训练，白云对语言学习方式的理解逐渐发生变化，这与她在学习中的目标、韧性、投入及持久、密集的阅读、写作和研究实践密不可分。

纵览白云的学术写作学习过程，其中一项比较突出的矛盾在于自身当前语言、认知水平与学术写作学习要求间的矛盾。这一矛盾贯穿她一学期的阅读、写作和研究经历，也逐渐改变了她对学术写作学习和语言发展方式的认识。对此，白云同时表现出“积极应对”和“反思妥协”两种策略。一方面，面对困难，白云不断增加自身学习投入（如文献阅读），积极寻求外界帮助（如教师指导、同伴讨论），持续推进自身写作、研究过程，实现学术语言发展。另一方面，白云的语言基础，可能对她在学术阅读和写作中的语言学习效果形成制约。例如写作中语言与思维的竞争，对语言反馈的依赖等。上述矛盾构成了白云学术语言发展过程中的给养和制约，促使她在应对、化解矛盾的过程中，不断调整、优化自身学习方式，重构自身对学习和发展的理解。

4.3.4　学术语言发展过程跨案例分析

上文分析表明，学生在写作中应对、化解矛盾的过程，构成了他们学术语言的发展过程。矛盾的化解是个体特质和环境因素共同作用的结果，受学习者语言水平、过往学习经历、认知策略和语言意识等因素调节，受课程学习方式和学习环境支持或制约。下文概述三名案例学习者学术语言发展中的共性矛盾，揭示促成矛盾化解的共性和个性因素，如何调节学生学术语言发展。

4.3.4.1　学术写作学习目标与语言发展

学术写作学习初期，3名学习者对课程学习要求都表现出一定程度的焦虑，尤其体现为对课程学习要求的担忧。阳光表示，她先前参与过他人研究，但没有系统的学术写作和研究经历，觉得虽然会很难，但是充满期待（FT-YG-20190312）。阳光提到的“难”同时表现在写作和研究两方面。学术写作和研究依托真实学科语境下的话语实践活动，能为语言学习的发生创设真实情景和目的，却也增加了学习任务的难度，如独立设计、完成一项学术研究极具挑战。蓝天回忆到，学术写作课程学习伊始，她和部分同学一样存在部分焦虑和抵触情绪，“就觉得为什么我们才大二，就要给我们这么难的任务？”（FT-LT-20190514）本研究语境中，学术语言发展的挑战同时来源于认知与情感两方面，高强度的认知负荷可能带来情绪上的焦虑与不安。然而，学生若积极、主动地调控自身情绪，也能进一步提升自身应对困难的韧性，实现语言、认知发展（Swain, 2013）。这一点在白云身上有所体现。她在学期初访谈时，表现出对写作任务和语言要求的担忧。这引发了白云在学习中的一系列矛盾，却也激励她不断努力、调整自我定位，反思自身语言学习的方式。因此，尽管自身语言水平有一定局限，白云仍然全力投入学术写作和研究，积极应对挑战，最终获得学术语言发展。

本研究中，3名案例学习者积极应对、化解学习矛盾的态度，在一定程度上与他们的学习目标有关，表现为课程目标与个人学习目标间的高度契合。如上，3名案例学习者都在访谈中提及学术写作的重要性，及与自身未来学习、发展规划间的联系。阳光表示，“我觉得最紧密的联系之后肯定还想考研，研究生出国，这个肯定会非常有帮助”（FT-YG-20190312）。蓝天则表示，“我很想申请研究生，要交一篇writing sample，学术论文要好好写”（FT-LT-20190701）。申请研究生的目标，促使蓝天把学术写作课程目标具化为个人学习目标，希望产出一篇高质量课程论文。这一动机贯穿于她的整个学习过程，并为她在学习中主观能动性的发挥和自我认知、情绪调节奠定基础。同蓝天一样，白云对课程学习也高度重视。她提到，“我也打算留学，比较需要这方面的东西。总之我说现实一点就是写好，拿到比较高的分”（FT-BY-20190515）。为实现这一目标，白云在学习中加倍努力，积极应对挑战和困难。尽管自身语言基础相对薄弱，在不断克服困难的过程中，她获得了新的语言学习机会，并不断重新审视、反思自身语言学习的目标、方式和过程。

4.3.4.2　学术话语实践与学术语言发展

在上述目标的驱动下，3名案例学习者很快投入到学习、研究过程。在教师的指导和帮助下，她们基本确定了选题方向，开始第一轮密集的学术阅读。然而，她们在学术语言理解方面遇到了挑战。可能原因是：1）理解学术文献需要一定学科背景知识；2）学习者需要在阅读中建立新旧知识间的联系，深度加工文本，进行批判性思考和反思（Graham & Hebert，2011）。简言之，深度阅读理解不仅需要以学习者语言能力为基础，还需要其调动多项认知、元认知资源，参与文本意义建构，在阅读中形成自我调控的意识（McKeown et al.，2009）。综上，学术阅读成效是学习者自身语言水平、认知方式、课堂教学和课后实践等多元中介，在具体社会文化语境下相互调节的结果。下文提取3名案例学习者学术阅读中的共性矛盾，探究学习者语言水平、语言意识和认知策略对其阅读成效的影响。

本研究中，3名案例学习者都提到自身在学术阅读理解方面的困难。例如，蓝天在反思日志中写道，“大量的文献内容繁杂，专业术语也非常多，初次阅读是一件很费劲的事，必须读很多遍才能慢慢看懂”（FSRZ-LT）。该片段中，造成文献阅读理解困难的一项主要原因是，学习者对专业领域内的知识不熟悉，难以理解科学概念的内涵和联系，她表示：

> 完全看懂比较难，因为术语挺多的，很多建立在theory上面，theory要先看一下，有时候看得半懂不懂的，到后面就更不懂了（FT-LT-20190514）。

针对这一问题，蓝天积极探索认知策略，化解文献阅读中的困难。例如补充背景知识、在阅读中思考、反思，关注学术语言的组成方式等。这些策略的使用帮助她在阅读中建构意义，评价自身阅读效果，也为之后的论文写作奠定了一定语言和认知基础，她提道：

有一些术语我不知道，上网查一下，大概了解它是什么。再想它跟每一步的关联，为什么会这样？读多了就懂了（FT-LT-20190514）。

面对背景知识的空缺，蓝天在阅读中养成了主动查阅资料的习惯。表明她尝试深度阅读文献，建立文章各部分间的逻辑联系，而不止步于理解字面意思。这种在阅读中主动建构意义、思考和反思的习惯，促使她深度加工文本，建立不同文本间的联系。从不同类型的学术阅读材料中获取语言、认知资源，实现学术语言发展。蓝天表示：

刚开始接触学术写作的时候可能没有这种感觉，因为学术文章比较难懂。可能在文献阅读一定量的积累之后，会形成鉴赏能力，会觉得这个文章的逻辑好强，语言特别简洁。首先因为你能看懂，其次你看的多，就会有一个对比，各个文章之间的对比，包括和自己文章的对比，我觉得有一个量的积累（FT-LT-20200925）。

蓝天学术阅读能力的提升，是一个实践中不断积累的过程。她在阅读中分析、比较与反思的习惯，帮助她形成关注文章语言和逻辑架构的意识，并将阅读文本与自身写作进行对照。这种意识帮助她持续研读学术文本，反思自身写作与专家写作间的差距，为学术语言的发展奠定基础。白云遇到类似文献阅读障碍，突出表现为：当前阅读效率无法充分满足学科知识学习和研究的需要。在后续访谈中她表示，这一问题随文献阅读量的增加有所缓解。

一开始肯定很慢，每一篇都要全文读，而且我涉猎的不是很广。我定题比较早，确定之后我就不再看很多与我领域无关的了，所以那些terms都很清楚，到最后基本上只是取自己需要的部分。比如说最重要的那几篇文献，基本上知道它讲什么。写的时候，我发现问题就回去看，有一些不太重要的可能只看了abstract，最后只取自己需要的（FT-BY-20190515）。

该片段表明，白云在阅读中获得了领域内相关专业知识。随着阅读量的增加，她逐渐养成选择性阅读的习惯，从文章中有策略地提取重点信息，进行深度加工（Hirvela，2016）。这种阅读习惯能一定程度上缓解白云阅读过程中的信息处理压力，提高其获取、加工信息的能力。白云表示，“一些不太重要的可能就只看了abstract，到最后只取自己需要的”。

但白云在访谈中并未提及自身阅读理解的策略和方式，或在阅读中主动建构意义、与文本互动的过程。如前所述，读者与文本互动的深度很可能直接影响阅读理解的深度（Graham & Hebert，2011）。同时受学习者语言水平、专业能力和阅读策略等因素调节。例如，白云在阅读中对语言形式的关注，可能削弱她内容学习的效果（Skehan & Foster，2009），并进一步影响她写作语言的质量（Stanovich，2009）。白云表示：

> 文献阅读的时间不够，如果我真的把classics吃透了，可能也能写了，这是我自身语言水平。而且受二手文献的影响很大。它一直在那儿非常吸引你，感觉写得怎么都不如别人的好（FT-BY-20190515）。

该片段中，白云提到自身语言基础和阅读理解深度对写作质量的影响，“感觉写得怎么都不如别人的好”，反映了她在写作中语言、认知资源的短缺。相比阳光和蓝天，白云的语言基础在一定程度上抑制了她的学术阅读和写作成效。此外，她在阅读、写作中的语言和策略意识也相对薄弱。这可能一定程度上影响了她在阅读和写作中的语言学习效果。

阳光表示，自己在阅读中没有遇到明显困难。这可能与她的语言水平和专业基础有关。在学术写作学习前，她已具有一定英文学术阅读经历。这一语言优势在一定程度上降低了她在学术阅读中信息处理的难度。阳光表示，自己会进行选择性阅读，有重点、有策略地提取部分关键信息，比如：

> 我觉得主要关注什么方面，看review essay写的是什么内容，现在可能都覆盖了。比如说如果是research design，看怎么获得最终的结果。如果是review，看怎么找到literature的gap，怎么说明自己的research是有重要性或者有意义的？再怎么一步步引出自己的方向，还有research question，具体的一些流程（FT-YG-20190506）。

有时候可能并没有就每一个点，去特别仔细、反复地看。但比如questionnaire怎么设计的，分析data的时候是怎么interpret这些会注意（FT-YG-20190702）。

阳光在阅读中会兼顾文章的形式、意义和功能，包括研究内容的呈现、观点间的逻辑衔接及学术语篇的组成方式等。比如，关注“怎么找到literature的gap，怎么说明自己的research是有重要性或者是有意义的”。该现象表明，阳光在阅读中具有一定语言意识，会主动关注语言形式、意义与功能间的联系，将这些发现运用到自身写作中，为学术语言的发展奠定基础。

4.3.4.3　写作策略、语言意识培养与学术语言发展

本研究中，3名案例学习者均反映存在不同程度的写作语言表达困难，主要包括：1）学术写作意义表达需要和学生当前学术语言资源间的矛盾；2）学术写作语言的逻辑、精确与客观。下文探究案例学习者应对、化解学习矛盾的方式，如何调节她们的学术语言发展。

阳光表示，自己在文献综述写作中难以整合、分析、评价不同观点，建立观点间的逻辑联系。例如，“我要用简单的语言把它概括出来，觉得有点难”（FT-YG-20190506）。信息的取舍、观点的组织及语篇的逻辑，都是学术语言组织和学科知识建构的方式，也是语言和认知发展在复杂意义表达中深度调节的结果（Fitzgerald & Shanahan，2000）。然而，上述目标的实现极具挑战，需要学习者不断调整、优化自身学习方式，主动汲取环境资源，规约自身学习活动：

我做literature review的时候投入了很多精力。一直觉得literature review最难写，很花费时间精力，因为要把各种不同的文献总结起来，都要了解。也通过图书馆借的那本书，把这些论文整理一下，先梳理出来一个思路吧，最后其实也看挺多，用到很多文献（FT-YG-20190702）。

该片段中，阳光提到自己通过借鉴前人研究结果，在写作前规划、设计，不断提升自身写作语言表达的逻辑性。在此，文献阅读同时调节阳光的认知和写作过程，促使她广泛接触、深度加工学术文本，梳理、概括相关研究发现，提升自身阅读、写作和研究能力。她在反思日志中写道：

关于英语写作以及语言能力，因为这门课程可能本质上来讲还是一门写作课，所以除去最后的期末学术论文，学期中也进行了不少写作的训练。我认为我从这些训练以及最后期末论文的撰写，以及平常大量文献的阅读中，拓宽了词汇量尤其是对学术语言的掌握，句子的复杂程度以及写作的速度也有了显著的提升。此外，老师针对我的写作所给出的详尽的反馈也为我提供了很多帮助，让我逐步意识到自己写作的缺陷在哪里以及好的写作所具备的特点（FSRZ-YG）。

该片段表明，阳光学术语言能力的发展是阅读、写作、研究活动及教师支持等多元中介作用共同调节的结果。这些中介作用间相互调节、彼此制约，不断拓展、丰富阳光的学术话语实践过程，促成学术语言发展。

对于蓝天，学术写作的主要挑战是学术写作方式与自身先前所习惯的写作方式间的冲突。她在访谈中提及自身写作学习中的两次认识转变，包括：1）高中到大学阶段，从关注语言形式到语言意义和功能的转变；2）从关注题目/内容新颖性到内容逻辑和学理性的转变。如蓝天所言，每一次教学重点的转变，都蕴含着自身对写作目的、语言和功能的新认识。在此过程中，她不断获取体裁知识、增强语言意识、调整写作方式，提升写作中的自我认知、情感调节能力。蓝天表示，自己会在写作中关注、评价自身语言表达的效果（见片段八）。

片段八、蓝天学术写作访谈片段节选

1 R：你觉得在学术写作的focus跟之前的写作有没有什么不同？

2 L：学术写作的语言会比较朴实一点。之前可能特别是记叙文，会用fancy的词组、单词。你就得不停地查字典。学术写作稍微好一点。

3 R：学术写作和它们相比，困难又在哪里呢？

4 L：句子要严谨、要有逻辑。

5 R：在实际写作中，怎样去注意这些东西？

6 L：在实际写作中还是得来回切，看一些文献，看看它们怎么写。也不至于每一句都会check，但觉得这地方有问题就会check（FT-LT-20190701）。

该片段反映了蓝天在写作中的语言意识，即实时反思、评价自身阅读/写作效果的意识，帮助她更好地在写作中表达意义。她表示，自己在写作中有反复斟酌、比较、评价自身写作成效的习惯。这促使她显性关注语言形式，获取、内化（学术）语言资源。她还提到，教师写作反馈强化了她对学术语言逻辑和连贯性的认识，帮助她更好地调节自身写作过程：

> 之前看他们写的，会比较注重language，就不太注重每个句子的coherence。现在必须得用自己的语言连一遍……比如说我发现了这个results，体现了这个东西，我要解释，我要explain。怎么explain，我可能看它的report（FT-LT-20190701）。

上述片段反映，蓝天在阅读和写作中的语言意识，一定程度上得益于她的先前写作学习经历。这些意识渗透在她学术阅读和写作的各个方面，促使她显性关注、深度加工学术语言，主动调节自身阅读、写作过程，适应不同语境下体裁写作目标的需要（Tardy，2009）。

白云在学术写作中遇到的困难主要包括为：1）学术语言和认知资源间的竞争；2）体裁知识在实际写作中的迁移困难。她表示，这些困难很可能缘于自身语言和学术基础的薄弱。使她在写作过程中难以兼顾语言和内容，容易顾此失彼（Skehan，1996）。这表明，体裁写作目标的实现，需要以学习者已有语言、认知和元认知资源为基础：

> 我不是一个multi model的人，有人能把自己的精力放在不同方面。我是上课连听和看PPT都无法兼顾的人。如果我在听，我就没办法记笔记。我没有办法同时做几件事。还是attention的问题，比如你在注重内容，就没有再去看单词……如果有单词影响到理解了，我会去查一下，如果没有就跳过了（FT-BY-20200927）。

该片段显示，白云的语言基础在一定程度上限制了她阅读和写作学习的成效。她提到，“我没有办法同时做几件事”“比如你在注重内容，就没有再去看单词”。白云需要在语言理解和产出过程中，投入更多精力和注意力资源，这可能在一定程度上影响了她兼顾写作语言和内容，实现精确语言表达和观点的连贯与衔接。如其所言，“如果有单词影响到你理解了，会去查一下，如果没有就跳过了”。该现象反映，相比另两位学习者，白云在学术写作过程中，可能需要更多语言支持，她提道：

> 写作上的建议就是除了老师之外没人看过我的稿子，这个和以前是不一样的，让我非常没有安全感。我跟老师individual conference的时候也说了，我语言不好，可能有很多语法错误。老师说没事儿我都给你改……我觉得我得到的反馈信息是不够的，以至于我不能够依据这些反馈做出（及时）调整（FT-BY-20190701）。

上述片段表明，白云的写作过程在一定程度上仍需要依赖他者调节。她提道："除了老师之外没人看过我的稿子，这和以前是不一样的，让我非常没有安全感。"不同于先前的学习经历，学术写作的篇幅更长、难度更大，对学习者的语言和认知也提出了更高要求。在此情境下，环境支持显得尤为重要，提示：1）相关写作课程设置在兼顾高阶性和挑战度的同时，还应关注具有不同语言基础和需求的学习者，增加环境支持，适当调整写作教学方式；2）教师反馈在帮助学习者发现、解决问题的同时，还应培养学生在写作学习中的语言和策略意识，帮助他们成为更加独立、自主的学习者。

4.3.4.4 学术写作语言学习方式的收获与挑战

如上所言，学术写作课程中的语言学习方式具有较强实践性和自主性。学术语言发展根植于真实、密集的学术写作、研究实践，是一个能动的社会化过程。这种语言学习方式需要学生在学习中持久投入，主动调节、规约自身学习过程，却也赋予了他们更多自主性和选择权。学生为解决实际问题，不断调整、优化自身学习方式，获得语言和认知发展。阳光表示：

> 可能其他课程大部分是跟着老师走，老师布置什么内容，我就写什么内容，或者是让自己再去读一些东西。但是学术写作要做自己的研究，很多事情都要自己来做，自己把控速度……不完全是上课听老师讲，然后完成作业这样子（FT-YG-20190506）。

如阳光所言，语言学习发生的场域已超越具体课堂时空，融入学生日常生活中的学术阅读、写作和研究实践。换言之，学术语言发展过程即学习者在真实学术话语实践活动中，不断拓展、丰富自身语言、认知资源的过程（Uccelli，2019）。该学习方式符合语言、认知发展的基本规律，却也充满挑战，突出表现为：学习过程的自主性和学习内容的不确定性。一方面，学习者需要在实践中充分发挥主观能动性，时时调控自身学习过程。另一方面，这也使学习目标具有相对不确定性，因为很多学习机会是从实践中涌现出来的。把握这些机会对学习者提出较高要求，体现在自我认知、情感调控的各个方面，蓝天表示：

> 写literature review的时候觉得好难，找不到什么，没有办法综合论述。有一个晚上感觉我找到了很多paper，好像没有那么难，但是第二天我感觉我都写成了laundry list，又把那些删掉了重写，我当时就觉得好难。后面一直逼着自己写，因为要交了（FT-LT-20190514）。

该片段中，蓝天几次提到“难”。这同时体现在文献阅读与论文撰写方面。例如，“第二天我感觉我都写成了laundry list，又把那些删掉了重写”。据此，蓝天在写作中的语言发展，是一个在否定中不断前进的过程。她的目标、意识和写作习惯，促使自身不断反思、总结。该过程能促使语言和思维在自我否定中获得锤炼和发展（Jones，2008）。同时，蓝天的自我情绪调节能力，为语言学习的发生奠定基础（Swain，2013）。她在学习中能抑制消极情绪，保持较高专注度，调控自身行为：

> 可能只有在课程结束之后才会感激这门课。在学期中，在论文里挣扎的时候心境是完全不一样的，想的全是为什么要学习这门课，这门课有什么意义，为什么写起论文来这么辛苦…但当所有任务都做完了，回头看这门课，再看自己最初站在的位置，会感叹自己居然摸爬滚打走了这么远，也就会心生感激了。可能是真的要push自己才能激发潜力吧（FSRZ-LT）。

学术写作学习的过程既有“挣扎”，也有收获。但收获需要建立在学习者不断应对挑战、克服困难的基础之上。这在很大程度上回应了学术写作课程设置的初衷，即通过真实学科语境下的写作和研究实践，促使学生大量接触、深度加工学术文本，斟酌、锤炼自身语言表达，为学科知识学习和学术语言发展创造条件。因此，学术语言发展过程，即学习者应对、化解学习矛盾，不断挑战、超越自我的过程。学术语言发展与学科思维、实践能力的发展同时进行。这正是实践性学习方式的魅力所在：

我其实比较喜欢，这个东西持续时间还蛮长的，我投入了大量时间做这件事。之前好像没有这样想，都是碎片式的。你会发现，如果真的要把一个东西很深入地去谈，而且要做好的话，一开始肯定是会走一些弯路的。这个也没有关系，就是说很正常，只要最后走到一条正确的路上就好。我觉得变化吧，是你发现有什么不对了之后，一开始很焦虑，当然现在也很焦虑，但是没有那么绝望。会发现有问题是很正常的，因为不可能一步到位，几乎每一个小的决定都没有一次定下来，都是想了很多次之后（FT-BY-20190515）。

相比先前“碎片式”的语言学习经历，学术写作学习更深入、持久。这种学习方式极具挑战，却也给予学习者更大的自主和空间。换言之，学生有机会通过真实学术话语实践，体验知识建构的过程。并基于此不断反思、重构自身关于学习的认识。该学习方式赋予学生以应对、化解矛盾的能动性和主动适应环境的灵活性和韧性，重塑他们对语言学习发生过程和机制的认识（Dewey，1996）。在此情境下，学习的目的已超越获取知识本身，而是预设了个/团体学习者认知、行为方式改变的可能（Engeström，1987，1999）。

4.3.5 促成矛盾化解的个体特质

上文数据分析显示，3名案例学习者在学术写作中应对、化解学习矛盾的过程，即其学术语言发展的过程。矛盾的产生、发展与化解依托一系列关键个体特质及环境因素，二者间相互调节。其中，学习者语言意识、认知策略和自我调控能力等因素都能调节其在阅读、写作、研究活动中应对、化解学习矛盾，实现学术语言发展的方式（见表36）。

表36 案例学习者矛盾化解过程中的关键个体因素

	一级矛盾	二级矛盾	三级矛盾	四级矛盾
阳光				
给养	学习目标 过往研究经历	阅读中关注语言 真实研究需要	写作策略的使用 借鉴前人写作思路	自我调控与规约能力 亲历写作、研究实践
制约		阅读理解深度		

（待续）

（续表）

	一级矛盾	二级矛盾	三级矛盾	四级矛盾
蓝天				
给养	学习目标	文献阅读策略 补充背景知识 深度阅读理解 学习过程监控	写作中的语言意识 在阅读中思考 阅读量的积累	自我认知、情感调控能力
制约		语言学背景知识欠缺	先前写作习惯	
白云				
给养	学习目标	阅读量积累 真实研究需要	阅读量积累	语言学习信念转变 深度学习模式
制约	自身语言基础	文献阅读深度	语言资源短缺	

表36显示，3名案例学习者学术写作学习中矛盾的产生、发展与化解，受自身当前语言水平、认知和元认知能力等因素调节或制约。例如，学习者的自我认知和情感调节能力，能助力他们积极应对、化解学习矛盾，激发自身潜能。同时，学习者对教学中介的感知和利用方式，受具体认知和情感策略调节，受自身语言水平的支持或制约。上述个体特质具有可塑性，在学习者与课程/教学中介的互动中不断发展。例如，3名案例学习者均表示，具有高认知挑战的学习任务，能激发自身探索、求知的欲望，提升自身对环境资源的敏感度和化解矛盾的韧性，最大程度地激发自身语言、认知发展的潜能。该现象回应了Vygotsky（1986）关于语言与认知发展关系的论述，又将其拓展到对学术写作教学与学术话语实践活动间关系的解释中。简言之，学术语言发展根植于真实学科语境下的学术话语实践，实践过程同时受个体特质和环境因素调节。二者间的互动关系并非一成不变，而是随实践的深入不断变化、发展。下文将从语言、认知和元认知三方面，揭示促成三名学习者感知、利用课程学习资源，实现学术语言发展的关键个体体质。

在语言层面，学习者语言水平、语言意识、过往语言学习经历和写作习惯等因素，都可能持续影响他们在当前写作学习中，对教学活动和教师中介的感知、利用方式及语言发展的方式。例如，阳光和蓝天在阅读中的语言意识（如关注语言形式）促使他们在阅读中深度加工文本，关注学术语言的组成方式，为后续写作和研究奠定基础。然而，3名学习者也反映在阅读和写作过程中，难以兼顾语言和思维。这可能减损他们在阅读中获得语言学习的机会。表明学术语言发展需要以持久、密集的学术话语实践为前提，还得益于学习者加工、处理信息的方式和过程。如在阅读中提取关键信息，合理利用教学资源和教师反馈等。

在认知层面，学习者在阅读和写作中的策略使用，能调节他们语言学习发生的方式和过程。例如，阳光会在写作前进行规划，借助多元中介工具（参考书目）整理自身思路，提升自身写作的逻辑性和连贯性。蓝天会仔细研读学术文本，在阅读中主动寻求意义关联，建立阅读和写作间的联系。白云会锁定研究领域内的重点文献，关注关键学科概念，积累学科知识，建立不同概念和知识点间的联系。

上述认知策略的使用在一定程度上促成了学生在阅读、写作中的语言发展。

在元认知层面，三名学习者均提及会在阅读和写作中把控、调整自身进度，反思当前学习的效果。这种自我调节和规约能力，在蓝天身上还体现为消极情绪抑制和积极心理暗示，是促使她保持认知、行为投入，积极应对挑战的重要特质之一。上述心理认知特质在学习者对外界环境资源的感知与利用过程中发挥重要调节作用，贯穿于各级矛盾的产生、发展与化解过程。

具体而言，一级矛盾（即学术写作学习目标的挑战）化解过程中，阳光的过往写作学习和研究经历，帮助她了解、适应课程要求，强化了她学习的信念和信心。蓝天和白云在学期伊始，对学术写作学习均存在一定程度的“抵触”。但鉴于学术写作学习与自身未来学习目标存在密切关联，她们在学习中始终保持投入，且树立了自我调控自身学习过程的能力和意识。该现象表明：1）个人和团体学习目标的一致性，是促成学习者投入的重要因素之一；2）个人学习目标能激发学习者主观能动性，提高他们应对、化解学习矛盾的韧性，和主动汲取、利用环境资源的能力和意识。

二级矛盾的化解主要依托两项关键性因素：1）在阅读中主动关注语言形式、深度加工文本信息；2）文献阅读量的积累。上述两点因素反映，文献阅读量和阅读深度，能调节学生学术语言发展。本研究中，3名案例学习者在确定研究选题后，均开始了持续、密集的学术阅读活动，但她们在阅读中加工、处理文本信息的方式各不相同。例如，蓝天在阅读中主动寻求意义关联，补充背景知识，深度加工文本，建立阅读、写作与研究间的关联。此外，3名学习者均提及阅读量对阅读速度和理解深度的调节作用，表明持久、密集的学术话语实践活动是促成学习者语言发展的关键要素。

三级矛盾的化解依托一系列认知和元认知过程，包括：1）学习者在写作中的规划、反思与自我评价；2）自我认知和情感调节能力。例如，阳光借助前人研究思路整合、梳理相关文献内容，在写作前进行规划。这在一定程度上减轻了她在写作中的认知负荷，使她能够集中精力关注语言。蓝天在写作中有较强的认知、情感调控能力，能主动抑制消极情绪，调整、规划自身学习过程。白云在学术写作中不断调整、重塑自身学习目标。对于白云，学术写作学习不仅涉及语言知识和学科内容学习，更重要的是在学术活动中获得真实认知、情感体验，由此带来一系列行为和认知方式的转变。

综上，本研究中，促成矛盾化解的一项关键因素是实践。学习者在持久、密集的学术实践活动中不断拓展、丰富自身语言、认知资源，提升自身参与学术实践活动的能力，增强自我调节、规约自身学习活动的意识。事实上，尽管学习者面临诸多相似学习矛盾，他们应对、化解矛盾的方式各不相同。这在一定程度上取决于他们的语言水平、学习目标、学习经历和阅读、写作习惯。这些特质带来不同个体与环境互动的方式，进而带来不同语言发展过程。然而，个体特质也并非一成不变，而是具有可塑性，随学习者（学术）话语实践的深入不断变化、发展，如上文提及的白云认知和行为方式的转变。

该现象表明：1）学习者调节、规约自身学习过程的能力，会随自身学术实践的深入不断发展。矛盾作为发展过程中的关键事件，能激发学习者探索、汲取、利用环境资源，不断调整自身与环境互动的方式；2）学术语言发展是一项社会实践，受多元认知过程调节（如策略使用、批判性思考），受教学、学习环境的支持或制约。因此，相关学术语言发展研究应充分关注学术语言发展的系统性，互动性和生成性。跳出单一文本分析视角，从文本与实践互动的角度，描述、追踪促成学术语言发展的关键机制。

4.3.6 促成矛盾化解的环境因素

本节讨论3名案例学习者学术语言发展过程中的重要环境（课程、教学）支持。4.3.6.1节采用历时视角，描述三名案例学习者在学期初、学期中和学期末3个时段内，学术语言学习目标和方式的变化。探究：1）课程/教学如何调节学生学术语言发展；2）学习者如何感知、利用教学资源。4.3.6.2节采用跨案例分析视角，从更上位的角度，探究课程设计和实施方式，对学生学术语言发展的调节作用。如上所言，本研究中，教学不只是语言学习发生的背景，也是促成学术语言发展的关键机制。因此，对学术语言发展环境支持的研究，不应止步于描述助力矛盾化解的教学活动或教师支架，而应从更上位的课程设计和规划层面，揭示学术写作课程活动系统对学生学术语言发展的调节作用。

4.3.6.1 教学对学术语言发展的调节作用

本节基于学习者访谈、反思日志和选题日志等数据，追踪3名案例学习者一学期间对学术写作学习方式的认知，探究学术写作课程和教学活动设计，如何助力学习者应对、化解学习矛盾，激发自身潜能，实现学术语言发展。学期伊始，当问及学术写作与先前写作学习方式的联系与区别时，阳光表示：

> 相同是在写作技巧上，我写作一直有这个问题，会很纠结自己的词法、句法。不同的话，可能之前没有想过要有一个完整的research的逻辑。以前最多是我论点和例子没有逻辑关系，没有一个整体从有疑问，再去探索，再做出结论的过程（FT-YG-20190312）。

阳光在课程开始前对学术写作已具有一定初始认识，主要体现为写作观点组织的逻辑性。过往学习经历使她意识到，论点与论据间需要有紧密的逻辑联结。但建立上述逻辑关系时，往往缺少一个真实、完整的研究过程。怀着这种复杂的心情，她开始投入到学习活动中，并逐渐对学术写作学习方式产生新认识。她在期中访谈时表示：

> 之前认为学术写作就是自己做一个研究，然后把研究report出来，有了一个新的发现。后来发现……这些不仅仅是自己研究的内容，还要结合他人的成果，还有领域内的知识来分析，或者说解释一些东西。它不仅仅是一个研究的report，还有一些其他知识在里面，就是synthesis，而且一个整体的思路都要有，才有完整的文章（YG-FT-20190506）。

该片段中，阳光提到自身对学术写作认识的变化。从报告研究结果，到整合、分析不同研究发现，参与构建新知。这回应了学术写作课程设置的一项初衷，即通过真实阅读、写作和研究实践，帮助学生形成新的视角和观点，体验发现、建构知识的过程，实现语言学习和认知发展间的深度调节。例如，阳光在5月9日的选题日志中写道：

> I have been writing my literature review, I divided my review into three separate sessions focusing on three key concepts and issues in my research.

> Following this thinking, I have categorized the previous papers and studies I gathered, and by intensive reading and subsequent revise, I hope I can improve the quality of my literature review...

彼时，阳光已基本确定研究选题并开始着手文献综述写作。真实的写作和研究需要，促使她整合已有背景知识，在写作中锤炼自身语言，提高思维深度。在此过程中，语言学习与认知发展相互调节，阅读、写作和研究实践间深度互动。学生在一系列相互关联而有意义的学术话语实践活动中，获得学术语言发展。阳光在期末访谈中表示：

> 相比开课前，对学术写作的了解更完整了。以前觉得要去做一个研究，汇报一个结果。现在知道它是由一个一个的部分构成，每一部分都有自己的功能，所以对整体有更全面的了解……真正、实际上做这些，比如说一个一个deadline，就会知道自己的任务是什么（FT-YG-20190702）。

经过一学期学习，阳光对学术语言特征和体裁写作规范有了更深刻的理解。该现象在一定程度上缘于阳光在系统、连贯的学习活动中接触、加工学术文本的方式。这些活动为学生参与学术研究、提升自身学术语言能力，创设了真实的目的和动机，提供丰富的环境支持，也在一定程度上确保了团体学习效果的产生。

上述教学中介在蓝天的学术写作学习中也发挥重要作用。学期初，蓝天表示自己对学术写作学习存在一定程度的“焦虑”，主要表现为：学术写作学习目标与自身语言、认知水平间的差距：

> 可能刚开始，大家都会很抵触，包括我自己，为什么才大二，就给我们这么难的任务？（FT-LT-20190701）。

课程伊始，蓝天对学术写作学习的认识主要表现为“难”，伴有部分“抵触”情绪。学术写作学习目标在一定程度上超越了学习者当前的语言、认知水平。但也回应了学术写作课程设计的初衷，即通过创设一系列真实、有意义的阅读、写作和研究活动，促使学生广泛接触、深度加工学术文本，尝试用学术语言构建新知。随着实践的深入，蓝天对学术写作课程学习方式产生了新认识：

主要是任务比较多，练得多就会提高多……还是要自己思考，不停地看paper，想我要怎么写，尽量给自己留的时间长一点。有时候看到真的不想再看下去了，如果只在deadline前一天开始弄，就会非常仓促……（FT-LT-20190514）

该片段提示，学术语言发展的一项重要机制是实践。学术写作课程中，学习有很大一部分在课后发生。学生需要大量阅读文献、进行批判性思考、实践和反思，在实践中内化所学。该学习方式有利于激发学习者主观能动性，培养他们主动调节、规约自身学习过程的能力和意识。这种主动规划、调节自身学习过程的意识，为她积极应对、化解课程学习矛盾奠定基础：

Paper就是我刚刚说的，术语都不懂，感觉从零的地方把你一下抬到很高的高度去理解，相当于把你推着走，你没有办法不走，只能强行去看（FT-LT-20190514）。

该片段反映了学术写作中学习者语言、认知水平和课程学习要求间的矛盾。一方面，课程学习要求一定程度上超越了学习者当前水平，对他们的语言、认知发展构成压力。另一方面，这也能充分激发学习者主观能动性，促使他们不断延伸自身中介语系统，从多方面调动语言、认知资源，实现超越自身当前水平的能力表现（Cole & Wertsch，1996）。随着学术实践的深入，蓝天的阅读理解成效逐渐提高，对学术写作学习方式也产生了新认识：

学术写作是任务量很大的一门课，在完成学术论文之外，还需要读几十篇论文，撰写四篇review essay，但并不需要修改等工作。虽然很辛苦，但是我觉得老师对于review essay的设置确实在帮助我了解、借鉴文献方面有很大的作用。在学期开始时，我对学术论文一无所知，通过几篇review essay强迫自己深入阅读文献，我在各种文献里得到了很多启发，也学习了很多新的符合学术规范的词汇。同时我也意识到，学会阅读、使用文献是学术写作里至关重要的一步，为以后的各种实验、写作打下坚实的基础（FSRZ-LT）。

该片段反映了蓝天在学术写作学习中认识的转变。她表示，“学会阅读、使用文献是学术写作里至关重要的一步，为以后的各种实验、写作打下坚实的基础”。相比学期初对课程要求的迷茫，和学期中的文献阅读和研究挑战。到学期末，蓝天已逐渐内化学术语言的表达方式，尝试建立学术阅读、写作和研究间的关联，并逐渐认同学术团体的思维和行为方式。与蓝天一样，白云在学期初对学术写作课程要求也表示出一定程度的“担忧”：

> 当时学姐跟我说非常struggle的一点，就是你的input不够的时候，要产出有点不太合理，会觉得很难……我语言质量其实不是很好，这是一个很大的问题。我高中是普通高中，而且是国家专项计划进来的，所以跟那些外校的同学比，基础是比较差的（FT-BY-20190313）。

该片段中，白云提到了学术写作的两点挑战：1）认知挑战：自身当前学科知识难以满足学术写作和研究的需要；2）语言挑战：自身语言基础对学术写作学习的制约。上述困难使白云在学期初对学术写作学习要求，产生了一定“畏难”情绪。但该现象在学习过程中逐渐得到缓解：

> 认识就是可能它没有想象中那么难，或者说难点转移了。以前不了解，以为难在要写一个这么长的东西。后来发现其实这不是关于写本身，而是我就一个选题深入研究，不停地想怎么设计，难是难在这里……所以可能认识更清晰了之后，对难点的认识转移了（FT-BY-20190514）。

随着实践的深入，白云对学术写作的认识逐渐转变。从一开始将学术写作视为语言技能和研究报告，逐渐转变为将写作视为学科知识学习和意义建构的中介。该现象反映，对学术写作学习矛盾的认识会随实践的深入而改变。矛盾的产生和发展是一个不断变化的过程，在不同学习阶段，学习者对课程要求和学习方式的认识都可能不同，教学活动对学生学术语言发展的调节是一个复杂、动态的系统。个体特质与环境因素在系统内部相互调节或制约。上述研究发现，反映了教学调节机制发生的复杂性和动态性，是对“活动”作为学术写作教学设计原则与实施方式的有力补充（张莲、孙有中，2014）。正如Russell（2009）所言，课程设计不只是学习的背景，也是学习发生的动因。活动理论指导下的写作教学研究，应更加关注学生感知、参与学习活动的方式，及由此获得的语言和认知发展。如白云所言：

> 现在如果要写一篇essay，会没有那么恐惧。或者说让我去调查一件事情，不管是不是语言学，我觉得没有那么恐惧……主要是我自己去做了，如果不自己去做一遍，学再多、想再多，也没用。自己按部就班地跟着流程走一道就不一样了（FT-BY-20190701）。

该片段中，白云提到促成学术语言发展的两点因素：1）亲历学术写作、研究过程；2）课程学习活动的调节。该现象反映，学习者主观能动性发挥与教学活动设计，在学术语言发展过程中深度调节。一方面，学术写作学习的发生缘于实践，学习者通过参与真实学术话语实践活动，不断获取、内化学术语言和认知资源。另一方面，课程活动系统能调节、规约学生的学习过程，并在一定程度上减少个体差异对学术写作学习效果的影响。白云表示：

> 写作我还是一学期、一学期的慢慢靠近学术语言……我觉得应该有提高，只是我自己可能没有太大感觉。但是如果翻出我大一的东西来看，发现肯定还是有提高的（FT-BY-20190701）。

上述片段表明，白云承认自身在阶段性的写作学习中获得语言发展。还表明，学习者对自身语言发展的感知具有一定情境性。换言之，发展不一定能完全用量化指标衡量，而是一个质性的体验和感知过程。在此过程中，很多学习机会是在学习者与环境的互动中，不断涌现出来的（Dewey，1996；van Lier，2004）。这也体现了学术写作拓展性学习方式的独特价值。

上述分析表明，3名案例学习者在学术写作中不断拓展、深化自身对学术写作课程要求和学习方式的认识。学期初，3名学习者对学术写作课程学习要求，均表现出一定程度的担忧。彼时，她们对学术写作和研究的认识仍比较模糊。到学期中，她们对学术阅读、写作和研究间关系的认识逐渐清晰。例如，写作已不再是一项单纯的语言技能或研究结果报告，而是一项能动的学术话语实践活动。是学习者不断获取、建构学科知识，丰富自身学习体验的重要中介。阳光提到写作不只涉及单纯数据汇报，也是自身在真实学术话语实践活动中，广泛阅读、深度思考，用语言表达复杂思维的过程。到期末，3名案例学习者在回忆一学期的学习经历时均表示，系统、连贯的课程学习活动及规约，对学术语言发展起重要调节作用。如白云所言，这些学习活动使课程目标得以落地，在一定程度上确保了团体学习效果的产生，并为具有不同语言水平、专业基础的学习者提供个性化发展空间。

上述分析反映了3名案例学习者，在学期初、学期中和学期末3个时间节点，对课程要求和学习方式认识的变化。表明学习者对环境支持的感知并非一成不变，而是随自身学习、实践的深入不断调整，与此相伴的还有学习者认知和实践方式的变化和发展（见表37、表38）。

表37　学术写作教学对学生语言发展的调节

主题编码	片段示例
研究与写作相互促进	**这些不仅仅是自己研究的内容，还要结合他人成果，还有领域内的知识来分析**，或者说来解释一些东西。感觉它不仅仅是一个研究的report，还有其他知识在里面，**就是**synthesis（FT-YG-20190506）
高认知挑战学习任务	Paper就是我刚刚说的，**术语都不懂，从一个零的地方**把你一下抬到一个很高的地方，**相当于把你推着走**（FT-LT-20190514）。
亲历系统阅读、写作和研究实践	**学术写作是任务量很大的一门课**，在完成学术论文之外，还需要读几十篇论文，撰写四篇review essay，但并不需要修改等工作。虽然很辛苦，但是我觉得老师对于review essay的设置确实在帮助我**了解、借鉴文献方面有很大的作用**（FSRZ-LT）。
课程规则与规约	**主要因素是自己去做的**，如果不自己去写一篇，学再多、想再多……自己按部就班地跟着流程从头到尾走一道就不一样了（FT-BY-20190701）。

表37表明，学术写作课程能为学生学术语言发展提供丰富的环境支持，包括真实、有意义的写作和研究实践。富有认知挑战的学习任务和系统性课程学习规约等。这些因素共同调节学生学术语言发展。

一方面，富有认知挑战的学习任务，能为学术语言发展创设真实、有意义的学习目标，促使学生用语言表达复杂思维，激励他们主动挖掘、利用环境资源，实现学术语言发展（Swain，2006）。在此，学术写作不仅是已有知识的汇报与呈现，而是能动、反思性的知识建构过程。在此，学术语言不仅是获取、建构学科知识的工具，也是促使学习者用语言表达复杂思维，调整、优化自身认知、学习方式的重要中介。在此过程中，语言学习的真实性、互动性和情境性得到彰显。学术阅读、写作和研究间的壁垒逐渐被打破。

另一方面，上述语言学习过程的发生需要以持久、密集的学术话语实践为基础，受系统、连贯的课程学习活动调节。如白云所言："自己按部就班地跟着流程走一遍就不一样了"。学术写作学习中，课程学习规约在一定程度上确保了学习活动的系统性和连贯性。推动学习者持续投入、实时评价自身阅读、写作和研究过程，也在一定程度上确保了团体学习效果的产生（见表38）。

表38　学术写作学习方式的可能局限

主题编码	片段示例
已有认知基础	当时学姐跟我说**你会觉得非常struggle的一点，就是input不够的时候，非要你产出就有一点不太合理**……（FT-BY-20190313）
学生个体差异	**我语言质量其实不是很好**，这也是一个很大的问题，我高中是普通高中，而且是**国家专项计划**进来的，所以跟外校同学比基础是比较差的（FT-BY-20190313）。

表38显示，具有不同语言和专业基础的学习者，对学术写作课程要求和学习方式的适应能力可能存在差异。学术写作中的语言学习，一定程度上是"隐性"的，根植于学习者持久、密集的学术话语实践。这同时对学习者已有语言、专业学习基础，及在阅读、写作中的自我调节能力提出要求。然而，上述个体特质在学习过程中并非一成不变，而是随学术话语实践的深入及学习者与环境互动方式的变化不断发展。该现象回应了学术写作课程设置的初衷，即通过创设真实、有意义的学习和研究活动，促使学习者广泛接触、深度加工学术语言，实现超越自身当前语言、认知水平的能力表现。简言之，学术语言发展具有情境性，是一个不断涌现的动态变化过程（Cole & Wertsch，1993）。高质量教学旨在不断激发学习者潜能，塑造其当前及未来语言、认知发展的可能性。

4.3.6.2　学术写作教学调节机制

本节对三名案例学习者学术语言发展过程中的本土话语进行主题编码，逐层抽取上位概念，提炼学术写作教学调节机制的主要特征。如前所述，本研究中的学术写作教学为学生提供多元教学中介，包括课堂体裁知识讲解、课后一对一研究辅导、写作反馈、文献阅读和写作训练等。研究发现，这些中介作用于学术写作教学设计与实施的各个环节，把学术语言发展根植于真实学科语境下，一系列丰富、系统的话语实践活动中（见表39）。

表39　学术写作教学调节机制

一级编码	二级编码	三级编码	示例
系统性	课程学习活动的丰富性和连贯性	丰富的学术写作学习经历	如果要概括性地描述本学期学术写作的经历，我可能会选择丰富充实、收获与挑战并存这样的描述。学术写作学习经历相比其他写作类课程，是更为丰富、充实的。不仅是上课的内容比较丰富，有知识传授、小组讨论以及小组展示，课后自主学习过程也非常丰富。此前的写作课可能课后自己的投入就是写一篇文章后就结束了。但学术写作的整个过程非常具有完整性，从定题到研究到最后的分析和写作，整个过程比较复杂，也非常丰富。
	课程中介机制的多元性	讲解、阅读与写作相结合的学习方式	学术写作是任务量很大的一门课，在完成学术论文之外，还需要读几十篇论文，撰写四篇review essay，但并不需要修改等工作。虽然很辛苦，但是我觉得老师对于review essay的设置确实在帮助我了解、借鉴文献方面有很大的作用……老师也结合自己写论文的经验给我们介绍了很多干货。
	课程规约对学习进展的调控	明确学习任务	就是在真正、实际上做这些，比如说有一个一个DDL，老师有明确地说什么时候做什么，就会知道自己的任务是什么，再去做的话就可以促成一些提高。
实践性	课堂理论讲解与课后研究实践相结合	理论与实践相结合	我认为最大的特点是实操性。老师上课讲的知识再多，你不实操也是没用的。或者说上课的时候你以为听懂了，但轮到自己做实验的时候却还是发现很多问题。而且一学期只写一篇，这和以前一学期写几篇的模式也不一样。这种学习方式很有效的地方在于，你在课堂上学的内容，可以很快地运用到自己的写作当中，算是一种理论和实际的结合。一学期只写一篇，就有相对比较充足的时间，把每一个部分都做得深入，而不是像之前写很多篇，但其实每一篇都只是很浅显的论述。
	真实学术实践对学生语言发展的调节	研究、阅读、写作间相互调节	比如我选定了二语写作这样的主题，我就会自主地去阅读许多这方面的文献，进行研究设计，实施研究并且最后形成论文，整个的过程也更让人对于写作有更好地参与感，能够比较直接有效地获得写作上的提高，从方式上来讲也不是那样地单调。
学科性	科学思维方式对学术语言发展的调节	语言与思维相互调节	语言学的学术论文，特别是二语习得（或者社会语言学、心理语言学等），和纯文本或者理论类的分析不同，会借鉴理科科学实验的逻辑来设计实验方法。如果做量化研究还会用到大量数据，会涉及统计学的知识。和纯说理不同，这些科学性的语言和报告让学术论文的结论和论据显得不会那么空洞。
	研究与语言学习相互调节	用语言表达复杂思维	这些不仅仅是自己研究的内容，还要结合其他人的结果，还有领域里其他的知识来分析，或者说来解释一些东西。所以它不仅仅是一个研究的report……而且一个整体的思路要有，才有完整的文章。

表39显示，本研究中的学术写作学习兼具学科性、实践性和系统性。学科性指基于真实学术话语实践活动的写作教学模式，通过让学生独立开展学术研

究，促使他们深度加工学术文本，关注学术语言的组成方式，用语言表达复杂思维，实现学术语言发展。实践性是学术语言发展的重要方式。将课堂体裁知识传授、语言意识培养与学生课后的阅读、写作和研究实践紧密结合，从多角度调节学术语言的内化和发展。系统性主要依靠多元、系统的学术话语实践活动和比较完善的课程学习规约，调节学生学习和语言发展过程。下文从3名案例学习者的真实经历出发，揭示学术写作课程对学术语言发展的调节作用。

首先，学术写作学习的学科性能促成科学思维方式与学术语言发展间的深度调节。学术写作过程即学习者用语言表达复杂思维、建构学科知识的过程（Shanahan & Shanahan，2008）。学生在此过程中需要同时关注语言的形式、意义和功能，建立三者间的有机联结。阳光表示：

> 不仅仅是自己研究的内容，还要结合他人的成果，还有领域内的知识来分析，或者说解释一些东西。它不仅仅是一个研究的report，还有一些其他的知识在里面，就是synthesis。而且一个整体的思路要有，才有完整的文章（FT-YG-20190514）。

该片段表明，学术写作中的语言发展依托真实学科语境下的知识学习和意义探究。语言是学习学科知识的基础，学术话语实践为学习者语言、特别是学术语言的内化和发展创造条件。如阳光所言："它不仅仅是一个研究的report，还有一些其他的知识在里面"。在写作中的整合信息、分析与综合的需要，促使阳光关注篇章逻辑，挖掘语言形式背后的意义和功能。在此过程中，写作逐渐由一项语言技能，转变为学术团体内部成员间的对话方式。蓝天表示：

> 原来看paper是老师给好多，你看就看，感觉没有什么自己的思考。现在因为要写自己的论文嘛，会更深入地思考。下意识地学习一些写作方法，还有词汇……比如说看一下language，用什么词？什么句型？一般在part里面会怎么开头？先介绍一下背景之类的，再详细论述，再引到它的研究问题，以前从来不会注意这些（FT-LT-20190514）。

上述片段反映，学术写作的学科性赋予学术阅读以真实的目的和价值，促使学习者在阅读中关注语言形式和篇章逻辑，重构自身在写作中的语言和观点组织。这一点在白云的学术语言发展中也有体现：

以前如果只是需要了解几个概念，知道这个概念是什么就可以了。现在这些概念的背后你要去做东西，而且你要知道，要去发现他们有没有什么问题……当然思考更深入、全面了。对这个问题了解更深入之后，你肯定是全面地、批判地去看待它，跟什么东西只是去碰一下肯定是不一样的（BY-FT-20190515）。

该片段提示，学术话语实践活动，如真实的研究、写作需要，可能直接影响学习者阅读和思考的方式。如白云所言："当然思考更深入、全面了。"这种主动寻求意义关联，批判性思考、反思，积极与文本互动的过程，为学术语言的发展创造条件，并随着学术话语实践的深入，逐渐被学习者内化。

第二，本研究中的学术写作学习具有较强实践性。学生的阅读、写作和研究实践相互调节，这既确保了课程/教学对学术语言发展的调节作用，又超越具体课堂学习场域，赋予学生一定的自主和选择权，激发他们主动将所学运用到真实写作和研究实践中。通过广泛阅读、深度思考，实现学术语言发展（Perry et al.，2006）。白云在反思日志中写道：

我认为最大的特点是实操性。老师上课讲的知识再多，你不实操也没用。或者说上课的时候你以为听懂了，但轮到自己做实验的时候还是发现有很多问题。而且一学期只写一篇，这和以前一学期写几篇的模式也不一样。这种学习方式的有效性在于，你在课堂上学的内容，可以很快地运用到自己的写作当中，算是一种理论和实际的结合。一学期只写一篇，就有相对比较充足的时间，把每一个部分都做得深入，而不是像之前写很多篇，但其实每一篇都只是很浅显的论述（FSRZ-BY）。

该片段中，白云提到了学术写作实践性学习方式的两点优势：1）理论与实践相结合；2）促成深度学习的发生。如白云所言："老师上课给你讲的知识再多，你不实操也没用。"学术写作学习有很大一部分在课后发生。这赋予学生以真实的写作和研究体验，并预设了学习者从不同体验中获得个性化发展的可能。与此同时，课堂体裁知识及写作规范讲解，通过课后的阅读、写作和研究实践得以具化，为学生深入理解、发现、建构知识奠定基础。如白云所言："每一个部分都做得深入，而不是像之前写很多篇，但其实每一篇都只是很浅显的论述。"当学术写作由一项语言任务转化为一项学术实践，写作和研究过程也被赋予了更多意义和价值。因为学习者需要对自身写作和研究过程负责。深入了解、关注自己所研究的领域，探索、建构学科知识。这一点在阳光和蓝天的学习过程中也有体现。例如，阳光认为实践式的学习模式下，学术阅读、写作和研究相互促进，共同调节学术语言发展：

> 比如我选定了二语写作这样的主题，就会自主地去阅读许多这方面的文献，进行研究设计，实施研究并且最后形成论文，这个过程让人对写作有更好的参与感，能够比较直接有效地获得写作上的提高，从方式上来讲也不是那样地单调（FSRZ-YG）。

该片段中，真实研究需要促使学习者大量接触学术文献，调整、优化自身阅读、写作方式。在此过程中，写作不再是一项孤立的语言技能，而是一项多元技能的综合体，涉及不同语言、认知和元认知能力。通过一系列密集、丰富的学术实践活动，学习者真切地体验学术写作和研究的过程。如阳光所言："这个过程让人对写作有更好的参与感，能够比较直接有效地获得写作上的提高，从方式上来讲也不是那样地单调。"对于蓝天，学术写作学习即语言和认知发展，在真实学术实践中深度调节的过程。她表示：

> 记得之前老师给我们发过一篇文章是学术写作的socialization……对，有一种那样的感觉。你要融进，逐渐往那个方面靠。做研究还是会尽量看一下别人是怎么做的，看他们为什么要走这一步……如果学术写作，会看别人怎么做（FT-LT-20190701）。

该片段中，蓝天把学术写作学习视为一项语言社会化过程。学习的发生是主体意志、动机和客观条件共同调节的结果。真实的学习目标促使学生在实践中主动学习学科知识，关注学术语言特征，调节自身学习过程，不断优化自身认知、行为方式（Kalaja et al.，2015；van Lier，2004）。

第三，本研究中的学术写作学习具有系统性，体现为：丰富、系统的学习活动，多元、个性化的中介机制和比较完善的课程学习规约。这些课程/教学机制能调节学生学科知识学习和语言发展的过程，并在一定程度上缩小学术语言发展中的个体差异。蓝天在反思日志中写道：

学术写作是任务量很大的一门课，在完成学术论文之外，还需要读几十篇论文，撰写四篇review essay，但并不需要修改等工作。虽然很辛苦，但是我觉得老师对于review essay的设置确实在帮助我了解、借鉴文献方面有很大的作用……老师也结合自己写论文的经验给我们介绍了很多干货（FSRZ-LT）。

该片段反映，学术写作学习的任务量较大，但不同学习活动间紧密联结，共同调节学生学术语言发展。此外，课堂体裁知识、写作规范的讲解及教师写作反馈，为学生提供了诸多直接和间接的写作经验。下文片段九呈现教师课堂学术写作体例规范讲解示例。

片段九、课堂学术写作体例规范讲解

T: For a literature review, specifically we will look at these questions. This is the structure of this specific section. Do you think each section is absolutely necessary or you think you can remove one of the sections? Are there syntheses, evaluations, summaries? Are there indications of laundry lists? And are there places for improvements? Read it as quickly as you can and after reading it discuss with your partner about this....

(students' discussion)

…

T: For this section, syntactic complexity among NS and NNSs, is it necessary? First, this study is on the comparison of NS and NNSs, we need to know what research area focuses on? As the author pointed out, there are limited studies with controversial results. It shows how this study is going to fill the gap and contribute to the research area. As time is limited we won't go through each section. When you read journal articles, you need to think critically about how they structure their different sections in the literature review. The next article is syntactic complexity in asynchronous computer-mediated learning. This section is also important because the research topic looks at this environment, so the author needs to update the readers within this research area. And the next section, syntactic complexity and gender, as the author looked at the gender

> effect in this study it is necessary to report this. What did previous studies find about gender effect in syntactic complexity?... Basically, evaluate the variables and see if it is important to the review from a theoretical perspective. This is a good example for you to follow. At the end of the literature review, provide a rationale for your study. But this literature review doesn't have it here. Anyway, all the other parts were written very clearly...

该片段中，教师连续发问，引导学生将所学体裁知识运用到具体写作文本的分析与评价中。例如："Do you think each section is absolutely necessary or you think you can remove one of the sections? Are there syntheses, evaluations, summaries? Are there indications of laundry lists?"学生在这些问题的引导下，有目的地进行阅读。这既是对体裁知识的强化，也给予了他们批判性思考的空间。在真实写作和研究过程中，不断拓展、丰富学科知识和学术语言资源。小组讨论后，教师带领学生就典型文本片段进行分析，主要涉及文献综述语步的意义和功能。在此过程中，抽象的科学概念得以具化，学生对体裁知识的理解得到实践支持。此后，教师结合案例文本写作方式，显性培养学生在写作中的语言意识。她提道："Basically, evaluate the variables and see if it is important to the review from a theoretical perspective. This is a good example for you to follow. At the end of the literature review, provide a rationale for your study."在此案例中，情境化的知识再度得到抽象，帮助学生形成科学概念，在实践中获得强化和发展。

如前所述，课堂上所教授的体裁知识，在课后阅读和写作实践中得到具化和发展。不同学习活动间相互调节，形成一个富有意义、环环相扣的任务链。学习者在亲历、参与学习活动的过程中，获得语言和认知发展。然而，上述预设的学习结果并非自然发生，而是受诸多个体特质（如语言基础、认知策略）和环境因素（如课程设置）调节，是二者间持久、深度互动的结果。在此情境下，学术语言发展即学习者不断调整自身认知、行为方式，适应复杂、变化的学习环境和学习需求的过程。例如，白云多次提及课堂体裁知识讲解与实际写作实践间的鸿沟：

> 以前是什么都不知道，觉得要写一个很长的东西很怕。现在的难点主要是你的认知能力和创作能力不协调。比如说看文献的水平提高了，别人做的设计、写的东西能看懂，因为你对这个领域了解越来越多。但是当自己真正下笔的时候，会发现有很多问题（FT-BY-20190515）。

由上可知，学术写作中的语言发展是课堂教学、课后阅读、写作和研究实践等学习活动共同调节的结果，也是学习者积极发挥主观能动性，调整自身认知、行为方式，适应不断变化的学习需求的过程。该学习模式，既在一定程度上确保了团体学习效果的产生，又使学习者在课程中重构自身关于学习和发展的认识，获得个性化学习体验成为可能。换言之，学术写作学习方式虽不能抹去个体差异，却力求为具有差异的学习者提供个性化的发展空间。白云表示：

> 看到要写那么多字，觉得没那么可怕了……主要因素是你自己去做了……按部就班地跟着流程走一道之后就不一样了（FT-BY-20190701）。

该片段表明，白云写作质量的提升在很大程度上缘于她的真实写作和研究体验，及在此过程中学术语言和认知资源的内化和发展。上述实践活动受到课程设计和系统性教学活动的调节。如白云所言："按部就班地跟着流程从头到尾走一道之后就不一样了。"系统、连贯的学习活动，为学生学术语言发展提供支持。将一项具有较高难度的写作任务，具化为可操纵、可感知的学习活动。学生通过真实参与学习活动，潜移默化地获得学术语言发展。对此，阳光持类似看法：

> 我认为如果要比较概括性地来描述本学期学术写作的经历，我可能会选择丰富充实、收获与挑战并存这样的描述。学术写作的学习经历相比其他写作类课程，是更为丰富、充实的。不仅是上课的内容比较丰富，有知识传授、小组讨论以及小组展示，课后自主学习过程也非常丰富。此前的写作课可能课后自己的投入就是写一篇文章后就结束了。但学术写作的整个过程非常具有完整性，从定题到研究到最后的分析和写作，整个过程比较复杂，也非常丰富（FSRZ-YG）。

该片段中，阳光用"丰富充实、收获与挑战并存"来描述自身学术写作学习经历，体现了学习过程的充实、挑战性和启发价值。换言之，阳光并非被动经历学术写作学习，而是主动探索、建构知识，在实践中调整、优化自身思维、行为方式。从语言学习的视角，上述学习方式在一定程度上改变了传统语言课堂中学生消极、被动地接受知识，学用分离的状态，为语言学习创设真实的场景和动机。在此，学术写作既是过往学习经历的延续，又为学习者未来学习/活动方式的调整与优化创造契机。

4.4 生态视角下的案例学习者学术语言发展过程

本节从人类发展生态学视角，描述、追踪两名同质性案例学习者“思齐”“思逸”的学术语言发展过程。生态视角下，学术语言发展是学习者个体特质（如语言水平、学习兴趣、动机）与环境因素（如课程目标、教学方式、研究条件等）在真实学术话语实践中复杂、动态互动的结果。本节从案例学习者学术写作中的矛盾出发，探究她们在应对、化解矛盾的过程中，如何积极发挥主观能动性，探索、利用环境资源，实现学术语言发展。

4.4.1 思齐的学术语言发展过程

思齐来自一所外国语中学，语言基础好，入学以来专业成绩一直位于年级前列。她的学习兴趣比较广泛，在语言学习之余，会主动学习社会学和传播学等方向的学科内容，并持续关注社会新闻动态。此外，思齐在学习中具有较强的计划性，能自主调控、安排，合理规划自身学习活动，在确保学习效果的同时，提高自身学习效率。这也是她取得优良专业成绩的重要因素之一。然而，她在学术写作学习中，仍然遇到较大挑战，主要表现为自身当前语言、认知水平与课程学习要求和自我期待间的差距（见表40）。

表40 思齐学术写作学习的主要矛盾

矛盾	示例
研究选题价值与自身学术积累间的矛盾	定题是最大的困难，感觉找不出研究的局限性在哪，确定了自己的选题之后也不确定选题是否真的有研究价值（SQ-FSRZ）。
当前研究需要与自身研究能力间的矛盾	四月的时候开始看实证研究，然后就陷入迷茫，觉得每个人的做法都不太一样，都跟他们的研究问题有关，我不知道该怎么做？（SQ-FT-20190621）
当前写作需要与自身语言资源间的矛盾	我想的东西没法表达出来，或者说我想表达的观点，我没有办法讲清楚……我理解它是这个样子，但我不一定能表达好，让别人也理解（SQ-FT-20190515）。
团体学习规约与个人时间安排间的矛盾	每次我写完之后，应该最好是隔一天，冷静一下改一改再交上去。但其实我每次都是大概周天中午写完，下午5点多交了，没什么冷静的时间，基本上就看看语法错误，有时候还查不全就交了，觉得这是一个问题（SQ-FT-20190621）。

表40呈现的矛盾虽然不完全跟学术语言发展直接关联，却反映了思齐真实的学术写作学习经历。如前所述，学术语言发展缘于学习者在真实学科语境下的

阅读、写作和研究实践。学生在确定研究选题、开展学术研究、撰写学术论文的过程中，大量接触、深度加工学术语言进行批判性思考。因此，思齐应对、化解学术写作学习矛盾的过程，也是她进行学术话语实践活动，拓展、丰富自身学术语言、认知资源，发展科学思维方式的过程。

4.4.1.1 寻找有价值的研究选题

思齐是语言学方向的学生，但她对社会学和传播学研究都有比较浓厚的兴趣。日常生活中，她勤于思考，持续关注时事新闻。这在一定程度上影响了她的研究话题选择：

> 我是语言学系的学生，但是我在选方向课的时候有机会去选社会学系，包括国政经的课我都上过。所以语言学这块，没有一直学语言学上来的同学那么精。我看他们做实验，好羡慕啊。他们一定花了很多时间，设计那么复杂的实验。但是我因为上了一些其他的课，又对那些课程挺感兴趣的，想把这两个东西结合在一起，就选了这么一个题（SQ-FT-20190621）。

该片段中，思齐表示自己对社会学和国际政治经济等方面的研究都很感兴趣，因此，在选择研究议题时，倾向于采用跨学科视角。在阅读相关文献后，思齐尝试运用话语分析的方法，研究新闻语篇内容。她在3月20日的选题日志中写道：

> Title: A Corpus-assisted Discourse Analysis to Media Language in Coverage about #Metoo Movement in *New York Times*
>
> Reasons:
>
> ✓ #Metoo movement which broke out in October in 2017 and lasted for nearly a whole was of great social significance in changing public opinion over gender equality. Also, social media as well as traditional media played a critical role in shaping public awareness in the movement. However, previous studies are mainly found in the field of communication (that is, how the messages are spread nationally and internationally), and there is insufficiency in studies

investigating into the discourse of #Metoo movement coverage that reflect ramifications in social awareness.

- ✓ Corpus is thought to answer for the limitedness and subjectivity of discourse analysis, for a relatively large sample is chosen to form the database.

Literature and findings:

- ✓ Noam Chomsky, What Makes Mainstream Media Mainstream, Z Magazine, October, 1997

"Academic social science and political science comes out of the same thing". The whole picture is that media serves as institutional settings of politics and social structures, and mainstream media reflects public discourse and doctrines lying behind social realities.

- ✓ Nelya Koteyko, Corpus Linguistics and the Study of Meaning in Discourse, January 9, 2014
- ✓ Lynne Flowerdew, How is Corpus Linguistics Related to Discourse Analysis? Corpora and Language Education pp 81-110

…

These are studies of which methodology is corpus-assisted discourse analysis and of great practicality in design. They help me visualize my own research and picture how corpus can be constructed in order to fit into specific research aims.

My confusion:

Now I'm concerned about what exactly is the point that I can start my research. I still find the research topic too broad to approach.

I'd like to know how women and accused men (who are accused of sexually harassed females) are pictured in coverage and about the underlying power relations among them.

上述片段反映了思齐在学期初，对研究选题意义和价值的思考。通过大量阅读，她发现话语与意识形态间的关系是一个很有价值的研究议题，语料库则可以作为辅助语篇分析的手段和工具。然而，思齐对研究意义的理解仍比较模糊，且多停留在观察和现象描述而非理性思考层面（如关于#Metoo运动的话语研究比较少）。她在仍存在的困惑一栏中表示，当前选题仍较宽泛，难以找到合适的切入点。对此，思齐继续阅读，在4月1日的日志中，她基本确定数据分析框架：

Fairclough's three-dimensional framework:

This framework is used to show the link between the nature of social practice and the properties of language "texts". His three-dimensional framework includes a conception of discourse as text (micro level), discourse practice (meso level) and sociocultural practice (macro level). Its aim is to explore the relationships among language, ideology and power and to find out how advertisers persuade the women to buy their products.

This framework includes three parts: A) text description: identify features of language use in specific text (usually combined with corpus linguistics); B) discourse practice explanation: how specific text is produced, distributed, and consumed into "discourse"; C) social practice interpretation: how discourse interacts with social practice. Its ultimate goal is to reveal the relationships among language, ideology and power.

这篇日志中，思齐对研究目的和数据分析框架间的逻辑联系，有了更深刻的认识，也能比较清晰地阐述数据分析框架选取理据。基于此，她进一步完善自身研究选题和设计，在4月11日的日志中，进一步梳理具体研究步骤：

Firstly, identify the original material (news coverage) that potentially constitutes the data for my project;

Secondly, select a relatively small sample to test what features the text could reveal about the social problem, after which more homogeneous text (text of this kind) could be added to form corpora.

Thirdly, operationalize Fairclough's Critical Discourse Analysis in the process of data analysis. This step involves three moves.

如上可知，在近一个月的时间里，思齐对自身研究的目标、内容和方法都有了更加清晰的认识，这在很大程度上得益于她持续的阅读、思考和总结，及在一对一小组面谈中与老师的交流。她在反思日志中写道：

> 定题的困难就是通过一直读文献解决的，定不下来也是读得少，最开始有很多疑惑，就把它们都写下来，边读边解决，一直思考就会找到一个看起来差不多可行的选题。找到问题之后搜索资源、求助老师和学姐、多输入、多思考慢慢会想明白（SQ-FSRZ）。

该片段中，思齐提到自己会主动调控学习过程，如把当前遇到的困惑写下来，边读边解决。表明思齐在阅读中具有比较强的目的性，会根据当前学习需求，有选择、有目的地重点关注、加工学术文本，深入思考、反思：

> 有的时候不知道他们为什么要分析这个，总是想问so what?（SQ-FT-20190515）

该现象表明，思齐在阅读中不满足于单纯理解文章内容，而是愿意深究作者写作的意图和文本背后所蕴含的思想和价值观念。对于思齐，文献阅读不仅为了获取学科知识，也是她调整学习方式，拓展语言、认知资源的重要中介。这种在阅读中持续思考、反思的习惯，帮助她不断加深、澄清自身对问题的理解，建立不同学习活动间的联系，如文献搜集和研究设计等。

4.4.1.2 探索数据收集和分析方法

在确定研究选题后，思齐开始着手语料收集和数据分析工作。她的研究同时涉及量化和质性数据分析，需要自建小型语料库。这对她而言具有挑战，因为该任务在一定程度上超越了当前课程学习覆盖的内容。在第二次小组面谈时，思齐与教师就研究设计和数据收集情况展开讨论：

> 我跟老师说我要做语料库分析。她给我的建议是this is very deep learning。我觉得我是不是搞大了。老师当时跟我说，一定要注意好时间安排，一学期之内最好完成。我回去之后就疯狂看语料库，自己建库。Individual conference是一个进度的把握，如果那周不面谈的话，我可能还会挪到再下一周去做（SQ-FT-20190621）。

该片段显示，小组面谈能调节学生学习进度和时间安排，也是促使他们保持学习投入的重要因素之一。此外，小组面谈还帮助学习者建立课程学习与课外研究实践间的联系。本案中，思齐通过与老师面谈，了解到自建语料库的挑战和方法，也敦促她在课后进行自主学习，进一步探索、挖掘新学习机会：

> 虽然我做的是非常简陋的语料库，但还是花了很长时间。学怎么自建语料库，包括语料库的定义……那段时间没什么产出，就是输入，去找了兰卡斯特网上慕课的视频，跟着它记了一些东西，后来找到了他们推荐的软件，跟着视频做了一个没有手动标记的语料库，直接用了软件里面自带的tree tagger。后来就去网上找新闻，开始整理，删一些乱码……（SQ-FT-20190621）

该片段描述了思齐学习自建语料库的过程，包括如何利用网络慕课资源查找、学习使用语料库研究工具。该现象表明：1）学术写作学习有很大一部分发生于课外，真实的学术写作和研究需要，促使学习者主动搜索、大量接触、深度加工学术文献，积累语言、认知资源；2）学术语言发展是学习者主动探索、创设学习机会的过程，受真实研究目的驱动。换言之，学习者并非被动习得学术语言，而是通过主动参与学术实践，与学术团体成员间产生更为密切的互动、交流，获得语言学习机会。在确定研究选题后，思齐开始着手数据分析。面对繁杂的语料，她反复研读、归类，直至主题词慢慢浮现。她在5月24日的日志中写道：

> This week was all about reading news articles, identifying entry points for analysis, and testing them with the concordance program. Certainly, this was not a linear process. Instead, it required re-reading, recollecting textual data, and re-identifying topics worth analyzing anytime new findings popped up along the process. So far, by reading half of the collected news, I have identified three major features instilled from the magnitude of news. Arguments for each of them were backed up by either quantitative results (e.g. frequencies or collocations) or textual evidence as qualitative ones.

该片段描述了思齐的数据分析过程，即她如何对原始数据进行反复归类、比较和分析，选取典型片段示例，建立不同研究发现间的联系。这是复杂语言和认知活动相互调节的过程。一方面她要提升自身文献阅读的效率，通过阅读获取关键信息。另一方面需要用自己的语言，整合复杂信息，建立不同概念和研究发现间的联系。这些复杂学术话语实践活动，为思齐学术语言的发展奠定基础。

4.4.1.3 提升自身写作能力

在分析语料的同时，思齐开始着手进行文献综述写作。她在梳理写作思路和实际下笔过程中遇到了一些困难，包括：1）学术语言资源的匮乏；2）难以建立观点间的逻辑联系。思齐表示：

> 我想的东西没法表达出来，或者说我想表达的观点，没有办法讲清楚……我理解它是这样，但我不一定能表达好，让别人也理解（SQ-FT-20190515）。

思齐认为，自己在写作中难以充分表达自身观点。自身当前的语言、认知资源，难以满足学术写作中意义表达的需要。该现象在本研究的几名案例学习者身上均有不同程度的体现，是该批学生学术写作中普遍存在的困难。此外，思齐还表示难以在写作中建立观点间的逻辑联系：

> 最难的是怎么挑真正有关的、重点的东西，把逻辑理顺。有时候觉得东西太多了，而且字数也是有限的，不知道该怎么安排（SQ-FT-20190621）。

思齐所谓逻辑理顺，主要指梳理、建立不同观点和研究发现间的联系，实现观点的自洽和论证的逻辑，在此更多指向认知层面的挑战。对此，思齐从课堂、教师和课外学习资源等多渠道寻求帮助，不断反思自身写作中存在的问题，提高写作中的自我调节能力。她在反思日志中写道：

> 原因就是规律性的输入和输出吧。输入指的是老师在课堂上有意识地讲解语步、学术规范、语法错误等，输出就是指自己在感觉听懂了之后进行实践，把其实没懂的部分补回来，把过程中发现的问题解决掉（SQ-FSRZ）。

上述片段中，思齐提到学术语言表达能力的提升，主要依靠规律性的输入和输出，即课堂体裁/语言知识讲解和课后学术实践活动间的紧密联结。二者间的持续互动是促成学术语言发展的重要因素。此外，教师反馈也发挥重要作用：

> 比如老师的批注，这个例子是怎么支撑argument的？我也觉得确实不能支撑，真不知道当时为什么这么写？批注里会看到这样的逻辑漏洞被直指出来（SQ-FT-20190621）。

教师写作反馈在一定程度上强化了思齐在写作中关注论证逻辑的意识，帮助她以读者的视角重新审视自身写作文本，思考未来改进的方向。该意识产生于思齐的过往学习经历，又在学术写作学习中得到强化和发展。例如思齐对写作语言逻辑和连贯性的认识不断发生变化：

> 最初能分清显性连接词和隐性逻辑，应该是在大一的语法课上……后来大二议论文写作课的时候，老师会指出来，这两句话之间的连词其实没什么关系，为什么要用However？我当时想的是有这个词它就连贯了呀，老师说不是，这两句它没什么连贯性，你加了更让人confuse……学术写作课的时候，感觉成熟的写作者也会用到，但他们不依赖这个，而更多的是文字之间的内在联系（SQ-FT-20201012）。

该片段中，思齐提到自己对写作语言连贯性认识的发展。从了解显性和隐性连接的概念和标记，到更深入地理解、运用教师反馈，再到对学术写作语篇组织方式的学习。在此过程中，思齐对写作语言连贯性的认识不断发展，也逐步提升自身的反思、学习和实践能力。该现象表明，学习者过往教育经历中的关键事件，可能与当前的学习、实践方式间发生耦合。联结发生的关键在于学习者读者意识的形成和主观能动性发挥。具体而言，真实、有意义的学习目标，能帮助学习者建立不同学习经历间的联结，持续探索新认知、行为方式。这些学习经历间的互动与联结，可能帮助学习者重构自身关于写作和语言发展的认识，形成新的思维方式。此外，思齐还主动挖掘课外学习资源，借助多项工具修改、完善自身写作语言。她提道：

> 马上要交了，但是我刚写完，里面肯定有语法错误，不知道该怎么办的时候，我去搜自动查语法错误的网站，把我的文档传上去，跟着它改（SQ-FT-20190621）。

在线辅助学习手段，帮助思齐在作业提交时限内，完善自身写作语言。表明课程学习压力能促使学习者主动探索课外学习资源，提升自身写作质量：

> Purdue Writing Lab老师PPT上有链接，其实搜一搜就找到了……有很多学术资源，除了这种格式上的写作中心，还有C刊的名字，还挺有帮助的。因为课堂上老师教的东西是一个引领，落实还是要靠自己，这些资源对学习有很大帮助（SQ-FT-20190515）。

该片段中，思齐提到课堂教学和课外资源使用间存在密切联系。它们在写作中相互调节，帮助学习者不断熟悉、内化学术写作语言特征，提高自我调节、规约自身写作过程的意识和能力。在此，写作不再只是课程学习目标的落实，而是激发学习者不断拓展自身学习领域，丰富专业知识，实现学术语言发展的重要中介。

4.4.1.4 学习的压力和动力

上述分析阐述了思齐在学术写作选题、研究和论文写作过程中，应对、化解学习矛盾的方式，及促成学习发生的关键个体特质及环境因素。本案中，思齐学术语言的发展过程，即其在真实学术话语实践中，不断应对挑战，探索、挖掘环境资源，寻找学习机会，激发自身潜能的过程，也是个体主观能动性发挥与课程学习要求间互适、互动的过程。在此过程中，课程学习规约既构成了前进的动力，也可能一定程度上制约学习者主观能动性的发挥。思齐表示：

> 最大的挑战是几乎每周都要交写作的作业（或大或小）。时常有一种"这周的搞定啦，下周的又来了"的感觉，一学期挺紧迫的。每周都要或多或少继续这个研究（还不一定有明显的推进）的心理压力是一个比较具有挑战性的部分（SQ-FSRZ）。

该片段中，思齐提到了课程学习压力对自身学习投入的促进作用，如"每周或多或少都要继续这个研究"。表明学习者在主观意志的驱动下，能将压力转化为动力，主动适应具有高认知挑战的课程学习要求。这呼应了上文对学术写作课程学习机制的描述，反映了系统、连贯的课程学习活动对学生写作学习和学术语言发展的调节。然而，课程学习规约也可能在一定程度上抑制学习者主观能动性的发挥，表现为课程进度安排和个人学习节奏间的潜在冲突：

> 每次我写完之后，应该最好是隔一天，冷静一下改一改再交上去。但其实我每次都是大概周天中午写完，下午5点多交了，没什么冷静的

> 时间，基本上就看看语法错误，有时候还查不全就交了，这是一个问题（SQ-FT-20190621）。

设置课程作业提交时间的初衷是规约学生学习活动，确保团体学习效果的产生。然而，课程学习规约（如作业安排和提交时限）在激励学生投入的同时，也可能在一定程度上抑制学习者主观能动性的发挥，如课程规约和学生学习需求间的潜在冲突。这是思齐学术写作过程的真实反映，也是促使她在课程压力下，不断调整、完善自身学习方式的重要驱动力之一：

> 我觉得每个人对很累很苦的感觉不一样，客观上横向比较的话，跟其他课业压力相比，确实很累很苦。但主观上，我觉得不做这个事，其他的事也会苦，做什么都很累很苦的话……（SQ-FT-20190515）。

该片段中，思齐认为，课程学习的压力和挑战是一个基于主观感受的相对概念。表明学习者对课程学习压力和要求的感知，缘于自身与周围学习环境间的互动，是不断变化、发展的。对于思齐，学术写作学习不仅是为了完成课程目标，也是学习者不断跨越认知边界，丰富自身学习体验，增强与学术团体成员间互动、交流的媒介。从更广义的发展的视角，学术写作作为学习者语言和认知发展过程中的关键事件，可能对其未来认知、行为方式的发展产生持续影响：

> 现在不管是什么行业，都需要做调研的能力，社会科学其实都在培养这种能力。第一是寻找问题，找到问题的切入点，找到研究问题的出口。第二是怎么去回答这个问题，做各种research，包括查找资料的能力、分析能力，都是可迁移的（SQ-FT-20190515）。

上述片段中，思齐从职业发展和规划的角度，分析学术写作学习与自身未来发展间的联系。她所提及的可迁移能力正是学术写作课程设计的一项初衷，即通过让学生参与真实学术话语实践活动，经历真实写作和研究过程，培养他们主动应对挑战，适应复杂、变化的学习环境的能力和意识。换言之，学术写作对学生发展的影响，不仅限于掌握学科知识与技能，而是重在让学生体验真实的学术话语实践活动，对学习、认知和发展等命题形成新的观点和看法。在不断变化学习环境和学习需求中，调整、优化自身思维和行为方式。

4.4.2 思逸的学术语言发展过程

思逸毕业于北京市一所重点中学，语言基础较好，在高中阶段有研究性学习的经历。日常生活中，思逸具有较强求知欲，对感兴趣的问题会刨根问底，也具有一定自主学习能力。这些特质潜移默化地影响了她的学术写作学习过程，应对、化解学习矛盾的方式，及学术语言发展的方式。本节从思逸学术写作学习中的矛盾入手（见表41），揭示矛盾化解过程中个体与环境因素间的复杂互动关系。

表41 思逸学术写作学习的主要矛盾

矛盾	示例
选题研究价值与自身兴趣和研究条件间的矛盾	我的选题过程较为曲折，这主要有两个原因：第一，我对于研究问题的要求比较苛刻，希望它能满足1）我自己非常感兴趣；2）是当下热门研究话题；3）有创新性；4）可操作性（时间、仪器、被试）（SY-FSRZ）。
研究期待与当前研究能力间的矛盾	研究方面最大的困难无疑是如何面对预期之外的数据。按理说，得到预期之外的数据应该是令人兴奋的事，因为它可能代表着某种新的发现。然而事实上，它们带给我的更多是困惑和沮丧。我认为这是因为：第一，我对自己的研究设计和执行没有自信；第二，我没有用一颗平常心去面对这个研究，因此才会感到无法接受看起来不那么好的数据（SY-FSRZ）。
写作需要与自身语言资源间的矛盾	我的想法如果是100%，我能写到50%就差不多了。我发现我并没有办法把所有思路都体现在文章里。我意识到别人能看到的只是我写出来的东西，而非我脑子里想的东西，所以我觉得这挺重要（SY-FT-20190619）。
团体学习规约与个体需求间的矛盾	定题前我觉得时间非常不够用，因为需要做很多的阅读，并且很多想法其实在并行，去看每条路能不能走通。所以我觉得定题前整个时间非常紧。但是定题后时间其实挺宽裕的……整个实验设计、数据收集，包括我数据收集遇到问题还重新收集，最后感觉写论文时间还是挺宽裕的（SY-FT-20190619）。

如表41，思逸学术写作学习中的矛盾，涉及研究的选题、设计和论文撰写等方面。其中比较突出的矛盾反映在研究层面，即个人研究兴趣与自身当前学术基础和研究条件间的矛盾。这一矛盾贯穿思逸的整个学术写作和研究过程，带来一系列困难和挑战，也不断拓展她对写作、学习和研究间关系的认识，带给她丰富的学习体验。

4.4.2.1 个人兴趣和研究条件间的矛盾

思逸是语言学方向的学生，对语言在人脑中的加工机制抱有浓厚的研究兴趣。因此，她在开始选题时就有比较明确的方向：

> 一个是mental lexicon，我可能对人脑中单词是怎么连接的比较感兴趣。另外我对心理语言学普遍挺感兴趣的。我也不知道为什么，从一开

始搜集文献的时候，大家都没有一个很清晰的方向的时候，我就能看出来……我发现了一个期刊，上面的文章都超级有意思，好几个感兴趣的点都是从上面找的（SY-FT-20190506）。

该片段中，思逸提到自己对心理语言学研究很感兴趣。这使她在学期初就有一个比较明确的选题方向，并基于此发现了感兴趣的学术期刊。但这并未给思逸的研究选题减轻“压力”。相反，她在寻找具体研究话题时经历了一些波折。下文从她的选题日志中，节选3–5月间思考过的选题：

March 14th

The influence of motivation in second language learning.

March 21st

1. How do different types of noise (namely, energetic and informational noise) affect native spoken word recognition in Chinese?
2. How do different types of informational noise (namely, in different language) affect native spoken word recognition in Chinese?

March 28th

1. How does L1 lexical representation affect corresponding L2 word recognition?

   How different conceptualization of L1 words affect L2 lexical processing?
2. How word association task can be improved?
3. Does language (L1 or foreign language) affect decision making?

April 7th

Improved word association task

April 12th

Option 1: Does thinking pattern affect lexical organization?

Option 2: How does L1 affect L2 lexical organization?

April 19th

Does cognitive style affect lexical organization in one's mind?

April 27th

RQs:

1. Does language affect moral decision making?
2. If so, what is the possible reason?
   1) Attenuation of emotions
   2) reducing access to normative knowledge
   3) activated rational process

May 3rd

RQs:

1. Does language affect moral decision making?
2. If so, what is the possible reason?
   1) Attenuation of emotions
   2) reducing access to normative knowledge
   3) increased deliberation

如上，思逸在2个月间思考过多个不同选题，如母语思维方式对二语心理词汇表征的影响、语言与道德决策的关系等。这些研究选题，多来源于她对日常生活中语言现象的思考，如噪音是否会影响语言使用者的词汇识别？思维方式是否会影响心理词汇表征等？上述选题在一定程度上反映了思逸的探究精神，她对人类的语言使用和认知发展具有一定好奇心，愿意挖掘现象背后的深层动因。因此，思逸把学术写作学习视为探索、发现、解答自身疑惑的过程。对她而言，个人研究兴趣和实际研究价值同样重要：

> 我对于研究问题的要求比较苛刻，希望它能满足1）我自己非常感兴趣；2）是当下热门研究话题；3）有创新性；4）可操作性（时间、仪器、被试）（SY-FSRZ）。

该片段反映了思逸在研究选题的中遇到的困难：即个人研究兴趣、研究价值和现实研究条件间的矛盾。三者间的互动与制约关系，贯穿她的选题和研究过程，促使她对不同选题进行权衡、取舍，最终选择感兴趣又相对可行的研究方案。例如，思逸考虑过研究噪音对语言识别的影响：

> 我一开始对于噪音怎么去影响language recognition挺感兴趣，我还试图设计了一下。但是后来发现实在太不可行了。因为要研究噪音，对环境的要求是非常高的。你得隔音，还得去给他（被试）提供某种频率的噪音，而且肯定得邀请大家到实验室来，这实在是不可行，然后就放弃了（SY-FT-20190506）。

上述想法产生于3月中旬，是思逸学术写作研究的第一个选题，也是个人研究兴趣与现实条件间的首次冲突。在之后的尝试中，这种冲突一直延续，尽管表现方式有所不同。它们看似是一种“局限”，却为思逸持续阅读、思考、探索、发现、解决问题，形成新的认知方式提供契机。此后近一个月的时间，思逸都在探究二语心理词汇表征的影响因素，起因是她对一个日常语言现象的思考：

> 当时我还在研究push和pull的事情，我找了一位老师，她一语中的，说这是language transfer，母语对于二语的影响。我就继续思考，是不是这两个词本质上的一些原因，导致了我们对它们的熟悉程度不一样？她说研究语言本身永远要用L1去研究，因为L2是一个学习的事情。我才从学习的、两个语言对比的思路去看……我想看看L1 representation和L2 learning的关系，会不会L1 representation越精确，L2就更容易学？就在我看这个的时候，我发现了word association task，它实在太有趣了……（SY-FT-20190506）

上述片段中，思逸对词汇联想实验的兴趣，缘于她对push和pull习得难度的观察和思考。基于此，她开始探究母语对二语心理词汇表征的影响。本案中，思逸的求知欲和个人兴趣，是学习发生的起点和主要驱动力。对此，她积极寻求外界帮助，与专业课老师交流、查阅相关文献资料等。然而，在深入研究词汇联想实验后，思逸又遇到了新的困惑：

> 当时我正好为word association task在看一本书，它写到了一些比较新颖的办法，但那是2009年的时候，可能现在已经不太新颖了。当时看的时候觉得非常受启发，我就跟老师说，可能对于word association task有一些新的想法，老师说你就去做word association task比较好一些。我就focus在这个方面了，后面我一步步将问题缩小、精确……但是后来发现不能接触到native speaker……反正遇到了一些问题。以至于我在word association task基本花了一个月时间，然后又回到moral decision making，就定题了（SY-FT-20190506）。

该片段中，思逸提到自己的选题过程几经波折。由于自身专业知识和现实研究条件的限制，她的多数研究设想难以在一学期内实现。因此，在一系列尝试和思考后，她在课程要求的定题时间截点前，匆匆确定了选题。然而，在思逸看来，这些努力并没有白费，因为它们代表了真实的学习和探究过程。虽然这些研究设想当前未能实现，但发现、解决问题的过程，帮助她逐渐熟悉领域内的专业知识和研究方法，不断丰富自身对选题意义的理解，为未来研究找到切入点：

> 虽然这看起来像一个弯路，但我确实在做word association task的时候也有收获，而且以后我可能也会再做（SY-FT-20190506）。

对于思逸，学术写作研究的目的不仅限于撰写课程论文，还在于体验探索、发现建构知识的过程。在此，学习的过程和结果同样重要。确定研究选题的过程固然曲折，但也从中涌现出诸多学习机会和新思想、观点。如搜集、阅读文献的方法，对实验设计的初探，评判研究可行性的标准，及她愈发强烈的好奇心。换言之，思逸的选题过程，让她对研究有了更加深入的理解，也促使她在实践中不断思考、反思，在个人兴趣、研究价值和可操作性之间寻找一个平衡点。

4.4.2.2 研究过程中的惊喜与失落

在确定研究选题后，思逸开始着手研究的设计与实施，重点阅读领域内相关文献，从前人研究中寻找启发。她在选题日志中写道：

In (Costa, 2014), Costa et al provided evidence, by testing four pairs of bilinguals (N=317), that people tend to make more utilitarian choices when using a foreign language than using their native language. They suggested that the effect is caused by the attenuation of emotions.

Geipel replicated Costa's study and offered new explanation of the phenomenon in (Geipel, 2015). They found the same phenomenon that there is a language effect on moral decision making. However, they disagreed with the reason suggested by Costa and provided a new hypothesis that the effect is caused by reducing access to normative knowledge when using a foreign language.

This study intends to first replicate the previous study in the Chinese/English context and find out if there is a similar effect. Then, the two possible reasons that have been proposed will be tested. Besides, a third hypothesis of the reason is proposed and tested: the using of foreign language activates the rational process of thinking.

通过阅读文献，思逸熟悉了相关语言学理论，了解先前研究的主要内容、发现和仍然存在的争议。并在此基础上，融入自身思考，设计研究问题。在此过程中，前人研究发现不仅为当前研究选题奠定基础，也促使学习者进一步思考，完善自身研究设计。换言之，文献阅读既是思逸研究选题和设计的基础，也为其进一步深入特定议题研究、探索、建构知识提供了可能：

最大的不同是以前没有意识到，自己的研究要基于别人的研究之上。研究颜色意象在北岛诗中的运用的时候，大家没有这个意识，比如颜色意象在诗中普遍是怎么用的？北岛的诗前人都研究过什么，去review一下，完全没有概念。当时就是brainstorming，拍拍脑袋想一想，大家一次次讨论……但是现在我觉得最大的一项改变可能要基于前人研究，literature review，然后确定自己的选题。一是要有意义，二是要有深度（SY-FT-20190506）。

该片段中，思逸提到学术写作研究与自身先前研究最大的不同，是“自己的研究要基于别人的研究之上”，这是学科知识得以传承和发展的基础，也是促使学习者深入阅读、思考和探究的重要媒介。在完成研究设计后，思逸开始收集数据，然而她的数据分析过程并不顺利，因为她并未发现预期的组间差异：

> 研究方面最大的困难无疑是如何面对预期之外的数据。按理说，得到预期之外的数据应该是令人兴奋的事，因为它可能代表着某种新的发现。然而事实上，它们带给我的更多是困惑和沮丧。我认为这是因为：第一，我对自己的研究设计和执行没有自信；第二，我没有用一颗平常心去面对这个研究，因此才会感到无法接受看起来不那么好的数据（SY-FSRZ）。

思逸表示，获得预期之外的数据令人沮丧。一方面，她对自己的研究设计缺乏信心。另一方面，自身期望与现实研究发现间存在较大落差。如上所言，由于多条研究思路在并行，思逸不得不在个人兴趣、研究价值和研究可操作性间进行取舍，最终在课程要求的时间截点前匆匆定题。这可能导致她在对所研究问题缺乏深入了解的情况下，匆忙进行研究设计，在一定程度上影响了数据收集的质量。此外，由于自身专业基础的限制，思逸在研究设计和数据收集中难免存在疏漏，最终导致数据分析结果和预期间的落差。纵观思逸一学期的学术写作学习经历，这种失落感一直存在，贯穿于她选题、研究设计和数据分析的全过程。却也激励她不断重塑、发展自身对研究的认识，不断拓展自身认知边界，主动与（学术）团体内部成员互动、交流：

> 我曾整整两周不碰学术写作的话题，觉得自己是真的对它不感兴趣了，可是在individual conference之后却又发现原来兴趣还在，这个问题还是这么有意思，只是我的研究不太有意义罢了……这么多情感交杂在一起，怎么用一个词概括呢（SY-FSRZ）。

对于思逸，一对一小组面谈的作用不再局限于研究进展汇报，而是为深度学习的发生提供可能。她在小组面谈后，对研究选题的意义和价值有了新的认识，也承认了自身研究设计的局限，并做好在未来继续完善、深入相关研究的准备。同理，教师在小组面谈中的作用不仅限于引导学生学习，而是作为学术团体内部更为核心的成员，为学习者提供智力和情感支持，拓展、丰富他们的视野，给予他们更多接触、开展学术实践的机会。换言之，教师在思逸的学术语言社会化进程中扮演重要角色。此外，思逸还利用课余时间，主动寻找其他学习机会。例如，她在下半学期旁听了学校举办的学术会议，并从中获得启发。

> 我听了一个会以后，对于综述性文章的看法有所改变。我之前不太愿意看综述性文章……我去听了儿童语言认知发展方面的会，有一个分会场，有4位老师讲，前三位都是综述性文章。我发现综述性文章其实是一个宝藏，它把关于一个问题的研究，非常系统性地总结出来了……它得出的research gap非常好，我觉得以后可以多看看literature review（SY-FT-20190619）。

如思逸所言，自己之前不太关注综述类文章，更愿意将精力用于探索新问题。一次偶然旁听会议的机会使她意识到综述类研究的价值，即它能帮助研究者回顾特定议题的历时研究进展，分析当前仍需解决的问题。这与她之前提到的，需要将自身研究基于前人研究基础之上的认识高度一致。反映了：1）学习者当前的需求和目标，能促使其在不断丰富自身学习体验的同时，建立不同学习经历间的联系，并随着实践的深入不断发展出新的认识；2）课程以外的学习机会也能间接影响学生的写作和研究过程。这些看似偶然的学习机会在真实学习目标和强烈学习动机的驱动下，不断发生耦合，涌现出新学习机会，促成学习者行为和认知方式的变革。综上，思逸在研究中的专注、投入及她对知识的好奇心，在一定程度上提高了她对外界环境资源的敏感度，帮助她成功捕捉、利用环境中的有利学习资源。换言之，当主体处于一种积极、嬗变和开放的状态时，似乎能更加敏锐地捕捉和利用所处环境中的资源和信息，并将其与自身当前学习需要紧密结合在一起。

4.4.2.3 写作中理想与现实间的差别

在收集、分析研究数据的同时，思逸开始着手论文写作。然而，她发现自己难以在写作中充分论证、展开自身观点：

> 我最近感觉（学术）写作比以前要重要一些。以前我觉得可能研究和写作的关系是研究占主导，写作就是一个辅助，或者说没那么重要的部分。但最近我越来越觉得写作这件事情是很重要。我的想法如果是100%，我能写到50%就差不多了。我并没有办法把所有的思路都体现

在文章里。我今天意识到别人能看到的只是我写出来的东西，而非我脑子里想的东西，所以我觉得这挺重要（SY-FT-20190619）。

该片段中，思逸提到了学术写作中理想与现实间的差距，即无法将想要表达的观点完好实现。该现象反映：1）外/二语学术写作中，观点在文本层面的实现依托学习者已有学术语言、认知资源。如何在写作中准确、恰当地表达自身观点，仍是诸多学习者面临的一项难题。2）不同学术话语实践活动间存在紧密联系，写作和研究活动间相互调节。例如，思逸的研究经历使她认识到，利用有限的篇幅呈现复杂研究过程，清晰论证自身研究的创新点，颇具挑战。同时，写作也促使她重新审视自身研究设计与实施的逻辑。在此过程中，思逸逐渐意识到，写作作为一项可迁移技能，与自身未来职业选择间存在密切联系：

另一方面是最近对于未来规划了解到的一些东西，发现不管走哪条路，写作这件事儿都挺重要的，所以慢慢觉得它在我心中的地位变高了（SY-FT-20190619）。

该片段反映，思逸对于写作的认识，随自身学术话语实践的深入不断丰富。学术写作学习经历，使她对写作和研究间的关系有了更加深入的理解，也在一定程度上改变了她对学术/职业语境中写作目标和功能的认识，促使她不断调整自身课程学习方式，建立与学术写作与未来学习/职业规划间的联系。该现象表明，不同话语实践活动间紧密联结，这些联系可能超越具体学习情境，并可能在未来某时刻作用或反作用于主体行为和认知的发展。

本案中，思逸对写作重要性的认识，促使她在阅读和写作中关注学术语言的组成方式，深度加工文本信息，在真实学术实践中不断深化自己对学术写作规范的认识：

可能大家都这样，写自己文章时会有几篇重点参考的，跟自己话题相近的，可能被引用最多的几篇。其实有一点像是模仿他们去写。比如他/她这一段干了什么，所以我这段基本要干什么……结果是我自己的，但（写作）模式可能是它的（SY-FT-20190619）。

该片段反映了思逸在写作中研读学术文本，借鉴他人写作方式的过程，如选取领域内代表性文章，学习、借鉴他人写作手法，架构自身写作逻辑。该学习策略在其他几位学习者的学术写作经历中也有体现。这表明，真实的学术写作和研究需要，能促使学习者在学习体裁知识的同时，有意识地在阅读中关注学术语篇的组织方式，不断提升自身对学术语言特征的敏感度，在实践中内化所学：

> 很多时候学东西的motivation在于需求，你有需求才会被它推着去找解决办法。比如当我有查文献需求的时候，才会去寻求各种尝试性的方法（SY-FT-20190506）。

如上，真实的写作和研究需要，促使学习者不断探索、发现学习机会，累积、丰富自身语言、认知资源，拓展自身学习领域，建立不同（学术）话语实践活动间的紧密联结。

4.4.2.4　课程学习规则的"制约"

由上可知，思逸在学术写作中不断挑战、超越自我，应对、化解学习矛盾，实现学术语言发展。其中，自身意愿/期望与现实条件间的矛盾普遍存在，贯穿于她选题、研究设计和论文写作的全过程。然而，这些矛盾也促使思逸不断挖掘课外学习资源，主动与（学术）团体成员交流，创设学习机会。在此，矛盾不仅描述个人期望与现实情况间的差距，而是指向诸多个体特质与环境因素在真实（学术）话语实践中的广泛联结。换言之，个体与环境处于永恒的互适与互动状态，二者间彼此支持，也可能相互制约。二者间互动关系的变化，为学习的发生创造条件。例如，本案中学术写作课程学习的方式，能激发学习者主观能动性发挥：

> 这门课所赋予学生的探索和选择的自由使它拥有了独特的吸引力：每个人都有选择自己感兴趣的话题的自由，我们完成的不再是单纯的作业，而是"我自己的作业"，"我自己的研究"。这就好像每个人都要盖一座房子，老师只是教了最核心最基本的盖房子的方法，而每个人都可以自由地去把房子造成他喜欢的样子：可以自己决定房子的风格、结构、颜色、内部设计。最后，每个人的房子都是不一样的，这是这门课最有意思的地方（SY-FSRZ）。

对于思逸，学术写作课程的魅力在于学生在学习中具有较强自主性，需要对自身写作和研究过程负责。这一方面构成了学习的挑战，即学生需要自主选择研究议题，独立设计、开展学术研究、撰写课程论文，并应对其中的不确定性及可能存在的风险。另一方面，这种不确定性也是激发学习者发挥主观能动性的重要因素，即学习者在真实目标的驱动下，主动探索、尝试不同学习方式，参与构建学科知识，最终获得个性化发展。在此情境下，学习者用“最基本的材料”搭建“自己的房子”。但设计、开展研究的过程本身也蕴含着挑战和风险。学习者需要提升自身应对困难的灵活性和韧性，培养策略意识，在应对风险的过程中，不断拓展自身视野、发掘自身潜能。换言之，学习过程和结果的不确定性，使学生的个性化发展成为可能。

另一方面，课程学习规约也可能一定程度上制约上述学习机会的发生。本案中的学术写作课程为确保团体学习效果的产生，对学生学习进度进行适当规约。例如，根据课程大纲要求，学生需要在5月初定题，同时呈现基本研究思路，这给思逸带来一定压力和挑战：

> 定题前我觉得时间非常不够用，因为需要做很多的阅读，并且很多想法在并行，去看每条路能不能走通，所以我觉得定题前整个时间非常紧，但是定题后时间其实挺宽裕的……整个实验设计、数据收集，包括我数据收集遇到问题还重新收集，最后感觉写论文时间还是挺宽裕的（SY-FT-20190619）。

对于思逸，定题时间可能在一定程度上“限制”了她自主探究选题可行性的空间。她在后续访谈中提到，匆忙定题和自身研究经验的不足，在一定程度上影响了她数据收集的质量，致使最终实验结果未能达到预期。该现象表明：1）课程规约在促使学习者投入的同时，可能在一定程度上“制约”他们在研究中主观能动性的发挥；2）个人求知欲与课程学习规则间存在一定矛盾与张力。本案中，思逸对研究选题的探索及定题前的广泛阅读，均为她的语言和认知的发展创造条件。然而，学习者主观能动性发挥，也可能会受团体活动规则制约，如选题时间限制等。事实上，二者间的矛盾并不具有明确的价值指向（对学习者或是课程设计），而是学习过程的真实反映，能为学习者不断反思、调整自身行为、认知方式提供参考：

我们研究方法老师说过一句话，研究里面事半功倍的事情很少，很多时候是事倍功半，走弯路是一件很平常的事情，有时候弯路也不是真的弯路。我觉得很有道理，虽然这看起来像一个弯路，但我确实在做word association task的时候也有收获，而且以后我可能会再做（SY-FT-20190506）。

思逸的学术写作学习体验，帮助她更深入地理解学术写作和研究的过程，重构自身对学习的信念和理解。该现象表明，学习者自身经历，会影响其感知、利用环境资源及与环境互动的方式。在此，学习过程相比结果似乎更有价值。因为学习即个体认识自我、进行身份定位，重构自我与他者间关系，不断调整、优化自身认知、行为方式的过程。这一过程充满挑战和不确定性，却使新思维和行为方式的涌现成为可能。例如，思逸提到了一次令人振奋却无果的学习经历：

我觉得这是一个很刺激的过程。你不知道下一秒会发现什么？比如说我在做word association task的时候，偶然读一篇文章，我突然看到一个人引用了一句话，他说现在我们对于word association task的了解还远远不够，我突然觉得我一定要看看这个人的original work，然后发现它是一本书。我把它找来以后，觉得简直发现了一个宝藏……我打算去实践一下他说的办法，因为他提供了一些computer program去做这个事情。我非常开心地打开网页，却发现它们已经不能用了。那时候非常沮丧，毕竟这个时间还是比较久远，我要是在12、13年的话，应该都能做成这个事。所以刺激的点在于你并不知道下一刻会发生什么？（SY-FT-20190506）

如思逸所言，“刺激的点在于你并不知道下一刻会发生什么”。学习过程的偶然性和不确定性，可能同时对学习者形成支持或制约。然而，超越对具体事件的考察，这些看似零散的事件和人物，能在更广义的时空中产生联结，并在一定程度上延续了不同学习经历间彼此互动、调节的可能，为学习者不断激发自身潜质做好准备。例如，思逸多次在访谈中提及不同学习经历间的联结：

很多时候兴趣这个东西可能很早就有苗头，并且无论通过什么样的路径，它都可能会走向一个有点趋同的位置。我初三开始对化学特别感兴趣，我高中的时候对生物特别感兴趣，这跟我后来我学的英语听起来是没什么关系。但是我发现在语言学里面，我最喜欢的是心理语言学和神经语言学，我也是最近才发现这其中的联系。其实感兴趣的东西它一直都在……有时候我觉得思维方式其实是很早就定了的（SY-FT-20190619）。

如思逸所言，“感兴趣的东西一直都在”。正是由于她的兴趣和好奇心，这些看似不直接关联的经历和事件，在学习过程中逐渐紧密联系在一起。在历时、跨越边界的学习和发展历程中，找到彼此融合、互适的方式。对于思逸，此时的兴趣与彼时相比，有了更丰富的意义和内涵。因为，随着自身实践经验的累积，她对学习兴趣和研究意义，有了更深层次的理解和思考。学术写作学习在这一过程中扮演重要角色：

2019年的春天对于我来说是一段值得纪念的日子。那是一段成就感与挫败感交织的日子，我时而感到惊喜万分，时而又失落无比；那是一段充满挑战的日子，我在途中不免遗憾，却也收获颇丰；最重要的是，在一次次探索与发现中，我渐渐明白了自己要走的路，并且开始真的一步一步地朝它走近了，而在这个过程中，学术写作课程的学习扮演了最重要的角色之一（SY-FSRZ）。

如思逸所言，学术写作学习是一个充满矛盾的复杂认知、情感过程，惊喜与失落同在，遗憾与收获并存。这些看似矛盾的认知和情感经历间相互作用，呈现出学术语言发展的复杂性、动态性和生成性，构成学习者不断挑战、超越自我的动力和基础。对于思逸，学术写作学习的意义，不仅限于获得特定学习结果，而更多是她在不断平衡、调整自我期待与现实条件间的矛盾与冲突时，探索、发现新知，适应复杂、变化的学习环境的过程。该现象表明，学术写作学习对语言、认知发展的调节作用缘于实践，而学习者在实践中的目标、动机，及应对、化解学习矛盾的方法，可能直接影响他们在学习中的获得，及语言、认知发展方式。换言之，矛盾，即系统内部各要素间的不平衡性，是学习发生的内在动因。它对学习过程的调节，在很大程度上取决于学习者的动机、意志、对环境的敏感度、适应力及抗挫能力等。这些主、客观因素间的复杂、动态互动关系，为不同学习过程和发展结果的产生奠定基础。该现象提示：1）相关写作课程的设计，可适当平衡课程规约与学习者主体性间的复杂互动关系，在激发学生主体性的同时，适当调节、规约团体学习活动，提高学生适应变化的学习需求和学习环境的能力；2）写作中的（学术）语言发展缘于真实学术话语实践，学生在真实目标驱动下，不断深化、完善自身话语实践活动的过程，构成了学术语言发展的基本动因。

4.4.3　学术语言发展过程跨案例分析

本节对思齐和思逸在学术写作中的语言发展过程，进行跨案例分析，识别、描述两名学习者学术写作中的共性矛盾，揭示促成矛盾化解的关键因素，探究这些因素间的复杂互动关系，如何形成不同学术语言发展过程。上文分析显示，思齐和思逸在学术写作中遇到诸多共性矛盾，包括选题、研究设计和论文撰写等。这些矛盾基本对应学术写作课程安排的主要环节，反映学生在写作和研究中遇到的共性挑战。此外，两名学习者均提到课程规约与自身主观能动性发挥间的矛盾。例如，思齐表示，作业提交的时间限制，一定程度上限制了她检查、修改自身写作作业的深度。思逸则表示，自己难以在有限的定题时间范围内，充分权衡不同研究选题的可行性。匆忙定题和没有经过细致斟酌的实验设计，在一定程度上影响了她数据收集的质量。纵观两名案例的学习过程，学习者个人目标/期待与现实条件间的矛盾一直存在，表现为学术写作、研究和语言发展过程中的周期性认知和情感失谐。然而，这种不平衡性也能转化为学习的动力，促使学习者不断汲取、利用环境资源，反思自身学习过程，拓展自身学习的领域和场域，不断深化自身与所处社会/学术团体间的互动与联结。

4.4.3.1　思齐学习过程中个体与环境因素间的互动

下文基于思齐的学术写作学习经历，总结、分析促成矛盾化解的关键因素及其互动关系（见表42）。

表42　思齐学术写作学习的给养

矛盾	类别	给养/制约	互动
研究选题价值与自身学术积累间的矛盾	个体	**给养** 个人兴趣，广泛阅读 深度思考	**微观系统** 小组面谈~广泛阅读 广泛阅读~深度思考 **中观系统** 个人兴趣~课程设置
	环境	**给养** 小组面谈，课程设置 **制约** 研究可操作性	
当前研究需要与自身研究能力间的矛盾	个体	**给养** 研究进度把握	**微观系统** 小组面谈~研究进度把握 **中观系统** 小组面谈~课外资源
	环境	**给养** 小组面谈，课外资源	
当前写作需要与自身语言资源间的矛盾	个体	**给养** 过往学习经历 学习者意识 深度思考 持续训练	**微观系统** 课堂教学~持续训练 写作反馈~深度思考 课堂教学~学习者意识 **中观系统** 过往学习经历~课堂教学 写作反馈~课外资源 课外资源~自我修改
	环境	**给养** 课堂教学 课外资源 教师写作反馈 小组面谈	
团体学习规约与个人时间安排间的矛盾	个体	**给养** 学习者信念，进度把握	**微观系统** 学习压力~进度把握 学习者信念~学习压力
	环境	**给养** 学习压力	

表42呈现了思齐学术写作的主要影响因素及其互动关系。其中，个体因素包括个人兴趣、广泛阅读、研究进度把控、过往学习经历、学习者信念和意识等。这些特质反映，思齐在学习中具有较强主动性。对自身关注的话题能持久投入，主动调节自身阅读、写作和研究过程，保持学习的动力和信心。这些特质帮助她积极应对当前学习中的挑战，合理规划自身研究进展，不断建立自身与所处课程、学术团体间的交流、互动关系。环境因素包括小组面谈、课程设置、课堂教学、课外资源和教师写作反馈等。其中，学术写作课程学习活动，如小组面谈、课堂教学和教师反馈，对思齐的（学术）语言发展构成重要支持，帮助她充分利用课程资源，实现自身学习目标。此外，思齐还善于主动探索、挖掘课外学习资源，例如登录写作中心网站查找APA格式要求，搜集慕课资源自建语料库等。上述分析表明，成功应对挑战的学习者，不仅具有较强的学习、理解和感知

能力，还能合理规划、调节自身学习活动，保持充足的好奇心及对环境资源的敏感度，使学习机会的涌现成为可能。

思齐在学术写作中与课程学习资源充分互动，为语言和认知的发展创造条件。这些互动关系贯穿于思齐一学期的学术写作学习，在选题和写作阶段尤为明显。表明这两个阶段在思齐的学术写作和语言发展中的重要性。例如，思齐为细化选题，大量阅读文献，寻找合适的理论框架和分析方法。这一过程总体进展得比较顺利，却也离不开她持久、密集的学术阅读和思考：

> 时间顺序上看，读文献、选题、定题、确定研究方法、收集数据等步骤并不是线性进行的。因为主要是质性研究，所以上述过程反反复复，或者彼此平行进行。比如说在确定研究方法的时候，收集数据也在进行，目的是检验一下研究方法是不是真的可行；选题的时候对研究方法和收集数据也有考虑，主要是在找做相关选题的学者们都是在用什么方法。不过，大体来说，3月主要是在选题、读文献和定题，4月主要是在下载新闻、学习建DIY小型语料库，5月主要是读新闻、学习使用语料库软件、整理发现，6月主要是写发现和讨论两部分的论文（SQ-FSRZ）。

如思齐所言，读文献、选题、确定研究方法等步骤并不是线性进行的，确定选题是不断试验、探索和抉择的过程。研究题目的细化需要以持久、密集的学术阅读和深入思考为基础，也因此构成思齐学术写作学习的重要部分。此外，在论文写作过程中，思齐尝试建立过往与当前学习经历，课内与课外学习资源间的紧密联结。例如，思齐在学术写作中强化并丰富了自身对写作语言连贯性的认识，参照教师课件上的链接，寻找课外资源，完善自身写作：

> 最有效的部分是老师分享的资源获取途径吧。有很多重要且复杂的信息，比如APA格式……这时候老师给的purdue writing lab链接会很有用，起到一个辅助的作用，我可以下课再自己查找。还有一些自己在网络上获取不到的东西也是很有效的，比如接触老师和学姐，感受一下她们写论文的心态，会对自己写论文很有帮助。很多时候我觉得对于初学者来说，心理障碍可能比研究本身带来的影响还大，所以看到身边人在做着怎样的心态调整是一件很有帮助的事（SQ-FSRZ）。

该片段反映，思齐的学术写作学习是一个多元认知和社会资源（如课堂讲解、课外资源）不断整合、互补的过程。这些看似零散的资源，在当前学习目标的驱动下，不断整合、重组，彼此间形成互动关系。如表41中课堂教学与（课后）持续训练、学习者意识及过往学习经历等因素间的互动关系，为思齐的学术语言发展奠定基础，也是她不断发挥主观能动性，建立不同学习场域、活动与资源间联系的动力和保障。

纵览思齐学术写作学习中的环境给养，部分因素（如小组面谈、课堂教学、课外资源、广泛阅读）彼此间深度互动，并与其他多项影响因素间形成互动与联结。表明它们在思齐的学习过程中，占据相对重要的位置。上述关键因素同时涉及个体（如广泛阅读、深度思考）和环境（如课堂教学）两个维度，它们之间的复杂互动关系（如小组面谈~广泛阅读~深度思考）是促成学术语言发展的基本动因，表明思齐的学术语言发展是个体与环境因素共同驱动，彼此深度互动的结果。

4.4.3.2 思逸学习过程中个体与环境因素间的互动

本案中，思逸的学术语言发展也是个体与环境因素间复杂、动态互动的结果。这些因素间的复杂互动关系，助力思逸积极应对、化解学习过程中的困难和挑战。不断深化自身学术话语实践活动，为学术语言的发展创造条件。表43呈现思逸学术语言发展过程中，促成矛盾化解的关键因素及其互动关系。

表43 思逸学术写作学习的给养

矛盾	类别	给养/制约	互动
选题研究价值与自身兴趣和研究条件间的矛盾	个体	**给养** 研究兴趣，广泛阅读 文献搜索	**微观系统** 小组面谈~广泛阅读 研究兴趣~文献搜索 研究兴趣~可操作性
	环境	**给养** 小组面谈 **制约** 研究可操作性	
研究期待与当前研究能力间的矛盾	个体	**给养** 广泛阅读，过往学习经历 深度思考，研究兴趣 学习者信念	**微观系统** 小组面谈~深度思考 小组面谈~研究兴趣 **中观系统** 广泛阅读~过往学习经历 参加学术会议~学习者信念
	环境	**给养** 小组面谈，参加学术会议	

（待续）

（续表）

矛盾	类别	给养/制约	互动
写作需要与自身语言资源间的矛盾	个体	**给养** 模仿案例论文 学习者意识 学习者信念 职业规划	**微观系统** 模仿案例论文~学习者意识 **中观系统** 学习者信念~职业规划
团体学习规约与个体需求间的矛盾	个体	**给养** 研究兴趣，过往学习经历 持续探索，职业规划	**微观系统** 课程设计~研究兴趣 学习规约~研究兴趣
	环境	**给养** 教师启发，课程设计 研究中的不确定性	**中观系统** 教师启发~研究兴趣 研究兴趣~不确定性 持续探究~职业规划 研究兴趣~过往学习经历

表43呈现了思逸学术语言发展过程中的关键个体及环境因素，包括研究兴趣、广泛阅读、深度思考、过往学习经历、小组面谈和课程设计等。这些因素与思齐的学术写作学习给养具有一定共性特征，如研究兴趣、广泛阅读、过往学习经历和小组面谈等。但相比前者，思逸的学术写作给养中，个体因素占比较大，且不同个体因素间的联结也十分紧密，如研究兴趣、过往学习经历和广泛阅读在学习过程中的紧密联结。该现象表明，思逸的学术写作学习在很大程度上是内驱的。她对研究的兴趣和执着，是持续阅读、思考和探究的动力源泉，也是在面临课程学习压力和现实条件局限时，积极发挥主观能动性，实现自我完善和超越的前提条件。如表43，研究兴趣贯穿于思逸学术写作学习的各个阶段，包括选题和研究设计等，且与诸多因素间形成复杂互动关系。例如，思逸的研究兴趣，促使她针对感兴趣的议题广泛搜集文献资料，寻求老师的帮助，主动探索学习机会，参与学术交流活动等。简言之，思逸的学术写作和研究过程在很大程度上是问题驱动的，促使她针对自身研究兴趣，进行的一系列真实、有意义的探索：

> 虽然课堂的大部分时间都在讲授写作方法，最终的目标也仅仅是写出一篇学术论文，但学生的收获却远远不止于写作本身……我认为，这一是由于学术论文本身的特征，即论文永远是为研究服务的，因此一个完整、科学的研究是完成学术论文的基础，也是学术论文存在的意义（SY-FSRZ）。

如思逸所言，“一个完整、科学的研究是完成学术论文的基础”。学术写作学习的目的不仅限于掌握写作规范，而是让学习者参与真实学术研究，广泛阅读、深度思考，体验探索、发现知识的过程，获得（学术）语言、认知发展。对于思逸，学术写作是真实学习（研究）目标驱动下的探究性学习过程。写作不仅是研究结果的呈现，也是促使学习者不断澄清、反思、凝练自身思维的方式。上述学习过程对语言、认知发展固然重要，却也颇具挑战，尤其体现为学习过程的自主性和学习结果的不确定性。例如，思逸研究选题和数据收集的过程并不顺利，她对研究选题的探索和取舍，受到自身专业基础和现实条件等一系列因素影响、制约，数据分析结果也未能达到预期。这种个人兴趣/意志与现实研究条件间的冲突，贯穿于她学术写作学习的全过程。思逸在反思日志中写道：

> 我记得第一次看到word association task时的好奇，记得第一次看到foreign language effect on moral decisions时的惊讶，记得独自坐在图书馆沙发上思索push and pull时的若有所思，记得这一问题被老师一语中的点拨时的恍然大悟；我记得读Paul Meara的Connected Words时的欣喜若狂和相见恨晚，也记得兴致勃勃想要实践书中ideas却发现其中提供的电脑软件已经失效时的懊恼不已；我记得在学姐提出可以提供一些课堂研究数据时的惊喜和故作镇定，也记得终于因为兴趣而放弃了那些对我来说可能很宝贵的数据时的无奈和释然；我记得对自己承诺一定要做有意义的研究时的坚定，也记得自己对选题问题妥协时的不甘；我记得一个个寝室发问卷时的尴尬，也记得收回一张张写满的问卷时的欣喜；我记得看到实验组和对照组分别为6%和21%时的势在必得，也记得用SPSS分析后发现居然没有显著性时的晴天霹雳；我记得自己在英院小花园写完literature review时对自己说“也没有那么难嘛”，也记得在一个下过雨的傍晚坐在小碧池边在笔记本上写“整个研究设计都有问题”……这么多情感交杂在一起，怎么用一个词概括呢？（SY-FSRZ）

该片段体现了思逸回溯自身学术写作学习经历时的复杂情感。其中既有惊喜也有失落，既有妥协也有不甘。对于思逸，学术写作学习好比在看似矛盾的复杂认知、情感经历中，寻找一个出口。它似乎很遥远，也可能近在眼前，可以随论文的提交而终止，也可能只是一个崭新的开始，可以是一种坚持，也可能是妥协……这无数的确定与不确定性，构成了学术写作的挑战，是激发她不断前行的动力，也是课程学习方式的魅力所在。也许这些挑战是思逸当前学习中最大的难点，或许也只是预设了未来发展的可能……这无数理想与现实，可能与不可能间的交流与碰撞，满足了思逸的好奇心，激发了她无限的想象力和执行力，也创造并延续了诸多新的可能。在此，学习的目标已不再是课程作业的检验，研究步骤、方法，抑或是写作规范学习，而是学习者不断探索、求真、自我否定和超越的过程。换言之，真实学习目标/动机驱动下，有限的资源（如课堂教学）能与学习者目标、意志、品质间产生复杂互动与连结，由此涌现出无限新学习机会产生的可能。正如思逸所言：

> 我的大多数收获也正是来源于对于这些困难的解决过程。例如，正是通过曲折的选题经历，我掌握了文献搜索的技能和文献回顾的经验；正是由于数据分析遇到的困难，我掌握了SPSS中几种分析方法和质性数据的标注方法；正是因为数据不显著，我才得以深入思考研究的意义，思考如何面对这个我早晚有一天要面对的问题。因此，回想起来，这些挑战事实上正是最宝贵的learning moments，而如果不是因为强调实践这一特点，我一定不会有这些收获（SY-FSRZ）。

思逸在学术写作中遇到的困难，一方面反映了自身理想与现实间的差距，如研究设想、实验设计和数据分析中不断涌现出的挑战；另一方面也表现为自身当前能力与目标预期间的矛盾。这一矛盾贯穿思逸的学术写作和研究经历，也为学习的发生创造条件。如思逸所言，“这些挑战事实上正是最宝贵的learning moments”，它们为学习者深入思考，不断调整、优化自身认知、行为方式提供了动力和契机。

综上，思齐和思逸在学习中面临诸多相似矛盾，促成矛盾化解的因素兼具共性和个性特征。其中，共性特征包括小组面谈、广泛学术阅读和过往学习经历等。个性特征则指向部分学习者个体特质及各自学习过程中的环境给养，如研究兴趣、课外资源、与老师交流及参加学术会议等。这些因素间呈现复杂、动态互动关系，互动关系的变化可能形成不同学习和语言发展过程。换言之，个体及环境因素本身并不构成发展的全貌，促成发展的是二者间的复杂、动态互动与联结，即学习者在自身兴趣和课程学习压力驱动下，积极感知、汲取、利用环境资源，拓展、丰富自身与学术文本、学术团体成员及不同活动系统间互动关系的过程。

上述互动过程并非自然发生，更多情况下涉及学习者在理想与现实间的取舍，及应对、化解矛盾时的妥协与不甘。这些矛盾，帮助学习者更深刻地认识自我，在理想与现实的冲突中寻找动力和契机。也正是在理想与现实、坚持与退让的反复磨合过程中，他们不断重构对自我、他者及学习活动的认识，提升自身适应复杂、多变的学习任务及环境的能力。在此过程中，学习者主体性得到彰显，潜能不断被激发。简言之，矛盾与冲突、生存与对抗、认知与情感的挑战与失谐，是实现拓展性学习的基本要素和动力源泉。因为，矛盾带来的不确定性，会打破系统内部固有平衡，激发系统内部各要素间的互动和重组，促成新观念、行为模式的产生。因此，不管矛盾成功化解与否，学习者应对矛盾的方式和过程，本身即具有重要意义和价值。对不同案例学生学习过程的比较与分析，不仅能揭示促成矛盾化解的关键机制，还能反映、诠释个体与环境因素在人类发展过程中的持久互动与协同共生。

4.5 本章小结

本章回答本研究的三个问题，描述群体学习者学术语言发展特征，追踪案例学习者学术语言发展过程，识别促成学术语言发展的关键个体特质、环境因素及其互动关系，揭示上述互动关系在不同学习者学术语言发展过程中的表现形式，比较、分析它们的共性和个性特征，探究促成发展的关键机制。

第五章　讨论

本章为讨论，阐述研究发现的意义和价值。5.1节结合拓展性学习理论和人类发展生态学视角，阐释、剖析英语专业本科生学术语言发展的过程与机制。5.2节结合量化和质性文本分析结果，揭示学习者写作语言在词汇、句法、语义和语篇层面的特征，及这些特征间的互动关系。5.3节讨论学术话语实践驱动的写作教学，如何调节学生学术语言发展。5.4节概括、提炼本研究的创新点。

5.1　学生学术语言发展过程

本研究发现，学术语言发展即学习者在真实写作、研究实践中，不断探索、利用环境资源，发挥自身潜能，应对、化解学习矛盾的语言社会化过程。此间，个体与环境因素相互调节，二者间互动关系的变化形成不同学术语言发展过程。学习者语言基础、语言意识、学习经历和认知策略等因素都能调节其对外界环境资源的感知与利用方式。这些个体特质又在课程/教学机制的调节下，不断获得丰富和发展。5.1.1和5.1.2节分别从活动理论和生态视角，解析真实学术话语实践活动中，英语专业本科生学术语言发展的过程与机制。

5.1.1　活动理论视域下，学术语言发展的过程与机制

5.1.1.1　学术语言发展的认知性与社会性

首先，本研究发现，学术语言发展是一个能动的语言社会化过程，兼具认知性和社会性（Duff & Doherty，2012；Ochs & Schieffelin，2011）。一方面，学术语言发展与学习者话语实践的广度和深度密切关联。例如，学生学术语言接触量、参与学术实践的时长等，都能深度调节其学术语言发展的方式。另一方面，学术语言发展受学习者在阅读、写作中语言加工深度的影响。学习者语言基础、认知策略，在阅读/写作中的认知投入及自我调节能力，都可能调节其获取、加工和内化学术语言的方式和过程。学术语言发展是个体与环境，认知与社会因素在复杂学术话语实践活动中多维、深度互动的结果。

上述个体特质对学生语言发展的影响，受系统课程教学活动的调节。在本研究中表现为真实、富有意义的学习目标、资源丰富的学习环境及教师为学生提供的智力和情感支持。这些中介资源持续调节学生的学术话语实践活动，进一步影响其学术语言发展的方式和可能。在此过程中，个体与环境因素间深度互动，二者间互动关系的变化，可能形成不同学术语言发展过程。例如，蓝天的学术语言发展与她的阅读、写作习惯密切相关，尤其体现为她在阅读和写作中主动寻求意义关联，关注语言形式的能力与意识。这种深度加工信息的习惯直接影响她从阅读、写作和研究中获得的学习机会，并随着实践的深入，进一步调节其学术语言发展的方式。该现象回应了Kormos（2012）的研究发现，明确心理认知特质会调节学习者感知、利用教学中介的方式。并将这一研究发现拓展到EFL教学语境下，成年学习者的学术语言发展过程中。提示未来研究应更加关注个体与环境因素在学习者教育经历中的互动关系及其变化过程，如何为学生语言、认知发展提供契机。

相比之下，白云在阅读和写作中的语言加工深度和效率，可能在一定程度上受其当前语言水平和过往学习经历的制约。她表示，学术语言理解困难可能会影响自身对文本内容的加工；专业知识的缺乏也可能在一定程度上消解白云在阅读、写作中获得的语言学习机会（Skehan，1996）。该现象呼应了Stanovich（2009）提出的阅读"马太效应"（Matthew Effects），即阅读能力与认知发展间存在双向互动关系。该现象提示：1）不同心理认知特质（如语言水平、信息加工方式）间存在复杂互动与联结，并能直接影响学习者对教学中介和环境资源的感知和利用方式；2）阅读和认知能力是可塑的，随学习者学术话语实践的深入不断变化、发展，二者间的联系也日益密切。这在一定程度上证实了学术话语实践驱动的写作教学，对学生语言、认知发展的调节作用。然而，学习的发生并非一蹴而就，而是往往具有延时性，受学习者的过往学习经历、语言水平和阅读/写作习惯等因素调节（Gentill，2011）。因此，教师在教学中应兼顾阅读、写作能力和意识的培养，关注认知能力与元认知能力发展间的互动关系，树立学习者思考、反思，自我调节和规约自身学习过程的能力与意识。

综上，学术语言发展兼具认知性和社会性，是真实学术实践和心理认知机制共同调节的结果。一方面，学术实践活动为学术语言发展奠定基础。另一方面，语言知识的内化与发展同时是一项心理认知过程。学习者语言加工的方式、语言/体裁意识和阅读、写作策略等因素，都可能影响其学术语言发展的方式。正如Ochs and Schieffelin（2011）所言，相关研究应打破语言习得（language acquisition）和语言社会化（language socialization）间的界限，探究个体特质与环境因素如何在（学术）语言发展过程中深度调节。

5.1.1.2　学术语言发展的能动性、前进性和曲折性

本研究发现，学术语言发展兼具能动性、前进性和曲折性。学术语言发展过程即学习者在真实学术话语实践中，不断应对、化解矛盾，发挥自身主观能动性的过程。矛盾的产生、发展与化解为学术语言发展创造条件，而学习者主观能动性的发挥则是促成矛盾化解和学习发生的关键。本研究表明，主观能动性不只是一项个体特质，也是一项社会过程，受课程/教学等一系列中介资源调节，受具体社会、历史、文化环境支持或制约。该发现回应了Kalaja et al.（2015）的观点，明确学习者主观能动性兼具心理认知和社会文化特质。这在语言社会化过程中尤其明显，如Duff and Doherty（2012）所言，语言发展是主体与环境在真实社会文化实践中深度互动的过程，是认知与社会因素共同调节的结果。本研究将这一发现拓展到学术写作拓展性学习过程中。提出矛盾的产生和发展能激发学习者主观能动性，促使他们不断增加学习投入，主动汲取、利用环境资源，提升自身认知、情感调节能力，为语言和认知的发展提供契机。上述学习机制的发生依赖一系列主、客观因素调节，关键在于这些因素间的互动与联结。

本研究中的学习者在语言基础、阅读/写作习惯、认知方式和自我调节能力等方面具有一定差异，导致他们应对、化解学习矛盾，汲取、利用环境资源方式的不同，并最终形成不同学术语言发展的过程和结果。此外，个体特质具有可塑性。学习者在应对、化解矛盾的过程中，不断调整、优化自身学习行为，突破已有认知局限，探索新活动/实践方式形成的可能。本研究发现，这种外在压力和内在动机共同驱动的拓展性学习过程，是学术语言发展的重要机制。下文基于3名案例学习者学术语言发展的拓展性学习过程，对上述观点进行论述。

如前所述，蓝天在课程中的阅读、写作方式和认知、情感调节能力，为其学术语言的发展创造条件。具体表现为，在阅读/写作中关注语言形式，深入思考、反思、评价目标达成情况，调控自身认知、情感过程。然而，上述心理认知过程本身并不足以解释蓝天学术语言发展的机制。因为，它们并非静态的个体特质，而是随矛盾的产生和化解，不断变化的学习者发展潜质，受学习者与教学活动、学习资源间互动关系的调节。如蓝天所言：

> 我认为这学期的学术写作经历是一段很难忘的经历，如果要用两个词概括，我觉得是艰难，但同时也收获满满。毫无疑问，在经历了一学期的struggle之后，不可能不学到东西。可能只有在学期最后，课程结束之后才会感激这门课。在学期中，在论文里挣扎的时候心境是完全不一样的……但当所有任务都做完了，回头看这门课，再看自己最初站在的位置，会感叹自己居然摸爬滚打走了这么远，也就会心生感激了。可能是真的要push自己才能激发潜力吧（FSRZ-LT）。

学习矛盾的激化（如在论文里挣扎的时候心境）能激发学习者主观能动性发挥，促使其不断调整、重构自身与他者及学习环境间的关系，以此获得学术语言和认知发展。相比蓝天在学习中的主动性，白云在应对学术写作学习矛盾的过程中，同时呈现出“积极应对”和“消极接纳”的复杂认知情感。一方面，面对课程学习压力，白云持久投入，积极寻找化解矛盾的资源和方法。另一方面，由于自身语言基础所限，白云在学术阅读和写作过程中遇到诸多障碍。这些困难在短时间内难以弥补，促使她重新进行自我定位，重构自身关于语言学习的认知：

> 矛盾就是我自己进步了很多，但是其他同学基础还是太好了。语言是一个积累的过程，别人先比我积累了那么多年，我再怎么赶也赶不上，但后来我心态也放平了，不要去跟别人比……只能说在自己的基础上做好就可以了（FT-BY-20190701）。

该片段反映，矛盾对学术语言发展的调节缘于主、客观因素间的互补和动态平衡。换言之，只有当学习者积极、主动地应对学习矛盾，并具备矛盾化解所必需的语言和认知基础时，矛盾对发展的调节作用才能最大程度地发生。上述互动关系随矛盾的产生、发展与化解不断变化，贯穿于学习者各学习阶段中的复杂认知、情感体验，受课程设置与教学方式等因素调节。这一发现呼应了先前研究对矛盾和学习间发展关系的共识（Lei，2019），指出未来研究有必要同时关注促成学习者应对、化解学习矛盾的心理和社会过程，从二者间互动关系的变化，揭示学生学术语言发展的过程与机制，探究拓展性学习模式对不同语境和学习者群体语言和认知发展方式的解释力。

上述发现对我国外语教育语境下，写作（语言类）课程的设计与实施具有重要启示。首先，真实、富有挑战的学习目标和持久、密集的学术话语实践活动，是促使学习者持久投入，规划、调节自身学习过程的先决条件，也是帮助学习者积极应对、化解矛盾，发挥自身潜能的必要环境支持。第二，探索式、实践式的写作学习模式，使学习者不再是被动接受知识的客体，而是成为主动探索、发现、建构知识的主体。学生在选题和研究中的自主性和选择权，能在一定程度上增强他们对自身学习行为的责任感（Perry et al.，2006），也是激发他们积极应对挑战，不断反思、进取，充分激发自身潜能的重要因素之一。

5.1.1.3　学术语言拓展性学习机制

综上，学术语言发展是个体与环境因素在真实学术话语实践中复杂、多维、动态互动的结果，兼具认知性和社会性、历史性与现实性、前进性与曲折性。下文图16对3名个案学术语言发展的过程与机制进行概念图示。

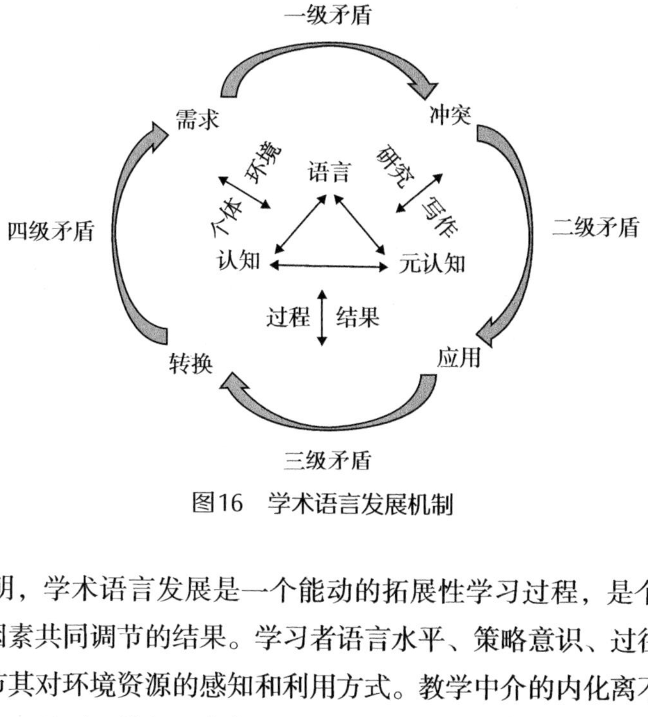

图16　学术语言发展机制

图16表明，学术语言发展是一个能动的拓展性学习过程，是个体与环境、认知与社会因素共同调节的结果。学习者语言水平、策略意识、过往学习经历等因素都能调节其对环境资源的感知和利用方式。教学中介的内化离不开心理认知活动的调节，且需要以持久、密集的学术话语实践作为保障。学术语言发展是个体认知、行为和社会资源在真实学术实践中复杂、动态互动的结果。

此外，本研究还丰富了学术语言发展的内涵，表明学术语言发展兼具符号性和认知性，是一系列语言、认知和元认知活动共同调节的结果。学习者在阅读、写作中的认知策略使用，能调节他们处理、加工学术语言的方式，进而形成不同语言发展结果。同理，学习者在阅读、写作中的元认知活动，如自我调节、反思和评价自身学习活动的能力，能支持或抑制学习的发生。上述心理认知活动，还可能影响学习者写作语言准确度和连贯性的发展。因为这些语言维度的发展，需要基于学习者对语篇的深度理解和加工，与个体语言意识和阅读、写作习惯密切关联（Williams，2012）。

本研究发现，上述心理认知特质的发展具有动态性，受个体与环境因素间的互动关系调节，受学习者过往学习经历、当前语言水平、语言意识和学习目标等因素支持或制约。矛盾作为学生学习过程中的关键事件，能激发上述互动关系的变化，并随着学术话语实践的深入，重塑学生学术语言发展过程。上述发现提示，相关学术写作教学和研究，应兼顾促成学术语言发展的认知和社会因素。为具有不同语言基础、学习经历和目标的学习者，提供个性化发展空间。

本研究中，真实的学术阅读、写作和研究活动间相互调节，为学术语言发展创造条件。以蓝天的学术语言发展过程为例，真实研究需要促使她大量接触、深度加工学术文本，不断拓展、丰富自身学术语言和认知资源。并通过写作深度加工、内化学术语言的表达方式。该现象体现了Vygotsky（1986）对语言与思维发展间关系的认识，为学术话语实践驱动的写作课程设计提供实证支持（Russell，2009）。

本研究发现，学术语言发展即学习者在真实学术话语和研究实践中，应对、化解学习矛盾的过程。矛盾的产生、发展与化解是个体特质与环境因素在学术阅读、写作和研究中深度互动的结果。上述因素间的复杂互动关系，形成不同学术语言发展过程。此间，矛盾作为学生学习中的关键事件，促使学习者不断调整、反思自身行为/实践方式，主动适应学习环境的变化，为语言、认知能力的发展创造契机。该研究发现证实了拓展性学习理论对人类语言和认知发展的强大解释力（Engeström，1999），也丰富了该理论看待人类学习和发展的视角。具体而言，学习者应对、化解矛盾的方式和过程是个体与环境、认知与社会因素间复杂、动态互动的结果。相关研究不仅应关注教学中介和环境资源，对学习矛盾化解的作用，还应探究学习者心理认知活动和情感的变化过程。该现象回应了Graham（2018）从发展心理学视角对写作学习发生机制的解读，又通过深度描述矛盾的产生、发展与化解过程，将上述互动关系的变化显性化。丰富了拓展性学习理论关于人类认知发展过程系统性、动态性和批判性的认识，为揭示我国英语专业本科生学术语言能力发展的过程与机制，提供必要理论和实证支持。

综上，活动理论视域下，本研究在思路和方法上主要有以下创新：1）以学生写作学习中矛盾的产生、发展与化解为切入点，还原学习者学术语言的发展过程；2）从学术语言发展过程中心理认知和社会文化特质间的互动关系入手，阐释、解析促成或抑制学术语言发展的关键机制，揭示学习者心理认知特质在矛盾产生、发展与化解过程中的变化。

上述研究结果从以下方面对先前研究发现进行拓展：1）揭示真实学术话语实践活动中，个体特质与环境因素在学术语言发展中的复杂互动关系；2）揭示活动理论视域下，学习者语言水平和心理认知特质，如何调节其感知、利用教学中介和环境资源的方式。

首先，学术语言发展是个体与环境、认知和社会因素，在真实学术话语实践活动中深度调节的结果，受具体社会文化环境支持或制约（Graham，2018）。但对于上述因素间如何发生互动，先前研究少有涉足。Lei（2016）指出学习者心理认知过程（如关注、模仿和目标设立等）能调节其对教学机制的感知和内化方式。本研究在此基础上进行拓展，发现个体特质与环境因素在学术语言发展过程中的互动关系并非一成不变，而是随个体实践的深入，不断变化、发展。其中，学习者语言基础对学术写作学习效果的调节具有长期性。相比之下，学习者认知方式（如阅读、写作策略使用）则相对易受教学活动调节，并能反作用于中介作用的实施与构建。例如，3名案例学习者为应对学习挑战，均开始不同程度地探索文献阅读和写作策略，提高自身处理、加工学术文本信息的能力和效率。相比学期初的“焦虑”，到学期末3名学习者均表示已逐渐适应了学术写作学习方式，并对自身未来学习方式有了新的规划和思考。该现象提示，个体特质（如认知、元认知策略和语言意识等）在学习活动中具有一定可塑性，受课程学习内容和方式调节。高质量的教学不满足于仅仅实现既定学习目标，而是旨在提高学习者可塑性和应对学习挑战的灵活性和韧性。

第二，本研究将活动理论指导写作教学和描述学生发展的证据有机结合。如前所述，先前研究已基本证实了活动理论对写作教学设计与实施的指导作用（张莲、孙有中，2014），及以“活动”为载体的写作教学方式对学习者语言发展的调节作用（熊淑慧、邹为诚，2012；杨鲁新，2015；朱效惠、袁欣，2018）。本研究在揭示团体学习机制的基础上，兼顾学术语言发展中的个体差异，对先前研究结果进行拓展。研究发现，“活动”作为教学设计和实施的基本原则，能调节学生学术语言发展过程，但个体语言发展轨迹存在差异，案例学习者与环境互动的方式也各不相同。例如，阳光和蓝天均具有较高学习动机和语言基础，但她们应对、化解学习矛盾的方式各异，由此带来不同语言学习过程和发展结果。换言之，学术语言发展具有生成性，很多学习机会是在学习者应对、化解矛盾的过程中，不断涌现、发生的。

上述研究结果提示，活动理论视域下的写作教学与研究应进一步关注学习发生的过程性和个体差异性，兼顾发展的量化和质化特征。从“质”的角度描述学习发生过程的互动性与生成性，从“量”的角度揭示学术语言发展的层级性和阶段性特征。该现象回应了Paltridge et al.（2016）对学术写作人种志研究的呼吁，倡导相关研究将文本和语境紧密结合，兼顾量化文本分析与质性学习过程分析在学术写作研究中的作用，揭示二者间互动关系在多元时空中的变化和发展。

5.1.2 生态视角下，学术语言发展的过程与机制

上述分析表明，“活动”是学术语言发展的重要驱动力和基本单元，学术语言发展缘于学习者在真实学科语境下的学术话语实践活动（Russell，2009）。在此过程中，学习者不断获取、内化相关教学中介，拓展、丰富自身语言、认知资源，重构自身与学术团体间的联系。因此，学术写作学习的目标不仅限于语言资源积累和体裁知识学习，还重在让学生真实参与学术写作和研究，体验知识建构的过程。在此，学生学习过程和发展结果得到有机统一。学术语言发展既是学习的目标，也使学习者不断探索、发现新学习机会，反思、调整自身学习和认知方式的重要中介。

5.1.2.1 学术话语实践中个体特质与环境因素的互动

生态视角下，学术话语实践活动对语言和认知发展的调节，体现为学习者个体特质与环境因素间的紧密联结。换言之，个体特质与环境因素在发展过程中呈现双向互动关系，环境对人发展的调节依赖于主体感知、利用环境给养的方式（van Lier，2004）。依此逻辑，学术话语实践中的语言发展，即学习者不断感知、内化环境资源，依据自身学习需求，选择性地汲取、创造新学习机会的过程。在此，个人学习目标、学习需求、语言基础等因素，都可能影响学习者感知、利用环境资源，参与学术话语实践，实现学术语言发展的方式（李东莹、张莲，2022；Li & Zhang，2024）。

本研究中的5名案例学习者，在学术写作中遇到相似矛盾（如选题、研究设计和论文撰写等），但她们应对、化解矛盾的过程，及感知、创设学习机会的方式却

各不相同。这不仅取决于他们的语言和专业基础，还与学习者的个人目标、信念、过往学习经历等因素密切相关。例如，思齐与思逸的语言、专业水平和学术写作学习投入程度均无明显差异，但她们开发、利用学习资源，与环境互动的方式却各不相同。思齐能充分发挥主观能动性，从课堂、小组面谈和教师写作反馈中汲取有效信息，自主挖掘、整合课内外学习资源，实现当前研究、写作目标。简言之，思齐的学术写作学习是个体与环境因素共同调节的结果，二者间的深度互动，为她积极应对挑战、适应不断变化的高挑战学习需求，规约自身学习活动奠定基础。

无独有偶，上述个体特质和环境资源在思逸的学习过程中也有体现，如学习者兴趣、过往学习经历、广泛阅读、深度思考和一对一小组面谈等。然而，这些因素间互动、联结的方式却有所不同。如前所述，思逸的选题和研究过程并不顺利，她对研究的投入、探索研究选题的意志更多是内驱的，尤其体现在她对感兴趣研究议题的持续思考和探索。然而，由于自身专业基础和现实研究条件所限，思逸很难在一学期内践行自身研究设想，为此她不得不对诸多感兴趣的选题进行取舍，在规定时间内确定选题，提交研究设计。然而，这并不意味着学习机会的削减。相反，正是由于现实条件的“限制”，思逸才不断萌生出新的想法、观点，进行尝试。在此过程中，她逐渐学会应对复杂学习任务，适应不断变化的学习需求，接受预期之外的研究数据，获得语言、认知发展。

该现象表明，个体与环境的互动是一个不断涌现和变化的过程，具有延续性、依存性和渐变性。学习者过往经历和信念，可能持续影响其在当前学习中的行为、信念和抉择。这些因素间的联结和互动关系，处于永恒的流变和发展过程。在不同学习需求和环境条件的调节下，呈现出不同的发展态势和潜势。因此，发展即主体与环境在无数相互关联的活动、场域和事件中彼此互动、调节的过程，也是主体对当前学习活动、环境中的可能性，进行感知和取舍的过程。学习者已有语言、认知基础及目标、信念等因素，都可能影响其感知、利用环境资源的方式，而感知到的资源是否能够顺利转化为给养，则是一个曲折、辩证的渐进发展过程。其中，主体基于内在动机抑或是外在压力，不断感知、权衡所处环境提供的可能与局限，并基于此，调整、优化自身行为和认知方式。正如Wertsch et al.（2003）所言，主观能动性不只是一项个体特质，而是社会文化因素调节下的行为和认知潜能，是个体意志、品质和能力在具体社会文化活动中被激发的潜质，也是个体与环境间互动关系不断改变、发展的结果（van Lier, 2008）。本研究证实并拓展了这一观点，指出对学习发生机制的研究，应关注主体与环境间的双向互动，即在探究活动及中介工具对学习者语言、认知发展调节作用的同时，关注个/团体成员在吸收、内化上述调节机制时具备的意志、品质，深度描写、追踪真实情景下的微观学习发生过程。综上，生态视角下，促成学习发生的个体特质和环境因素都处于永恒的流变状态，二者间的互动是促成发展的源泉（Shelton，2019）。主体只有在适应新环境，应对新任务和挑战的过程中，才能不断实现自我完善，获得学习和发展。这些特质又将进一步影响主体与环境互动的方式，并在一定程度上预设学习者未来发展的方向和可能。

上述观点同样适用于解释学术语言发展过程。如前所述，学术语言发展不仅是语言知识积累和写作技能训练，还是主体在真实学术话语实践活动中，不断拓展自身与他者、团体及所处环境间互动关系的过程（Prior，2009）。这种实践式、过程性的学术语言发展方式目前已普遍得到认可（Prior，2009；Russell，2009；张莲、孙有中，2014）。本研究从生态视角出发对此进行拓展，指出对主体与环境间互动关系的研究，不应止步于影响因素识别，而应描述、追踪不同因素间复杂互动关系。这一方面需要还原案例对自身学习经历的真实、情境性叙事，提升相关研究对语言发展过程和机制的解释力。另一方面，促成发展的因素并非一成不变，相关研究应采用动态、发展的眼光审视这些因素，追踪不同因素间互动关系的变化和发展。换言之，相关研究的对象不只是学习过程或发展结果，而是同时包括发展的可能性，即主体在拓展自身语言、认知资源，与学术团体建立联系的过程中，被激发出的新学习愿望、能力和潜质。例如，思逸在学术写作学习中的收获并不局限于学术研究方法和写作规范，而是探究性学习的过程，及在反复试错和调整的过程中，对自身行为、思维方式的反思和重塑。

纵览思齐和思逸的学习过程，学术语言发展是学术话语实践的必然结果，也是驱动学习者不断感知、利用环境资源，为自身创设学习机会的重要媒介。在此过程中，语言、认知发展与阅读、写作、研究等实践方式，已逐渐融为一个连续、统一体，彼此间互动、交融，共同构成学生学术语言发展的微观学习生态。这提示相关研究可尝试逐渐超越单一、片面化的学习结果或影响因素考察，从联系、互动和发展的视角，描摹、追踪、阐释促成发展的机制和动因。本研究发现，这些互动关系同时体现在“量”和“质”的层面。前者表现为特定影响因素在发展过程中的“核心”位置，如思齐在学习过程中广泛阅读、积极探索课外学习资源的习惯，及思逸对研究的兴趣和探究性学习方式的认同等。这些因素同时与多项个体及环境因素产生联结（如研究兴趣），对发展具有一定导向和预测性。从“质”的层面看，不同影响因素间联结、互动的方式，能深刻影响学习发生的方式和可能。因为，学习者在当前发展阶段认识、感知、利用环境资源的方式，可能成为其日后学习、发展的初始状态，而个体对于变化和挑战的开放性，也可能为下一阶段学习机会的涌现和发生奠定基础。正如思逸所言：

> 不过无论如何，这门课的学习经历都令我受益匪浅，这是毋庸置疑的，而且它对我的影响很可能不止于这一个学期，而是令我在之后很长时间的发展中依然受益……2019年的春天是一段值得纪念的日子，我想哪怕再过十年，我也依然会这样想吧（SY-FSRZ）。

5.1.2.2 学术话语实践中的矛盾、互动与语言发展

如上所言，学术写作学习中的矛盾，是推动学生学术语言发展的重要动力。这在活动理论和生态视角下都有体现。活动理论视域下，活动系统内部各要素间的不平衡性（即矛盾），是发展的动力和源泉（Roth，2007）。系统内部矛盾有层级之分，当前矛盾的化解能推动下一级矛盾的发展。发展即主体在复杂社会文化实践中不断应对、化解矛盾的过程。本研究证实了这一观点，并将矛盾运用于生态视角对于人类认知发展的解释中。其理据是：1）矛盾即系统内部各要素间的短暂失谐，是复杂系统运行中的普遍现象；2）从变化、发展的视角，失谐只是系统当前的暂时状态，具有不断流变、发展的可能；3）当前状态的失谐，可能促成系统内部各要素间的互动与重组，为新学习机会的涌现创造条件（Joyce，1994）。因此，由矛盾引发的主体与环境间的联结、互动与认知重组，适用于不同学习理论视角对于人类认知发展过程与机制的解读。

本研究对思齐和思逸学习过程的阐释证实了这一观点，即学习者应对、化解学习矛盾的过程，也是其学术语言发展的过程。然而，生态视角下，对矛盾的识别具有一定灵活性，即主体内部或主体与环境间的不平衡性，皆有推动发展的可能。例如，思逸的过往学习经历与她当前的研究兴趣和求知欲一脉相承，却也致使她在选题过程中做出暂时妥协。然而，这些看似矛盾的学习经历，为她下一步的探索和发现做铺垫。同理，课程规约的压力促使思齐在小组面谈后，大量阅读学术文献，广泛搜集课外学习资源。

综上，矛盾存在于学生学习和发展的各个阶段，与各阶段中的关键事件紧密相连，如选题、研究和写作等。矛盾的产生、发展与化解处于永恒的运动和变化过程，是主体意志、品性、能力与现实条件间不断匹配、互适的过程，二者间的互动可能同时支持或阻滞发展。例如，本研究中，课程学习规约可能同时支持或

阻滞学习的发生，前者体现为课程规约对学生学习进度和过程的调控（如思齐在小组面谈后增加学习投入），后者则反映为课程规约对学习者主观能动性的制约（如作业提交和定题时限）。该现象表明，中介工具对学习者语言、认知发展的调节作用是相对的，对教学调节机制的研究应植根具体社会文化语境下，师生当前的学习需求和状态。同理，生态视角下，环境给养并不仅指促成发展的环境特质，还包括这些特质间的互动与联结。正如van Lier（2004）所言，给养本身即一种互动、联结关系。本研究结果对给养的内涵进行丰富，指出给养的联结属性赋予它不断变化、发展的特质，也正是这种变化性，使新的联结与互动方式不断产生，为学习机会的涌现创造条件。

因此，对矛盾与学习、发展间关系的研究，不应仅局限于矛盾的识别或发展结果比较，而应深度描写、追踪学习者应对、化解矛盾的过程，及该过程中主体与环境间互动关系的变化。如本案中的5名学习者，在学术写作中均遇到类似困难，但他们应对、化解矛盾，感知、利用环境资源的方式却各不相同。表明矛盾的发展与化解是一个在互动中不断涌现的学习过程。学习者当前的状态、目标和需求等因素，都可能影响其应对、化解矛盾的行为方式和认知取向，进而调节学习发生的方式与过程。这种拓展、循证式的学习模式又构成了新一轮矛盾化解与发展的条件和基础。换言之，矛盾的产生、发展和化解是一个永恒的动态变化的过程，也是追踪、诠释学习发生机制的重要媒介。

上述分析表明，学术话语实践对语言、认知发展的调节重在实践，即重点关注学习发生的过程。这在先前研究对语言学习发生机制的阐述中已有体现（Russell，2009；徐昉，2015）。本研究从系统、互动和发展的视角，对这一观点进行拓展。指出对学习发生过程与机制的研究，应着重关注主体与环境因素间的双向互动关系，及由此涌现出的学习机会。例如，本案中5名学习者应对矛盾的方式各不相同，但研究的重点不应止步于对学习矛盾的识别和发展结果的比较，而应关注矛盾化解过程，对不同语言和认知发展方式的调节。例如，白云通过学术写作学习，重新进行自我定位，对语言学习的目标和方式也有了更深刻的理解。思逸虽然未能实现预期研究结果，但在探索、发现新选题的过程中，不断丰富自身学术语言和学科知识，刷新自身对于研究和写作的理解。简言之，学术话语实践活动中涌现出的学习机会，具有互动性和一定不可预测性。它们不仅是语言发展的中介，也为学习者重新认识、超越自我，建立、拓展自身与环境间的互动关系创造条件。因此，相关研究应尽量避免案例比较中的主观价值判断倾向，尽可能从具体情境下的真实学习经历和事件出发，揭示个体特质与环境因素间的深度联结，及这种普遍、动态的联结方式，对具有差异的学习者，行为、认知发展过程的调节。

上述发现对相关写作课程的设计与实施具有重要启示。课程对（学术）语言、认知发展的调节不仅是由外向内的，也可以是学习者由内向外探索、利用学习资源、创设学习机会的结果，尤其当学习者主观意愿与课程学习目标相匹配时（如思齐的学习投入和思逸的研究兴趣）。这在一定程度上证实了基于“活动”的学术写作课程设计，对学习者语言和认知发展的调节作用。换言之，“活动”作为课程设计和教学实施的基本单元，以有限的资源和学习规则，创造出无限的个性化学习和发展契机。

在此情景下，课程学习目标（如学术语言发展）不再是检验学习结果的唯一标准，而是促使学习者行动、反思与变革的结构性机制。上述学习的发生取决于一项关键条件，即学习过程的探究性和学习结果的不确定性。一方面，不确定意味着学习结果的开放性，即学习者从自身写作、研究体验中获得个性化成长。例如，思逸对研究选题的取舍，丰富且深化了她对自身兴趣和选题意义的理解，也为她未来的研究方向选择提供启示。另一方面，学习过程也具有一定不可预测性，如自主选题、开展研究、撰写论文的过程能充分激发学习者探索、发掘学习机会的主观能动性，使相似教学环境下的学习者个性化发展成为可能。如思逸所言：

> 这门课所赋予学生的探索和选择的自由使它拥有了独特的吸引力：每个人都有选择自己感兴趣的话题的自由，我们完成的不再是单纯的作业，而是“我自己的作业”“我自己的研究”。这就好像每个人都要盖一座房子，老师只是教了最核心最基本的盖房子的方法，而每个人都可以自由地去把房子造成他喜欢的样子：可以自己决定房子的风格、结构、颜色、内部设计。最后，每个人的房子都是不一样的，这是这门课最有意思的地方（SY-FSRZ）。

5.2　学生学术语言发展特征

5.2.1　群体学习者学术语言发展特征

本研究发现：1）学术论文引言写作中的多元视角采纳，具有一定功能指向，受具体语步写作目的和功能的调节；2）各引言语步呈现出不同的词汇和名词短语复杂度特征，这些特征间的互动关系也各不相同；3）评述前人研究语步中的多元视角采纳，能显著预测学习者在多项词汇和句法复杂度指标中的表现。下文将对此进行详细讨论。

首先，学习者在引言中的多元视角采纳具有一定功能指向，如评述前人研究和铺垫当前研究语步，呈现出更明显的多元视角使用特征（见表15）。可能原因是：分析、综合、评价不同研究发现及寻找当前研究空缺的需要，促使学习者从不同视角，综合、比较前人研究发现，并依据自身研究目的对这些相似或矛盾的发现进行评价、整合。然而，即便在具有较明显功能指向的语步（如铺垫当前研究），多元视角的使用频率仍不高，表明并非所有学习者都具有在写作中分析、比较与综合的意识。

该现象表明，多元视角的出现并非越多越好，而是需要服务于学术写作观点论证和知识建构的目的，语言的复杂是为了满足复杂交际目的和功能的需要。此外，学习者在评述前人研究、构建自身观点、立场时多元视角的采纳，可能受自身语言基础和体裁意识等因素调节。如前所述，并非所有学习者都具有在写作中分析、比较与综合的意识，这可能直接影响他们学术写作观点建构的方式。这同时取决于学术写作的目的，EFL语境下，写作若缺失真实交际目的和功能，学习者对语篇特征的关注则可能更多流于形式，即学术语言的表层特征、写作规范与规约。然而，正如Chandrasegaran（2013）所言，体裁特征不仅限于写作规范描述，而更多指向实现特定交际功能的语言和认知资源，是语言形式、意义与功能的集合体（Moreno & Swales，2018）。在此情境下，意义表达的需要，可能直接影响学习者在写作中的语言选择。因此，相关写作教学在阐释语步意义和功能的同时，还应关注实现语步的语言资源和认知过程，引导学生在真实学术话语实践中，建立语言形式、意义与功能间的联结。

第二，学习者在各语步中的词汇和名词短语复杂度具有一定差异，如本研究中的学习者，在评述前人研究语步普遍呈现出较高直接宾语和名词补语复杂度，介绍当前研究语步则呈现出较高名词主语和介宾短语复杂度等。该现象表明，学术语言复杂度具有一定功能指向，语步的意义表达需要，能影响写作中的语言选择。该现象回应了Lu et al.（2021）的发现，即介绍当前研究语步呈现出明显的小句左侧嵌套和非谓语从句特征。本研究中的学习者表现出相似特点，体现为复杂名词主语和介宾短语结构的使用。可能原因是，以有限篇幅概述复杂研究内容的需要，促使学习者使用复杂嵌套和介宾短语结构，压缩小句信息。同理，评述前人研究语步中呈现出的复杂直接宾语和名词补语结构，可以满足学习者提炼、整合、评述不同研究发现的需要。该现象提示，对学术语言复杂度的研究，不应仅关注相关语言指标的“量”化表征，还应探究复杂语言结构所承载的意义和功能。如Lu et al.（2020）所言，高质量写作文本通常呈现出符合体裁交际目的和写作规范的语言选择，而非复杂语言结构的堆砌和罗列。

同时，本研究发现，词汇和名词短语复杂度间的相关系数，在各语步中也呈现出一定差异。如评述前人研究语步中，实词词频和范围与名词主语复杂度间呈现显著负相关关系，这在其他语步中均未体现。表明在评述前人研究时，学习者倾向于同时使用复杂词汇和名词主语。在词汇复杂度方面，介绍当前研究语步中，实词频率和范围间的相关系数位于四项引言语步之首，表明该语步的写作需求，能促使学习者频繁使用复杂实词。上述发现表明，语步的意义表达需要，能影响写作语言不同维度间的互动关系。学习者在写作中的语言选择是一个复杂系统，各语言维度（如词汇、短语）间的互动关系，一方面取决于作者当前观点建构和意义表达的需要，另一方面也受学术语言形式和体裁规范的制约，如实词频率和实词范围本身即两个紧密联结的概念，但二者间相关系数的强度，仍然受写作意义表达需要和语篇功能等因素调节。

该现象提示，1）相关（学术）语言发展研究，在描述学习者单一语言维度表现（如词汇、句法、语义、语篇）的基础上，可尝试探究不同语言维度间的复杂互动关系（郑咏滟、冯予力，2017）。目前，上述互动关系在语义和语篇层面的研究还比较稀缺；2）语步的交际目的、意义和功能，能调节学习者在写作中的语言选择，并为复杂语言的发展创造条件。相比先前研究以控制写作任务复杂度促成学习者语言复杂度的尝试（Johnson，2017），语步对学习者语言选择的影响，能为真实写作教学情境下，学习者语言、认知的协同发展提供启示。

第三，本研究发现，评述前人研究语步中多元视角出现的频率，能显著预测学习者在写作中多项词汇和名词短语复杂度指标的表现，如实词频率、实词范围、名词补语复杂度和介宾短语复杂度等。该现象表明，1）学术写作中多元视角的选择具有功能性，相比其他三个引言语步，评述前人研究语步与多元视角的采纳具有更加密切的联系。因此，学习者是否在写作中采纳多元视角，不能仅从“量”的层面测量，还应从“质”的层面探究视角选择在具体语境中的意义和功能，描述、分析学习者在不同视角中的语言表现；2）本研究中，学习者在词汇和名词短语层面的复杂度，与评述前人研究语步中的视角选择存在显著关联，提示学术语言发展在词汇、语法、语义和语篇层面具有紧密关联。具体而言，词汇和语法结构的复杂通常为特定意义表达需要服务，而这在语篇层面也逐渐固化为语言形式的标记性，如实现语步的语言特征。

上述分析提示，相关学术写作教学在显性教授学术写作规范的同时，还应引导学生关注体裁规约所承载的意义和功能，如引言中的四个语步皆服务于同一基本目标：创设研究空间（Creating a Research Space，CARS），也为作者阐述研究目的，论证研究的意义和价值奠定基础（Swales，2011）。换言之，语步不仅是一项体裁/修辞特征，也是帮助作者表达意义、建构观点的语言资源。因此，相关研究在描述语言形式、意义与功能的同时，还可尝试探究三者间的互动关系，而语步恰能作为研究三者间互动关系的基本分析单元。从课程和教学设计的角度出发，相关语言类课程应为学生创设真实学习目标和资源丰富的学习环境，鼓励学生在真实（学术）话语实践中，获取、运用语言资源，挖掘语言形式背后的意义和功能，培养学生精确、恰当使用语言的能力和意识。

5.2.2 案例学习者学术语言发展特征

案例学习者语言发展结果显示，学术话语实践驱动的写作教学，能有效提升学习者写作语言的词汇复杂度、句法复杂度、语言准确度、语义评价资源使用和语篇连贯与衔接。本研究中，3名案例学习者词汇复杂度发展的个体差异在一学期间逐渐缩小，句法复杂度、语义评价资源使用和语篇连贯与衔接指标的发展，具有一定层级性和阶段性特征，语言准确度发展在一定程度上受学习者语言水平、语言意识、过往学习经历和阅读、写作策略等因素的调节，具有一定延时性。学习者当前学术语言发展状况，既是过往语言学习方式、写作经历的延续，也是主体在外在中介作用调节下，与所处教学/学习环境复杂、动态互动的结果（Larsen-Freeman，2006），受多重主、客观因素及语言发展规律调节和制约（Ellis & Barkuihzen，2005）。

5.2.2.1 词汇复杂度发展

本研究发现，3名案例学习者一学期间，在二语词汇复杂度方面均有较大提升。在学期初第一次评述短文中，白云在词汇复杂度方面的表现均落后于阳光和蓝天，却在一学期间持续进步。在文献综述终稿写作中，3名学习者在该指标中的表现已无明显差异。阳光和蓝天也相继从第三次和第四次评述短文起，展现出词汇复杂度发展。该现象表明，尽管不同学习者词汇复杂度发展的顺序和时机各异，她们在该指标中的发展趋势具有较强一致性，尤其在第四次评述短文和文献综述写作间。

该发展趋势是学术语言意义表达复杂性、抽象性和客观性的必然要求，也是学习者在持续、密集的学术文献阅读和写作中，语言资源不断积累的结果（Robinson，2011；Uccelli，2019）。Robinson（2011）的“认知假说”指出，内容/思维复杂度的提升能促进语言复杂度的发展，复杂意义表达的需要能促使学生不断延伸自身中介语系统，寻求意义资源，尝试新的语言组织方式，建立语言形式和功能间的紧密联结（Ellis & Barkhuizen，2005；Rahimi & Zhang，2018）。该现象在文献综述写作中比较明显，因为学习者需要基于真实学科语境下的研究问题，梳理、总结、评述前人研究发现，铺垫自身当前研究（Swales，1990）。这对学习者的学术语言能力和学科思维能力都提出较高要求，却也为二者在发展中的深度调节创造条件（Cammarata et al.，2016）。同时，3名案例学习者二语词汇复杂度的发展是他们持续、密集学术话语实践的结果。这一点在先前研究中已基本得到证实（Dalton-Puffer，2011；Guk & Kellogg，2007；Nikula，2016；Whittaker et al.，2011）。例如，Dalton-Puffer（2011）发现，相比传统外语教学，内容驱动式的语言学习对接受和产出性词汇的发展都更具优势。其理据是：一方面，学科知识学习的需要促使学生深度加工学术文本，关注学术语言。另一方面，特定学科领域和研究议题中的专业词汇会在相互关联的学术语篇中复现，从而增加学习者隐性习得这些词汇的可能（Guk & Kellogg，2007）。上述发现为我国外语教育语境下，学术话语实践驱动的写作教学模式构建和优化，提供实证支持。

在词汇丰富度方面，3名案例学习者在第一次到第四次评述短文间均无明显变化。在第四次评述短文和文献综述初稿间，阳光和白云有明显进步，蓝天未展现明显发展趋势（见图7）。该现象表明，相比词汇复杂度，词汇丰富度的发展可能更具长期性，是学习者在学术实践中，不断积累、丰富自身语言资源的结果（Uccelli，2019）。本研究中，阳光和白云直到文献综述初稿写作时，词汇丰富度才呈现明显发展趋势。同期，蓝天在写作中的词汇丰富度基本维持现状。这可能与她的写作习惯和对学术语言的认识有关：

片段八、蓝天学术写作访谈片段节选

1 R：你觉得在学术写作的focus跟之前的写作有没有什么不同？

2 L：学术写作的语言会比较朴实一点。之前可能特别是记叙文，会用fancy的词组、单词啊。就得不停地查字典。学术写作稍微好一点。

3 R：那学术写作比起它们来困难又在哪里呢？

4 L：句子得要严谨、要有逻辑。

5 R：那在实际写作中，怎么样去注重这些东西？

6 L：在实际写作中还是得去来回切，看一些文献，看看它们怎么写。也不至于每一句都会check，但你觉得这地方有问题的就会check。

该片段中，蓝天提到相比记叙文，学术写作语言应相对平实，更严谨、客观（话轮2、4）。为此，蓝天会在写作中反复琢磨、斟酌自身语言表达，反思、评价写作目标的达成情况。表明蓝天在写作中采取相对“保守”的语言使用策略，为确保意义表达的准确性和恰当性，倾向于使用已经内化了的程式化语言表达。这可能在一定程度上抑制她在写作中语言（尤其是词汇）丰富度的发展。这一矛盾在先前研究中也有所提及，在学术团体内部新手成员的写作中比较明显（Hyland，2012）。该现象反映，学术语言发展是显性语言意识培养和长期学术话语实践共同调节的结果（Schleppegrell，2013），显性和隐性语言学习在此过程中同样重要，提示教师在写作中加强语言意识培养，在关注语言准确度和逻辑性的同时，鼓励学习者尝试不同语言表达，体验用语言探究意义、建构知识的乐趣。

在词汇密度方面，阳光和蓝天一学期间无明显发展趋势，一直呈现出较高词汇密度。白云在该指标中的发展比较明显。在学期初，白云在词汇密度方面的表现相对落后于阳光和蓝天，却在一学期间有两次比较明显的增长。一次是第一和第三次评述短文间，另一次是第四次评述短文到文献综述初稿写作间。在文献综述终稿中，3名案例学习者在该指标中的语言表现已无明显差异（见图8）。上述发展趋势表明，中、高水平语言学习者的词汇密度表现，到一定阶段后基本趋于稳定，但中等水平语言学习者在密集的学术语言接触中，词汇密度仍有一定发展空间。纵览3名学习者在词汇层面的发展，词汇复杂度发展在不同语言水平的学习者身上都有比较明显的体现，发展趋势具有共性特征。词汇丰富度的发展可能更具长期性，且存在一定个体差异。词汇密度的发展具有一定层级性，在中等水平学习者身上比较明显。

5.2.2.2 句法复杂度发展

在句法复杂度方面，3名案例学习者的发展轨迹略有不同。本研究中学习者句法复杂度发展主要包含3个层面：1）整体复杂度，2）嵌套密度，3）短语复杂度（Ortega，2012）。分别对应三项测量指标：1）T单位平均长度，2）T单位平均从句数，3）T单位复杂名词数。Ortega（2009）表示，整体复杂度能反映学习者句法复杂度发展的总体样貌特征。在学术语言发展的高级阶段，句法嵌套现象可能逐渐减少，转变为短语内部复杂度的发展，尤其体现为名词化和语法隐喻特征的增加（Byrnes，2009）。

本研究中，3名案例学习者在句法复杂度不同测量指标中的发展各异。例如，白云一学期间在3项句法复杂度指标中均无明显发展，她在T单位平均长度和T单位复杂名词数方面的表现略低于阳光和蓝天，T单位平均从句数（嵌套密度）相对较高。该现象表明，相较阳光和蓝天，白云的语言句法复杂度发展相对滞后，她在写作中仍大量依赖从句，短语内部名词化和语法隐喻特征的发展相对滞后。上述现象在白云的质性写作文本片段分析中也有所体现。

相比之下，蓝天的句法复杂度发展则呈现出另一种趋势。她在写作中的T单位平均从句数在一学期间基本保持稳定。T单位平均长度和T单位复杂名词数却在第四次评述短文和文献综述初稿间明显增长，且在后续写作中得到保持。该现象表明，蓝天的句法复杂度逐渐由嵌套向小句层面的名词化现象过渡，展现出部分学术语言发展的阶段性特征。该发展趋势在一定程度上印证了上文关于真实学术、研究实践与学术语言发展间关系的论述。内容/思维的复杂可能促成语言复杂度的发展（Robinson，2011），尤其体现为学生用外语学习学科知识、进行学术研究的需要，对自身语言加工深度的调节（Donato，2016；Whittaker et al.，2011）。

阳光一学期间在3项句法复杂度指标中都有发展，却存在波动。相比蓝天和白云，阳光句法复杂度的初始值较高，发展时间点也较早。然而，3项句法复杂度指标在达到一定数值后，基本趋于稳定。该现象反映，学习者语言水平和写作基础，可以为句法复杂度的发展创造条件（Kormos，2012）。与词汇复杂度类似，句法复杂度发展到一定阶段可能放缓，逐渐从整体复杂度向嵌套密度和小句层面复杂信息压缩转化。正如Lu et al.（2021）所言，句法并非“越复杂越好”，而是应符合具体交际目的和功能下，意义表达的需要。语言形式的复杂服务于具体学科语境下的写作目的和意义表达功能，语言的形式、意义与功能间存在紧密联结关系（Schleppegrell，2004）。这在阳光的学术写作经历中也有所体现。在期末论文终稿中，她适当调整了写作语言的句法结构，对部分赘述进行精简。她在一年后的追访中表示：

> 对我来说可能简洁方面问题更大，我写作一个问题被很多老师指出，就是句子写得太长，不够focus。我最近在写我的申请ps，回去看我当年写的那篇文章，发现很多句子非常的长，确实可能会有loose focus的情况（FT-YG-20200925）。

该片段反映，阳光对写作语言表达简洁性和精确性的认知，随自身学术话语实践的深入不断发展。在此过程中，她逐渐从关注语言形式的复杂，过渡到探究语言形式、意义与功能间的关系。提示相关写作教学应兼顾学术语言的形式和功能，树立学生精准、恰当使用语言的意识，引导学生关注语言形式所承载的意义和功能。

5.2.2.3 语言准确度发展

在语言准确度方面，蓝天在一学期间均保持较高语言准确度，且波动幅度较小。阳光的语言准确率也比较稳定，尽管在第三次评述短文和文献综述初稿间存在波动。白云写作语言的准确率在一学期间呈现发展态势，但也存在比较明显的波动，尤其在文献综述写作中（见图9）。受自身语言水平的制约，白云在写作中的语言准确度可能与句法/词汇复杂度间形成竞争关系，因为她还未完全内化复杂语言结构时，中介语的发展可能相对失稳。此时，复杂语言结构的使用，可能会消耗学习者的大量有限注意力资源，从而减损其对语言形式的关注（Skehan, 1996）。然而，该现象随学习者语言水平的提高逐渐得到缓解。因为，处理、加工复杂语言结构本身即构成了语言学习和发展的过程。如Manchón（2011）所言，二语学习者的语言能力和写作能力通常同时发展，写作是促成语言发展的重要催化剂之一。该观点在本研究3名案例的学术语言发展过程中均有所体现，具体表现为学习者为表达复杂意义，显性关注、斟酌、完善自身写作语言的能力与意识。

5.2.2.4 语义评价资源使用

在语义评价资源使用方面，3名案例学习者的发展兼具共性和个性特征。其中，共性特征包括：文献综述写作中负向构成资源使用频数的增加，强化和量化评价资源使用频率（修饰词和限定语）在六次学术写作文本中的提高，及文献综述写作中评价资源使用的多样化。上述发现回应了Aull and Lancaster（2014）关于学习者语言发展过程中，强势和弱势评价资源使用频数的发现，尤其负向和弱势评价资源的使用，是学术语言发展高级阶段的重要特征之一。本研究在此基础上进行拓展，指出学术语言发展过程中，学习者不仅倾向于使用更多负向和弱势评价资源，还能综合使用多种语义评价资源，提高自身意义表达的精确性和恰当性。个体发展特征层面，3名案例学习者语义评价资源使用的比例和方式各不相同。阳光在第四次评述短文和文献综述初稿间，各项评价资源使用的频数均有所上升。蓝天和白云的发展速率则相对较缓，但总体呈上升趋势。蓝天的正向和负向评价资源使用比例相对均衡。

上述现象反映，1）学习者语义评价资源使用的频数和方式，与写作的目的和功能密切关联，评价资源使用的丰富性和恰当性，受学习者在写作中认知深度发展的影响；2）在学术语言发展的高级阶段，正、负向评价资源使用的比例日趋均衡。这也是学习者思维缜密、逻辑与客观的体现。上述发现表明，学术语言发展同时存在于语言和认知层面，语言形式的精确和恰当，依托思维的缜密、严谨与客观（Snow & Uccelli，2009）。相关学术写作教学应把写作视为一项真实学科语境下的研究和话语实践过程，兼顾学术语言表达的形式、意义与功能，关注三者间互动关系在不同语境和学习者身上的变化和发展。

5.2.2.5　语篇连贯与衔接

在语篇连贯和衔接方面，3名案例学习者发展轨迹各异。阳光一学期间在写作词汇衔接和语篇新旧信息比方面的表现均优于蓝天和白云，尽管写作词汇衔接在第四次评述短文和文献综述中有所下降。该现象反映，内容/认知复杂度的提升，可能会减损学习者对写作语篇衔接和连贯性的关注，尤其当接触尚不十分熟悉的专业领域时。相比之下，蓝天一学期间的词汇衔接和语篇新旧信息比在四次评述短文间存在波动，却在第四次评述短文和文献综述初稿间提升。换言之，蓝天写作语篇衔接性的发展并未与内容/认知复杂度的提升形成竞争关系。这可能与她在写作中的语言意识和自我调节能力有关，也得益于教师持续、密集的写作反馈。这一点在前文数据中也能得到证实。蓝天在反思日志中写道：

> 学术写作是任务量很大的一门课，在完成学术论文之外，还需要读几十篇论文，撰写四篇review essay，但并不需要修改等工作。虽然很辛苦，但是我觉得老师对于review essay的设置确实在帮助我了解、借

> 鉴文献方面有很大的作用……和之前写作课相同的地方在于主要靠老师讲解为主，学生讨论为辅，老师也结合自己写论文的经验给我们介绍了很多干货（FSRZ-LT）。

本研究中，课堂教学、学生课后持续的文献阅读和写作和研究实践等学习活动相互调节，为学术语言的内化与发展创造条件。表明学术语言发展，同时受语言意识培养/体裁知识传授和持久学术话语实践活动的调节，是学习者语言基础、语言意识、教学活动、教师反馈等多元中介复杂、动态互动的结果。

白云在写作中的词汇衔接在一学期间缓慢且持续发展，同时体现在潜在语义分析和语篇新旧信息比层面。到学期末，她在上述指标中的语言表现与阳光和蓝天仍存在一定差距，但差值相比学期初已明显缩小。表明持久、密集的学术话语实践活动能潜移默化地调节学生学术语言发展，即便对于习得难度较大的语篇逻辑和衔接层面。然而，相比词汇层面的发展，语义评价资源使用和语篇连贯与衔接性的发展似乎更具挑战和长期性，也是区分不同语言水平学习者写作语言表现的一项重要特征。

综上，3名案例学习者学术语言的发展同时体现在多个层面，如词汇、句法、语义和语篇等。但他们在这些语言维度发展的方式和速率各不相同。总体而言，词汇密度发展较早，且个体差异较小。语言准确度的发展受学习者语言基础调节，个体间差异逐渐缩小。尽管在文献综述写作中，语言复杂度和准确度的发展间可能形成竞争关系。词汇复杂度从第三次评述短文起明显发展，但词汇丰富度、T单位复杂名词数、负向评价资源使用和语篇衔接性的发展则相对滞后，且存在一定个体差异。该现象回应了Brisk and Zhang-Wu（2016）关于写作中不同语言维度发展层级性的论述。相比词汇和句法等语言的形式层面，语言意义和语篇逻辑、连贯性的发展似乎更具挑战，但又常常被相关（写作）教学忽视，尤其在EFL语境中。正如Uccelli（2019）所言，学术语言发展是一项多元技能的综合体，相关教学、研究实践应尽量克服对单一语言技能及维度的关注，探究不同语言维度的发展，在真实学术话语实践中相互调节的可能。

本研究中，3名案例学习者在词汇丰富度、名词短语复杂度、负向评价资源使用和语篇连贯与衔接方面的差异化发展，主要缘于：1）对学术语言形式所承载的意义与功能缺乏深入理解；2）缺乏实现学术语境下知识建构和意义表达的语言和符号资源。以T单位复杂名词数为例，该语言特征主要体现为语义在小句层面的名词化压缩，和抽象、客观的语义信息演进（Byrnes，2009）。这与学术团体内部精密、客观的观点建构和意义表达方式密切关联。同理，语义层面负向评价资源的使用不仅涉及特定词汇和语法特征，也是学习者在写作中采纳多元视角，从正、反两方面看待问题，分析、综合与批判性思考能力的体现。该语言形式的使用具有较强认知和社会功能，是学术语言发展高级阶段的体现（Hood，2010）。上述语言特征蕴含着丰富的意义和功能。因此，对这些语言特征的习得不能仅限于词汇和语法层面，而应帮助学习者在真实学术写作和研究活动中，建立语言形式、意义与功能间的联结（Aull & Lancanster，2014；Schleppegrell，2013）。该现象提示，未来相关学术语言教学与研究仍有必要从以下方面拓展：1）对语言形式的关注，不应脱离语言形式背后所承载的意义和功能；2）从单纯关注学习者在特定指标（如：复杂度、准确度、衔接性）中的语言表现，到揭示这些语言维度间的互动关系，描述、追踪上述互动关系在学术话语实践中的变化和发展过程。

5.3　学术写作教学的系统性、学科性与实践性

本研究中的学术写作教学兼顾学术语言发展的认知性和社会性，融合语言意识培养、体裁知识讲解和密集阅读、写作和研究实践，促使学生广泛接触、深度加工学术语言，实现学术语言的内化与发展。纵观案例学习者学术语言的发展过程，本研究主要有如下发现：1）真实学科语境下，持久、密集的学术话语实践活动，是促成学术语言发展的重要条件。2）学术语言发展是个体（语言水平、语言意识、认知策略）与环境（课堂教学、教师反馈、同伴帮助）因素共同调节的结果，二者间互动关系的变化为学术语言的发展创造条件。3）个体特质并非一成不变，而是具有可塑性，会随学习者与外界环境互动方式的变化（如矛盾的产生、发展与化解）不断变化、发展。随着学术话语实践的深入，学习者感知、利用外界环境资源，应对学习挑战和压力的能动性不断增强。上述学习机制的发生在很大程度上依托系统、连贯的课程学习活动。但如何调控学习目标的难度，平衡教师主导与学生自主在学术语言发展中的关系，提高写作课程教学对学生语言发展的支持，仍是一项值得深入探究的问题。本研究中的学术写作教学主要有以下三个特点。

第一，学术写作教学具有系统性，将课堂体裁知识讲解、语言意识培养与课后丰富、系统的阅读、写作和研究实践紧密结合，帮助学生在实践中不断获取、内化、建构新知（Sfard，1998）。在此过程中，学生作为学术团体内部新手成员，不断加强与学术团体成员间的联系，逐渐熟悉、内化团体内部的语言、思维

和行事方式，获取团体成员身份认同（Duff，2007，2010；Ochs & Schieffelin，2017）。实现学术语言发展符号性、认知性和社会性的统一（Moje et al.，2008）。

第二，本研究将学生学术语言发展的证据与学术写作教学和学生学习的过程性证据紧密结合。以矛盾为切入点，揭示学术语言发展的过程与机制。一方面，课程要求及学习方式与学生所习惯的学习方式间形成矛盾与冲突，对学习者形成压力和认知挑战。另一方面，矛盾的产生、发展与化解过程，即学习者不断汲取、利用环境资源，重构自身身份、行为及认知方式的过程。个体与环境间互动方式的变化，为学习的发生创造条件。本研究中，三名案例学习者学术语言发展过程中最突出的矛盾，表现为自身当前语言、认知水平与阅读、写作意义表达需求间的矛盾。这使学生意识到自身语言、认知资源的空缺，为他们带来真实、有意义的学习动机，促使他们不断延伸自身中介语系统，积累语言资源，调整学习方式：

> 可能只有在课程结束之后才会感激这门课。在学期中，在论文里挣扎的心境是完全不一样的，想的全是为什么要学习这门课，这门课有什么意义，为什么写起论文来这么辛苦……但当所有任务都做完了，回头看这门课，再看自己最初站在的位置，会感叹自己居然摸爬滚打走了这么远，也就会心生感激了。可能真的要push自己才能激发潜力吧（FSRZ-LT）。

该片段表明，真实、富有认知挑战的学习需求，能充分激发学习者语言、认知发展的潜力。系统的课程学习活动，则为这一目标的实现奠定基础（Cole & Wertsch，1996）。在学术语言发展过程中，持久、密集的学术话语实践，使语言学习由量变到质变的发展成为可能。

第三，本研究中，学生学术语言的发展，在很大程度上缘于他们持久、密集的学术阅读、写作和研究实践。换言之，真实的学术阅读、写作和研究需求，是学习者持久投入的基础，是深度学习发生的必要条件，也使个性化学习体验成为可能。该研究发现回应了先前研究关于学习活动真实性、挑战性，与学生学习投入间关系的论述（Perry et al.，2006），表明真实、有意义的学习目标，能提高学习者应对、化解学习矛盾的能动性和韧性，是他们在学习中保持专注、持久投入的前提。本研究将这一观点拓展到对学术语言发展机制的解释中，提出真实、有意义、富有认知挑战的学习目标，使阅读、写作和研究活动间的相互调节成为可能。具体表现为，学习者能动、自主地学习专业知识，深度加工学术文本，建立与（学术）团体成员间的联系，通过写作实现知识建构和意义的交流（Prain & Hand，2016）。在此过程中，写作已不再是一项单纯的语言学习活动，而是学习者获取学术语言和认知资源，表达观点、意义，建构知识的中介（Guk & Kellogg，2007；Jones，2008）：

> 原来paper是老师给你好多，看就看，没什么自己的思考。现在因为要写自己的论文，会更深地思考。会下意识地学习一些写作方法还有词汇……比如说看一下它的language，用什么词？什么句型？一般在part里面会怎么开头？……以前从来不会注意这些（FT-LT-20190514）。

如蓝天所言，真实意义表达的需要，促使她在阅读中关注语言形式、思考和反思。表明符合学生自我认知和学习需求的目标，能提升他们在学习中的主动性和自我调节能力，并持续影响其未来学习发生的方式和可能（van Lier，2000）。

综上，本研究中的学术写作教学兼具系统性、实践性和学科性。这三项特质贯穿于学生的写作学习过程，共同调节学生学术语言发展。例如，真实、有意义、富有认知挑战的学习目标，能提高学生参与学习活动的积极性和主动性，也是他们持久投入学术话语实践活动的基础。在此过程中，阅读、写作和研究活动间相互调节，形成一个系统、连贯的任务链。下文图17呈现本研究中的学术写作教学调节机制。

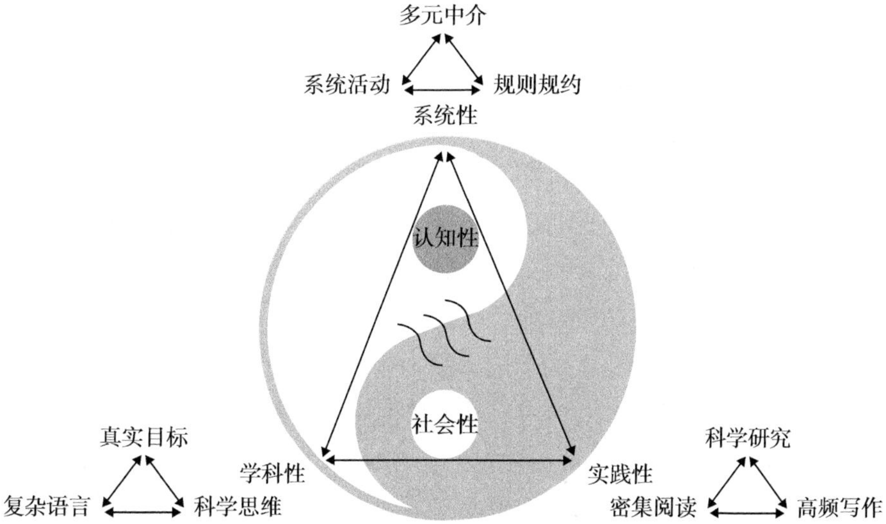

图17 学术写作教学调节机制图示

图17显示，学术写作教学兼具认知性和社会性，二者在真实的学术话语实践活动中呈现双向互动关系。具体而言，真实的写作和研究目标，促使学习者用语言表达复杂观点，进行高阶思维活动（Swain，2006）。然而，学术写作观点建构及意义表达的需要，可能超越学习者当前的语言、认知水平，对学习带来压力和挑战。然而，这也能激发学习者积极探索学习策略，从多角度获取语言、认知资源的潜能和动机。在矛盾化解的过程中，学生逐步提升自我调节能力。上述学习机制的产生，并非案例学生学习过程中的偶发现象，而是具有一定普遍意义和价值。提示相关（写作）课程在体裁/语言知识讲解的基础上，创设拓展性、生成性的学习活动，充分激发学习者主观能动性，实现个体学习和团体实践间的经验互补和动态平衡，为学术语言发展及写作教学模式的改革与创新创造条件。

5.4 研究创新点

本研究在理论、实践和方法层面均有一定创新，为我国外语教育语境下，相关写作教学的设计与优化提供启示。

5.4.1 理论创新

在理论层面，本研究丰富了拓展性学习理论和人类发展生态学理论的内涵，尝试建立二者间的对话关系。拓展性学习理论视角下，矛盾反映活动系统内部各要素间的不平衡性，是发展的动力和源泉（Engeström，1987）。矛盾的化解是活动系统内部各要素间互动的结果，当前矛盾的化解为下一级矛盾的产生和发展奠定基础，以此循环往复。拓展性学习理论以矛盾为切入点，揭示了学习发生的普遍规律，也为分析学习发生的过程与机制，提供了一个有力的解释框架。然而，拓展性学习理论虽然明确了矛盾的类属和发展层级，对矛盾化解过程和机制的解释似乎存在一定局限。一方面，第二代活动系统中的“主体”“中介”“客体”“规则”“团体”“分工”等概念，为界定、描述学生学习活动提供了一个有力的解释模型，并预设了模型内部结构成分，在矛盾发展与化解过程中彼此互动，实现自我完善和发展的可能。另一方面，互动和发展的视角下，对模型组成成分的界定，也可能在一定程度上限制了研究者从不同视角解读、阐释学习发生机制的可能。因为在复杂系统（如活动系统）中，学习的发生是不断涌现的。系统内部成分能基于有限的活动/学习规则，生成无限的互动、联结方式，进而涌现出不可预测的学习机会。换言之，学习的发生缘于已有系统规则/成分间的互动，却可能产生超越现有系统运行模式的学习行为。在此情况下，系统规则和成分本身也是不断变化、发展的。规则间的互动与联结，是当前系统运行的机制，也是系统实现自我完善和发展的动因。依此逻辑，相对固定的系统组成成分和矛盾发展方式，可能在一定程度上“限制”已有模型对复杂、多变学习环境及学习发生过程的解释力和预测力。

人类发展生态学理论从主体与环境互动的视角出发，阐释学习发生的机制和动因。具体而言，主体内部各要素（如意志、动机），及主体与环境（如课程、教学）因素间的互动，能源源不断地涌现出新的学习机会和可能（Shelton，2019）。在此情境下，学习的发生具有一定不可预测性，即主体基于系统规则，与所处环境中的人和中介工具产生互动，激发自身学习和发展的潜能，实现超越自身水平的能力表现。因此，即便身处相似学习环境，学习者过往经历、目标和需求也可能持续调节其汲取、利用环境资源的方式，使同一课程体系下的学习者个性化发展成为可能。因此，在识别促进学习因素的基础上，人类发展生态学视角似乎更关注不同因素间的互动，及上述互动关系的变化和发展。上述理念对人类学习和发展的机制具有强大解释力。但如何细致描摹、追踪主体与环境间互动关系的变化，预测发展的方向和潜能，是所有关于学习的研究终将面临的挑战。在此，拓展性学习理论对于矛盾与发展关系的认识，似乎给出了一个合理的解释。正如事物间的对立、统一关系是促成发展的源泉，主体与环境也处于永恒的互适和互动状态，二者间的互动与联结是实现发展的根本动因。

本研究将矛盾和发展的思想，融入人类发展生态学理论关于学习发生机制的解读过程。研究发现，矛盾作为学术写作学习中的关键事件，能激发学习者主观能动性和应对挑战、超越自我的潜能。因为主体内部或主体与环境间的矛盾，在一定程度上打破了系统内部的平衡，促使学习者反思现有行为、认知方式的合理性，探索新行为和认知方式形成的可能。例如，思齐和思逸都表示参与学术话语实践活动，帮助自身重构对阅读、写作和研究的认识，自身学习的兴趣、动机和方式也随矛盾的产生、发展与化解不断变化。简言之，学习者应对、化解矛盾的过程，即其不断拓展、重构自身与环境间互动关系的过程。在此过程中，学习的发生由主体和环境共同驱动。一方面，学习者个体特质可能影响其感知、利用教学中介的方式。另一方面，个体特质具有一定可塑性，会随学习者学术话语实践的深入不断变化、发展。个体与环境因素在学术语言发展中相互调节、彼此制约，二者间的动态平衡使学习机会的涌现成为可能。综上，本研究从实证的角度，丰富了拓展性学习理论和人类发展生态学理论的内涵，指出矛盾是追踪、理解、阐释学习发生机制的关键事件和基本分析单元，而主体应对、化解矛盾过程中探索、利用环境资源，不断拓展自身与环境互动、联结方式的过程则是发展的基本动因。

5.4.2 实践创新

本研究结合学生写作文本分析和学习过程分析，证实了真实学术话语实践活动对学习者语言、认知发展的调节作用，丰富并发展了学术写作课程设计和教学实施的方式。首先，学术话语实践活动（如阅读、研究）是学术写作学习的方式也是学生语言发展的重要中介。本研究中的学习者为独立开展学术研究、撰写学术论文，需要大量接触、深度加工学术文本，自我调节、规划自身学习活动。在此，学习目标与方式、过程与结果间的界限不再明晰，而是彼此互为前提、环环相扣，构成描述学习和发展过程的基本单元。学习的目标和工具不再是一个绝对概念，二者间的界限在主体不断重构自身与他者及环境间关系的过程中逐渐模糊。在此情形下，确定的目标可能产生不确定的学习机会，以此限制或激发新学习机会的产生。同理，不同学习方式和过程可能服务于相同学习目标，促使学习者在实践中不断取舍，探索新学习方式。简言之，正是由于兼具确定和不确定性，相似的学习活动才能够生成不同的学习过程和发展结果；也正是由于确定与不确定间的对话，身处同一课程和教学环境的学生，才具有实现个性化发展的可能。

在此情景下，学习者个体差异（如语言水平、认知方式）已不再仅是研究的起点或目标，而是特定学习环境下，主体存在的状态和方式。也正是由于这些差异，我们才能从不同角度观察、理解、反思课程设计和教学实施方式的有效性。依此逻辑，研究的目标不再止步于描述学习发生的过程与结果，而是通过尽可能真实的呈现、还原具有差异的学习者在课程中的真实体验，揭示他们应对、化解矛盾的方式及主体与环境间的复杂互动关系，探究促成发展的机制和动因。正如学生在课程中具有适应复杂学习任务和自我调节的能力，课程设计本身也随学生学习证据的丰富和迭代，处于永恒的自我完善和优化过程。因此，无论对于教师、学生或课程，发展的终极目标已不再局限于主体自身的发展，而是通过不断拓展主体与他者间的互动关系，实现目标与工具、理想与现实间的永恒博弈与对话，帮助主体不断反思、重构自身关于学习和发展的认识，改变自身思维、行为方式。

第二，持久、密集的学术话语实践活动，是学习者语言在各维度获得发展的基础。本研究发现，学术语言发展在词汇、句法、语义和语篇层面存在互动关系。语言形式的复杂受特定意义表达功能支配，语言的意义与功能间紧密联结（Byrnes，2020）。互动关系的强度受学习者语言基础、语言意识和阅读、写作策略等因素调节，随学生学术话语实践的深入不断变化。具体而言，真实的阅读、写作和研究过程，促使学习者关注学术语言形式所承载的意义和功能，帮助他们感知、体验、内化体裁知识和规约，建立学术语言形式、意义与功能间的联系。综上，无论是文本分析还是学习过程分析，持久、密集的学术话语实践都是建立复杂系统（如活动系统/生态系统）内部各要素间联系的必要条件，也是系统进行自我完善和修复的基础。在此，学术话语实践活动不只是课程设计和教学实施的原则，也是促成学生语言、认知发展的关键机制。

5.4.3 方法创新

在方法层面，本研究证实并丰富了互动在描摹、阐释学习发生过程与机制中的意义和价值。这在文本分析和学习过程分析层面都有所体现。文本层面，互动能揭示学术语言各子系统（如词汇、句法、语篇）间的关系，它们可能相互支持或彼此制约。互动关系的变化缘于具体语境下学术语篇的交际目的和功能，也能为学习者语言发展过程中，新互动关系的产生奠定基础。本研究对学术语言各子系统间关系的研究，采用多级计量标注的方法。以语步为基本单位，描述学习者语言发展在词汇、语法、语义和语篇层面的联结。其理据是：语步是语言形式、意义和功能的集合体，因此能作为描述上述互动关系的基本单元（Moreno & Swales，2018）。然而，目前对（学术）语言子系统间互动关系的研究多关注词汇和语法层面，采用计量标注的文本分析方法，探究语言形式、意义与功能间联结的研究仍比较少见。本研究结果丰富了领域内对此研究议题的认识，也在一定程度上证实了多级计量标注的话语分析方法，能有效描述学生学术语言发展特征。

学习过程层面，互动是解释学习发生的关键机制。这在活动理论和人类发展生态学理论中都有体现。活动理论视域下，系统内部各要素间的互动，是学习者应对、化解矛盾的主要动力（Roth，2007），如主体与中介、规则和团体间的互动，助力学习者积极应对、化解矛盾，拓展自身语言、认知资源。人类发展生态学视角下，互动是发展中的人存在的基本状态，也是主体进行自我定位，构建自身他者间的关系，参与社会实践，获得认知、行为发展的动力源泉（Shelton，2019）。本研究中，学习者在学术话语实践中感知、利用环境资源、与他者互动的方式，不仅深刻塑造其学术语言发展过程，也在一定程度上预设了学生未来学习发生的方式。换言之，学生语言发展过程中的中介工具、关键人物和事件间彼此联系，跨越具体课堂时空，构成复杂、动态互动的资源关系网络，帮助学生化解当前学习中的矛盾，并持续影响其未来学习和发展的可能。该现象提示，对学习发生机制的解读不应仅局限于影响因素识别，还应关注不同因素间互动关系的变化和发展。因为在复杂系统中，互动不仅反映系统内部各要素在当前系统条件/状态下的联结，也为这些要素的自我完善，及系统运行机制的迭代和优化奠定基础。

5.5　本章小结

本章采用活动理论和人类发展生态学理论，揭示学生学术语言发展的阶段性特征，阐释促成或抑制学术语言发展的关键机制。结合文本分析和学生学习过程分析等多元证据，反思学术写作课程和教学活动设计的有效性。提炼本研究的理论、实践和方法意义，启发相关写作教学的规划、设计与实施。

第六章　结论与启示

本章为结论与启示，讨论本研究发现对我国外语教育语境下，相关写作课程规划、设计和实施方式的启示，为植根本土实践的外/二语写作教学模式创新，提供理论和实证支持。最后，反思本研究的局限，展望未来研究方向。

6.1　研究结论

本研究深度描写、追踪英语专业本科生，在真实学术话语实践驱动的学术写作教学中，学术语言发展的过程和机制。研究发现，学生理解、加工学术文本，运用语言表达复杂思维的过程，即其学术语言发展的过程。在此过程中，个体特质（如动机、策略、语言水平）与环境给养（如课程、教学、教师）深度互动，共同调节学生学术语言发展。本研究主要得出以下结论：

首先，我国外语教育语境下，学术语言发展是学习者个体特质与环境因素共同调节的结果。在此过程中，心理认知和社会文化特质同样重要，二者间深度调节，为学生学术语言发展创造条件。在此情境下，学习过程和发展结果同样重要，且都具有不确定性，是在实践中不断涌现、生成的。一方面，学习者个体特质会影响其感知、利用课程资源和教学中介的方式。另一方面，学习者个体特质也并非一成不变，而是随实践的深入和学习经验的积累不断变化、发展。据此，本研究丰富了拓展性学习理论的内涵，提出拓展性学习的发生不仅限于行为和认知层面，还包括学习者在应对、化解矛盾过程中的认知情感过程。对上述学习过程的追踪，不仅是课程设计原则在实际教学中的检验，也是学术写作教学实现自我完善和发展的基础。该发现丰富了拓展性学习理论的内涵，指出学习的发生是外界环境资源和学习者主观意志、动机等因素共同调节的结果。二者间形成矛盾与张力，在发展中呈现动态平衡。因此，对拓展性学习过程的描述不应仅停留于由外向内的干预与调节，还应关注由内向外的适应、突破与生长。

第二，本研究采用多元数据分析方法，追踪学生学术语言发展过程，描述发展的阶段性特征。结果表明，学术语言发展是一个复杂系统，涉及词汇、句法、语义和语篇等多个层面。其中任何单项指标都不足以呈现学术语言发展的全貌。

例如，语言复杂度本身并不足以呈现写作质量的好坏，后者通常取决于语言形式传递的意义和功能。这些功能深度调节学习者在写作中的语言选择，促使其不断拓展语言资源，斟酌写作语言表达，评价写作学习成效。本研究发现，学术写作目的和功能对语言发展的调节不仅体现在体裁特征层面，还体现在学习者为实现写作目的，进行语言选择和观点建构的过程。在此过程中，语步的交际目的和功能为学习者打磨自身语言、尝试复杂观点建构，提升自身语言表达的准确性和适切性提供契机。提示相关写作教学不应止步于体裁知识传授，而应尽可能地为学生创设真实的语言使用场景，给予学生锤炼自身语言表达的机会，帮助他们在实践中建立学术语言形式、意义与功能间的有机联结。

第三，本研究中的学术写作教学，为学生学术语言发展提供多元中介，创设资源丰富的学习环境，如课堂讲解、一对一小组面谈和教师写作反馈等。这些教学中介与学习者个体特质（如学习者语言水平、动机、策略）在学术语言发展过程中深度互动。促使学习者不断调整、优化自身语言学习方式，探索新学习机会发生的可能。该现象体现了拓展性学习方式的系统性、互动性和生成性，对学术语言发展的过程具有较强解释力，还彰显了学术写作教学在激发学习者主观能动性，提升学生适应力和韧性方面的价值，赋能教育变革创新。

上述研究结果对拓展性学习理论的丰富和我国外语教育语境下的写作教学改革的优化和实施都具有重要意义。首先，本研究证实了学术话语实践驱动的写作教学，对学生学术语言发展具有调节作用。真实、富有挑战性的研究议题，促使学习者广泛接触、深度加工学术文本，独立开展学术研究。这些活动对学习者的语言、认知发展形成挑战，又激励他们突破现有局限，探索学习资源，调整、更新学习信念和方式。在此过程中，学习者个体特质与课程学习资源间形成双向互动，在确保团体学习效果的同时，激发个性化语言、认知发展过程。因此，相关研究应关注写作教学活动对不同类型学习者的适切性。在尊重个体差异的基础上，为具有不同语言水平、学习经历和目标动机的学习者，提供个性化发展空间。

第二，本研究丰富了拓展性学习理论对人类语言、认知发展机制的认识，指出学习者在研究、写作中不断应对、化解矛盾的过程，即其学术语言发展的过程。矛盾的产生、发展与化解是个体特质与环境因素复杂、动态互动的结果。换言之，单独考虑任何一方都不足以呈现发展的全貌，促成发展的是个体与环境因素间的复杂互动与动态平衡。上述研究发现表明，拓展性学习理论与人类发展生态学视角，在阐释人类语言和认知发展方面具有互补的可能。拓展性学习理论从矛盾的产生、发展与化解过程出发，解释学习如何发生，体现了发展的动态性和生成性。人类发展生态学从个体与环境互动的视角，描述、阐释学习发生的过程与机制，丰富了拓展性学习理论对于矛盾和发展的认识。简言之，对学习发生机制的解读，须兼顾学习过程的复杂性和动态性，揭示个体特质与环境因素，语言学习与认知发展间的复杂互动关系及其变化过程，如何影响学生当前认知、行为方式和未来发展潜质。同理，学术语言发展也是一个复杂系统，是学习者在学术实践中不断尝试、突破、反思、超越自我的过程。在此过程中，学习者目标、意志、动机和课程学习活动同样重要。未来研究在兼顾这两方面的基础上，还应探究二者间的复杂互动关系，建立教与学间的动态证据链接。

6.2　研究启示

本研究分别从拓展性学习理论和人类发展生态学视角出发，描写、追踪英语专业本科生学术语言发展的过程与机制。研究结果表明，学术语言发展是学习者个体因素与环境给养复杂、动态互动的结果，互动方式的变化带来不同学习和发展过程，促成学习者个体特质的自适应变化和发展，也使课程/教学设计的自我完善和优化成为可能。这种联结和互动的思想，同样适用于学习者写作文本分析，关注学术语言各维度，如词汇、句法、语义和语篇的互动与联结。该现象提示，对学术语言发展的描述不应停留于学习者在单个指标中的语言表现，而是应探究不同语言维度间的复杂、动态互动关系，及其在不同学生群体中的表现。简言之，不论是分析写作过程还是语言发展结果，相关研究都需要以联系和发展的视角，探究复杂系统（语言系统/活动系统）内部各要素间的互动关系，及由此涌现出的学习给养。上述发现具有以下启示。

首先，本研究对我国外语教育语境下，写作课程的设计与实施具有一定启示。本研究中的学术写作教学体现基于以下原则：实践驱动、活动载体、意义探究。目的是促使学生在参与真实学术话语实践的过程中，不断拓展、丰富自身语言、认知资源，提高自身汲取、利用环境资源，调节、规约自身学习过程的能力。上述课程设置原则在一定程度上回应了我国外语教育语境下，对学术写作教学活动真实性、实践性和情境性的关注。以真实的学习需求，促成学习者在阅读、写作中的持久行为和认知投入，实现语言和认知发展的深度调节。上述课程学习目标的实现，需要以教师和学生的专注和投入为前提，且要求学生具备一定语言基础及自我调节能力。因此，相关研究在讨论课程设置原则的基础上，还应深度描写、追踪具有差异的学习者在真实教学情境下的认知、情感过程，建立宏观课程设计理念、中观教学实施方式和微观学习发生过程间的对话与关系。

第二，本研究为我国外语教育语境下，写作教学模式的改革与创新提供启示和实证支持。学术语言发展缘于学习者个体特质与课程教学活动间的复杂、动态联结。一方面，课程设计理念和教学组织方式是语言学习发生的基础，也是团体学习效果实现的必要保障。另一方面，具有不同目标、意志、动机的学习者，能与课程学习资源间产生不同形式的互动，进而形成个性化学习和语言发展过程。

上述学习过程的发生，在很大程度上缘于学生在课程中自主性和选择权，如自主选择研究话题、开展学术研究、调节自身学习活动等。然而，上述理想学习状态在真实写作、研究实践中表现为个性化、差异化的学习体验和学习者反思。这在一定程度上回应了学术写作课程设置的初衷，即在促成学生语言、认知协同发展的同时，帮助他们成为更好的学习者。这既体现为学习者主动应对挑战，重构自身学习信念和认知的勇气，也反映了他们保持专注和投入、提升自身抑制控制能力的毅力与决心。这些品质的形成具有超越课程学习本身的价值，能持续影响学习者未来的情感、行为和认知发展。

第三，本研究尝试建立我国外语教育语境下，写作课程设计、教学实施和学生学习间的证据链接。研究结果表明，课程学习活动与学生语言发展过程间呈现复杂互动关系。一方面，课程设置原则，如学习活动的学科性、系统性和实践性，对学生学术语言发展起重要调节作用，并在一定程度上确保团体学习效果的产生。另一方面，学习者感知、利用教学中介的方式，可能带来不同语言发展结果。因此，对学术语言发展机制的探究，不能仅从课程、教学或学生单方面出发，而应探究这些因素间的复杂互动关系。基于真实情境下的学生学习过程，观察、检验课程设置的合理性，反思教学方式对不同学生群体的适切性，实现课程教学模式在实践中的自我完善和发展。简言之，课程设置不再是“静态”的环境因素，而是促成学生学习、教师反思的动态环境给养，同时与教师、学生等多元主体间产生复杂互动与联结。上述互动关系的变化促成课程设计理念在具体教学情境中的检验和发展，也为具体教学/学习经验向一般性学习规律的转换奠定基础，使教师、学生和课程等多元主体，超越自身局限，实现创造性发展成为可能。

第四，本研究基于我国高等外语教育的实际人才培养需求，探索本土化的写作课程改革与教学创新路径。在实践中检验、丰富、发展课程设计理念，提炼植根本土经验的实践性知识，建立理论与实践间的科学对话与证据链接。这种互动、循证的教学研究范式，强调知识建构的情境性、实践性和生成性。换言之，知识产生于具体语境下的社会文化实践，随个/团体成员实践的深入不断发展，获得超越具体教学语境的启发性价值。上述理念与拓展性学习理论及人类发展生态学视角对人类语言、认知发展的认识高度一致。本研究中，这种拓展、生成式的学习模式渗透在课程设计、教学实施和学生学习的各个环节，促成三者间的深度互动与联结，使植根本土实践智慧的知识创新成为可能。

6.3　研究局限及未来研究展望

然而，本研究也有一定局限。首先，本研究从写作文本分析和学习过程分析两方面，探究英语专业本科生学术语言发展的过程与机制。在文本分析方面，本研究分别从词汇、句法、语义和语篇层面，描述群体学习者学术语言发展特征，追踪案例学习者学术语言发展过程，探究不同语言维度间互动关系的变化。但由于跟踪时长所限，本研究对群体学习者语言发展状况的描述，仅选取学术写作期末论文为研究对象。未来研究可适当增加跟踪时长，追踪群体学习者学术语言各维度间互动关系的变化，实现个案与群案学术语言发展模式间的对话与联结。

第二，本研究分别采用拓展性学习理论和人类发展生态学视角，阐释、追踪案例学习者学术语言发展的过程与机制。结果表明，两种理论视角均指向个体特质与环境因素在学术话语实践中的互动关系。其中，拓展性学习理论以矛盾的产生、发展和化解为线索，揭示促成学术语言发展的关键因素。人类发展生态学从个体与环境互动的角度出发，探究二者间的互动与联结如何形成不同学术语言发展过程，为课程/教学活动的自我完善创造条件。未来研究可基于此进一步拓展，比较、分析两种理论视角对不同语境、学生群体语言、认知能力发展的解释力，挖掘不同理论视角间互补、对话的可能。

第三，本研究着重关注学生在学术写作课程中的语言发展机制，因为该课程是学生在当前学习阶段中，学术语言发展的主要场域。未来研究可适当扩大研究场域，探究学术写作课程与其他专业核心课程在学生学术语言发展过程中的合力效应。揭示顶层课程设计下，相邻课程活动系统间的复杂互动与联结。并基于此，调整、优化相关（写作）课程的规划、设计与实施。

参考文献

Ahearn, L. M. (2001). Language and agency. *Annual Review of Anthropology*, 30, 109-137.

Akkerman, S. F., & Bakker, A. (2011). Boundary crossing and boundary objects. *Review of Educational Research,* 81(2), 132-169.

Allwright, D. (2003). Exploratory practice: Rethinking practitioner research in language teaching. *Language Teaching Research*, 7(2), 113-141.

Allwright, D. (2005). Developing principles for practitioner research: The case of exploratory practice. *The Modern Language Journal*, 89(3), 353-366.

Andrews, R. (2010). *Argumentation in higher education: Improving practice through theory and research.* New York Routledge.

Arievitch, I. M. (2008). Exploring the links between external and internal activity from a cultural-historical perspective. In B. van Oers, W. Wardekker, E. Elbers, & R. Van der Veer (Eds.), *The transformation of learning: Advances in cultural-historical activity theory* (pp.38-58). Cambridge: Cambridge University Press.

Arnó-Macià, E., & Mancho-Barés, G. (2015). The role of content and language in content and language integrated learning (CLIL) at university: Challenges and implications for ESP. *English for Specific Purposes*, 37, 63-73.

Aull, L. L., & Lancaster, Z. (2014). Linguistic markers of stance in early and advanced academic writing: A corpus-based comparison. *Written Communication*, 31(2), 151-183.

Bachman, L., & Palmer, A. (2010). *Language assessment in practice: Developing language assessments and justifying their use in the real world.* Oxford: Oxford University Press.

Bailey, A. L. (2007). Introduction: Teaching and assessing students learning English in school. In A. L. Bailey (Ed.), *The language demands of school: Putting academic English to the test* (pp.1-27). New Haven: Yale University Press.

Bardovi-Harlig, K. (1992). A second look at T-Unit analysis: Reconsidering the sentence. *TESOL Quarterly*, 26(2), 390-395.

Basturkmen, H., & von Randow, J. (2014). Guiding the reader (or not) to re-create coherence: Observations on postgraduate student writing in an academic argumentative writing task. *Journal of English for Academic Purposes*, 16, 14-22.

Belcher, D. (2012). Considering what we know and need to know about second language writing. *Applied Linguistics Review*, 3(1), 131-150.

Biber, D., & Gray, B. (2010). Challenging stereotypes about academic writing: Complexity, elaboration, explicitness. *Journal of English for Academic Purposes*, 9(1), 2-20.

Biber, D., Gray, B., Staples, S., & Egbert, J. (2020). Investigating grammatical complexity in L2 English writing research: Linguistic description versus predictive measurement. *Journal of English for Academic Purposes*, 46, 1-15.

Bulté, B., & Housen, A. (2014). Conceptualizing and measuring-term changes in L2 writing complexity. *Journal of Second Language Writing*, 26, 42-65.

Brisk, M. E., & Zhang-Wu, Q. (2016). Academic language in K–12 contexts. In E. Hinkel (Ed.), *Handbook of research in second language teaching and learning* (pp.82-101). New York and London: Routledge.

Bronfenbrenner, U. (1995). Developmental ecology through space and time: A future perspective. In P. Moen, G. H. Elder, J. Elder, & K. Lüscher (Eds.), *Examining lives in context* (pp.619-647). Washington American Psychological Association.

Bronfenbrenner, U. (2005). Ecological Systems Theory. In U. Bronfenbrenner (Ed.), *Making human beings human: Bioecological perspectives on human development* (pp.106-174). Thousand Oaks, London, New Delhi: Sage Publications.

Byram, M., & Feng, A. (2004). Culture and language learning: Teaching, research and scholarship. *Language Teaching*, 37(3), 149-168.

Byrnes, H. (2009). Emergent L2 German writing ability in a curricular context: A longitudinal study of grammatical metaphor. *Linguistics and Education*, 20(1), 50-66.

Byrnes, H. (2012). Conceptualizing FL writing development in collegiate settings: A genre-based systemic functional linguistic approach. In R. M. Manchón (Ed.), L2 *Writing development: Multiple perspectives* (pp.191-220). Boston, Berlin: De Gruyter Mouton.

Byrnes, H. (2019). Affirming the context of instructed SLA: The potential of curricular thinking. *Language Teaching Research*, 23(4), 514-532.

Byrnes, H. (2020). Toward an agenda for researching L2 writing and language learning: The educational context of development. In R. M. Manchón (Ed.), *Writing and language learning: advancing research agendas* (pp.73-95). Amsterdam; Philadelphia: John Benjamins Publishing Company.

Byrnes, H., Maxim, H. H., & Norris, J. M. (2010). Realizing advanced foreign language writing development in collegiate education: Curricular design, pedagogy, assessment. *The Modern Language Journal*, 94, 1-202.

Cammarata, L., Tedick, D. J., & Osborn, T. A. (2016). Content-based instruction and curricular reforms: Issues and goals. In L. Cammarata (Ed.), *Content-based foreign language teaching: Curriculum and pedagogy for developing advanced thinking and literacy skills* (pp.1-22). London, New York: Routledge.

Carter, M. (2007). Wayso of knowing, doing, and writing in the disciplines. *College Composition and Communication*, 58(3), 385-418.

Chandrasegaran, A. (2013). The effect of a socio-cognitive approach to teaching writing on stance support moves and topicality in students' expository essays. *Linguistics and Education,* 24, 101-111.

Cohen, L., Manion, L., & Morrison, K. (2007). *Research methods in education.* Oxon, New York: Routledge.

Cole, M., & Wertsch, J. V. (1996). Beyong the individual-social antinomy in discussions of Piaget and Vygotsky. *Human Development*, 39, 250-256.

Connor, U. (1996). *Contrastive rhetoric: Cross-cultural aspects of second-language writing*. Cambridge: Cambridge University Press.

Council of Europe. (2001). *Common European Framework of Reference for languages: Learning, teaching, assessment*. Cambridge: Cambridge University Press.

Creswell, J. W. (2015). Revisiting mixed methods and advancing scientific practices. In S. Hesse-Biber & R. B. Johnson (Eds.), *The Oxford Handbook of Multimethod and Mixed Methods Research Inquiry* (pp.57-72). New York: Oxford University Press.

Creswell, J. W. & Clark, V. P. (2011). *Designing and conducting mixed methods research.* LA: Sage Publications.

Crossley, S. A., Salsbury, T., & McNamara, D. S. (2011). Predicting the proficiency level of language learners using lexical indices. *Language Testing*, 29, 243-263.

Cummins, J. (1979). Cognitive/academic language proficiency, linguistic interdependence, the optimum age question and some other matters. *Working Papers on Bilingualism*, 19, 198-205.

Czwenar, I. (2014). Analysing spoken language for complexity, accuracy and fluency: Some methodological considerations. In W. Szubko-Sitare & P. Stalmaszc (Eds.), *Language Learning, Discourse and Communicaton* (pp.81-92). Cham: Springer.

Dalton-Puffer, C. (2011). Content-and-language integrated learning: From practice to principles? *Annual Review of Applied Linguistics*, 31, 182-204.

De bot, K., Lowie, W., & Verspoor, M. (2007). A dynamic systems theory approach to second language acquisition. *Bilingualism: Language and Cognition*, 10(1), 7-21.

De Guerrero, M. C. M., & Villamil, O. S. (2000). Activating the ZPD: Mutual scaffolding in L2 peer revision. *The Modern Language Journal*, 84(1), 51-68.

Denscombe, M. (2008). Communities of practice: A research paradigm for the mixed methods approach. *Journal of Mixed Methods Research,* 2(3), 270-283.

Dewey, J. (1996). Experience and education. *The Educational Forum*, 50(3), 241-252.

DiCerbo, P. A., Anstrom, K. A., Baker, L. L., & Rivera, C. (2014). A review of the literature on teaching academic English to English language learners. *Review of Educational Research*, 84(3), 446-482.

Donato, R. (2016). Sociocultural theory and content-based foreign language instruction: Theoretical insights on the challenge of integration. In L. Cammarata (Ed.), *Content-based foreign language teaching: Curriculum and pedagogy for developing advanced thinking and literacy skills* (pp.25-50). London, New York: Routledge.

Dreyfus, S. J., Humphrey, S., Mahboob, A., & Martin, J. R. (2016). *Genre pedagogy in higher education: The SLATE project.* Hampshire: Palgrave Macmillan.

Duff, P. A. (2007). Second language socialization as sociocultural theory: Insights and issues. *Language Teaching*, 40(4), 309-319.

Duff, P. A. (2010). Language socialization into academic discourse communities. *Annual Review of Applied Linguistics*, 30, 169-192.

Duff, P. A., & Doherty, L. (2012). Examining Agency in (second) language socialization research. In P. Deters, X. A. Gao, E. R. Miller, & G. Vitanova (Eds.), *Theorizing and analyzing agency in second language learning: Interdisciplinary approaches* (pp.54-73). Bristol, Buffalo, Toronto: Multilingual Matters.

Ellis, R., & Barkhuizen, G. (2005). *Analysing learner language.* Oxford: Oxford University Press.

Engeström, Y. (1999). Activity theory and individual and social transformation. In Y. Engeström, R. Miettinen, & R.-L. Punamaki (Eds.), *Perspectives on activity theory* (pp.19-38). Cambridge: Cambridge University Press.

Engeström, Y. (1987). *Learning by expanding: An activity-theoretical approach to developmental research.* New York: Cambridge University Press.

Engeström, Y. (2001). Expansive learning at work: Toward an activity theoretical reconceptualization. *Journal of Education and Work*, 14(1), 133-156.

Engeström, Y. (2016). *Studies in expansive learning: Learning what is not yet there.* New York: Cambridge University Press.

Engeström, Y. (2018). Expansive learning: Towards an activity-theoretical reconceptualization. In K. Illeris (Ed.), *Contemporary theories of learning: Learning theorists in their own words* (pp.46-65). London and New York: Routledge.

Fang, Z. (2012). Approaches to developing content area literacies: A synthesis and a critique. *Journal of Adolescent & Adult Literacy*, 56(2), 103-108.

Fang, Z., & Coatoam, S. (2013). Disciplinary literacy: What you want to know about it. *Journal of Adolescent & Adult Literacy*, 56(8), 627-632.

Fisher, R. (2019). Reconciling disciplinary literacy perspectives with genre-oriented activity theory: Toward a fuller synthesis of traditions. *Reading Research Quarterly*, 54(2), 237-251.

Fitzgerald, J., & Shanahan, T. (2000). Reading and writing relations and their development. *Educational Psychologist*, 35(1), 39-50.

Fleer, M. (2016). The Vygotsky project in education – The theoretical foundations for analysing the relations between the personal, institutional and societal conditions for studying development. In D. S. P. Gedera & P. J. Williams (Eds.), *Activity theory in education research and practice* (pp.1-15). Rotterdam: Sense Publishers.

Flowerdew, J. (2013). Introduction: Approaches to the analysis of academic discourse in English. In J. Flowerdew (Ed.), *Academic discourse* (pp.1-19). New York: Routledge.

Garrett, P. B. (2016). Researching language socialization. In K. A. King, Y.-J. Lai, & S. May (Eds.), *Research methods in language and education* (pp.283-297). Switzerland: Springer International Publishing.

Gass, S. M., & Selinker, L. (2008). *Second language acquisition: An introductory course*. New York, London: Routledge.

Gebhard, M. (2004). Fast capitalism, school reform, and second language literacy practices. *The Modern Language Journal*, 88(2), 245-265.

Gedera, D. S. P. (2016). The application of activity theory in identifying contradictions in a university blended learning course. In D. S. P. Gedera & P. J. Williams (Eds.), *Activity theory in education research and practice* (pp.53-69). Rotterdam: Sense Publishers.

Gee, J. P. (2015). *Literacy and education*. New York: Routledge.

Gentil, G. (2011). A biliteracy agenda for genre research. *Journal of Second Language Writing*, 20, 6-23.

Goldman, S. R., Snow, C., & Vaughn, S. R. (2016). Common themes in teaching reading for understanding: Lessons from three projects. *Journal of Adolescent & Adult Literacy*, 60(3), 255-264.

Graesser, A. C., McNamara, D. S., & Kulikowich, J. M. (2011). Coh-Metrix: Providing multilevel analyses of text characteristics. *Educational Researcher*, 40(5), 223-234.

Graesser, A. C., McNamara, D. S., Louwerse, M. M., & Cai, Z. (2004). Coh-Metrix: Analysis of text on cohesion and language. *Behavior research methods, instruments, & computers*, 36(2), 193-202.

Graham, S. (2018). Introduction to Conceptualizing Writing. *Educational Psychologist, 53*(4), 217-219.

Graham, S., & Hebert, M. (2011). Writing to read: A meta-analysis of the impact of writing and writing instruction on reading. *Harvard Educational Review*, 81(4), 710-744.

Guk, I., & Kellogg, D. (2007). The ZPD and whole class teaching. *Language Teaching Research*, 11(3), 281-299.

Hallet, F. (2013). Study support and the development of academic literacy in higher education: A phenomenographic analysis. *Teaching in Higher Education*, 18(5), 518-530.

Halliday, M. A. K. (2000). *An introduction to functional grammar*. Beijing: Foreign Language Teaching and Research Press.

Halliday, M. A. K., & Hasan, R. (1976). *Cohesion in English*. London: Longman.

Halliday, M. A. K., & Matthiessen, C. M. I. M. (2004). *An introduction to functional grammar.* New York: Hodder Arnold.

Haneda, M. (2014). From academic language to academic communication: Building on English learners' resources. *Linguistics and Education*, 26, 126-135.

Hirvela, A. R. (2016). *Connecting reading & writing in second language writing instruction*. Ann Arbor: University of Michigan Press.

Hood, S. (2010). *Appraising research: Evaluation in academic writing*. New York: Palgrave Macmillan.

Hulstijn, J. H., Young, R. F., Ortega, L., Bigelow, M., Ellis, N. C., & Lantolf, J. P. (2014). Bridging the gap: Cognitive and social approaches to research in second language learning and teaching. *Studies in Second Language Acquisition*, 36, 361-421.

Hyland, K. (2005). *Metadiscourse: Exploring interaction in writing*. London, New York: Continuum.

Hyland, K. (2007). Genre pedagogy: Language, literacy and L2 writing instruction. *Journal of Second Language Writing*, 16, 148-164.

Hyland, K. (2009). *Teaching and researching writing*. London: Pearson Education Limited.

Hyland, K. (2014a). Disciplinary discourses: Writer stance in research articles In C. N. Candlin & K. Hyland (Eds.), *Writing, texts, processes and practices* (pp.99-122). Oxon, New York: Routledge.

Hyland, K. (2014b). English for academic purposes. In C. Leung & B. V. Street (Eds.), *The Routledge companion to English studies* (pp.392-405). London and New York: Routledge.

Jaeger, E. L. (2016). Negotiating complexity: A bioecological systems perspective on literacy development. *Human Development*, 59(4), 163-187.

Johns, A. M. (1997). *Text, role and context: Developing academic literacies*. Cambridge: Cambridge University Press.

Johnson, M. D. (2017). Cognitive task complexity and L2 written syntactic complexity, accuracy, lexical complexity, and fluency: A research synthesis and meta-analysis. *Journal of Second Language Writing*, 37, 13-38.

Johnson, R. B. (2017). Dialectical pluralism: A metaparadigm whose time has come. *Journal of Mixed Methods Research*, 11(2), 156-173.

Jones, P. E. (2008). Language in cultural-historical perspective. In B. van Oers, W. Wardekker, E. Elbers, & R. Van der Veer (Eds.), *The transformation of learning: Advances in cultural-historical activity theory* (pp.76-100). Cambridge: Cambridge University Press.

Joyce, B. R. (1994). Dynamic disequilibrium: The intelligence of growth. *Theory into Practice, 23*(1), 26-34.

Kalaja, P., Barcelos, A. M. F., Aro, M., & Ruohotie-Lyhty, M. (2015). *Beliefs, agency and identity in foreign language learning and teaching*. England: Palgrave Macmillan.

Karpov, Y. V. (2018). Acquisition of scientific concepts as the content of school instruction. In J. P. Lantolf, M. E. Poehner, & M. Swain (Eds.), *The Routledge handbook of sociocultural theory and second language development* (pp.102-117). New York, Oxon: Routledge.

Kemmis, S. (2010). Research for praxis: knowing doing. *Pedagogy, Culture & Society, 18*(1), 9-27.

Kern, R. (2000). *Literacy and language teaching*. Oxford: Oxford University Press.

Kormos, J. (2012). The role of individual differences in L2 writing. *Journal of Second Language Writing*, 21, 390-403.

Kozulin, A. (2018). Mediation and internalization: Conceptual analysis and practical applications. In J. P. Lantolf, M. E. Poehner, & M. Swain (Eds.), *The Routledge handbook of sociocultural theory and second language development* (pp.23-42). New York, Oxon: Routledge.

Kyle, K. (2016). *Measuring syntactic development in L2 writing: Fine grained indices of syntactic complexity and usage-based indices of syntactic sophistication.* (Doctor of Philosophy), Georgia State University.

Kyle, K., Crossley, S. A., & Berger, C. (2018). The tool for the automatic analysis of lexical sophistication (TAALES): version 2.0. *Behavior Research Methods,* 50, 1030-1046.

Lantolf, J. P. (2000). Introducing sociocultural theory In J. P. Lantolf (Ed.), *Sociocultural theory and second language learning* (pp.1-27). Oxford: Oxford University Press.

Lantolf, J. P., & Poehner, M. E. (2014). *Sociocultural theory and the pedagogical imperative in L2 education*. New York: Routledge.

Lantolf, J. P., & Thorne, S. L. (2006). *Sociocultural theory and the genesis of second language development*. Shanghai: Shanghai Foreign Language Education Press.

Lasagabaster, D. (2011). English achievement and student motivation in CLIL and EFL settings. *Innovation in Language Learning and Teaching*, 5(1), 3-18.

Larsen-Freeman, D. (2006). The Emergence of complexity, fluency, and accuracy in the oral and written production of five Chinese learners of English. *Applied Linguistics*, 27(4), 590-619.

Lea, M. R., & Street, B. V. (2006). The "academic literacies" model: Theory and applications. *Theory into Practice*, 45(4), 368-377.

Lei, J. (2019). Publishing during doctoral candidature from an activity theory perspective: The case of four Chinese nursing doctoral students. *TESOL Quarterly*, 53(3), 655-684.

Leontiev, A. (1978). *Activity, consciousness and personality*. NJ: Prentice Hall: Englewood Cliffs.

Li, D., & Zhang, L. (2022). Exploring teacher scaffolding in a CLIL-framed EFL intensive reading class: A classroom discourse analysis approach. *Language Teaching Research*, 26(3), 333-360.

Li, D., & Zhang, L. (2024). Exploring EFL learners' academic literacy development: An ecological perspective. *TESOL Quarterly*. 1-32. doi: 10.1002/tesq.3325

Lillis, T. (2008). Ethnography as method, methodology, and "deep theorizing": Closing the gap between text and context in academic writing research. *Written Communication*, 25(3), 353-388.

Lillis, T. (2014). Academic literacies. In *The Routledge companion to English studies* (pp.361-375). London, New York: Routledge.

Lillis, T., & Scott, M. (2007). Defining academic literacies research: issues of epistemology, ideology and strategy. *Journal of Applied Linguistics*, 4(1), 5-32.

Lillis, T., & Tuck, J. (2016). Academic literacies: A critical lens on writing and reading in the academy. In K. Hyland & P. Shaw (Eds.), *The Routledge handbook of English for academic purposes* (pp.30-44). London and New York: Routledge.

Lu, X. (2010). Automatic analysis of syntactic complexity in second language writing. *International Journal of Corpus Linguistics*, 15(4), 474-496.

Lu, X. (2012). The relationship of lexical richness to the quality of ESL learners' oral narratives. *The Modern Language Journal*, 96(2), 192-208.

Lu, X., Casal, J. E., & Liu, Y. (2020). The rhetorical functions of syntactically complex sentences in social science research article introductions. *Journal of English for Academic Purposes,* 44, 1-16.

Lu, X., Casal, J. E., Liu, Y., Kisselev, O., & Yoon, J. (2021). The relationship between syntactic complexity and rhetorical move-steps in research article introductions: Variation among four social science and engineering disciplines. *Journal of English for Academic Purposes,* 52, 1-13.

Lyster, R. (2007). *Learning and teaching languages through content: A counterbalanced approach.* Amsterdam, Philadelphia: John Benjamins Publishing Company.

Lyster, R. (2011). Content-based second language teaching. In E. Hinkel (Ed.), *Handbook of research in second language teaching and learning* (Vol. 2, pp.611-630). New York: Routledge.

MacWhinney, B. (2000). *The CHILDES project: Tools for analyzing talk.* Mahwah, NJ: Lawrence Erlbaum Associates.

Mak, P., & Lee, I. (2014). Implementing assessment for learning in L2 writing: An activity theory perspective. *System*, 47, 73-87.

Manchón, R. M. (2009). Introduction: Broadening the perspective of L2 Writing scholarship: The contribution of research on foreign language writing. In R. M. Manchón (Ed.), *Writing in foreign language contexts: Learning, teaching, and research* (pp.1-23). Bristol, Buffalo, Toronto Multilingual Matters.

Manchón, R. M. (2011). Situating the learning-to-write and writing-to-learn dimensions of L2 writing. In R. M. Manchón (Ed.), *Learning-to-write and writing-to-learn in an additional language* (pp.3-17). Amsterdam, Philadelphia: John Benjamins Publishing Company.

Martin, J. R. (2000). Beyond exchange: Appraisal systems in English. In S. Hunston & G. Thompson (Eds.), *Evaluation in text* (pp.142-175). Oxford: Oxford University Press.

McKeown, M. G., Beck, I. L., & Blake, R. G. K. (2009). Rethinking reading comprehension instruction: A comparison of instruction for strategies and content approaches. *Reading Research Quarterly*, 44(3), 218-253.

Meneses, A., Uccelli, P., Santelices, M. V., Ruiz, M., Acevedo, D., & Figueroa, J. (2018). Academic language as a predictor of reading comprehension in monolingual Spanish-speaking readers: Evidence from Chilean early adolescents. *Reading Research Quarterly*, 53(2), 223-247.

Moje, E. B. (2015). Doing and teaching disciplinary literacy with adolescent learners: A social and cultural enterprise. *Harvard Educational Review*, 85(2), 254-278.

Moje, E. B., Overby, M., Tysvaer, N., & Morris, K. (2008). The complex world of adolescent literacy: Myths, motivations, and mysteries. *Harvard Educational Review*, 78(1), 107-154.

Moore, K. M., & Cassel, S. L. (2011). *Techniques for college writing: The thesis statement and beyond*. Boston: Wadsworth, Cengage Learning.

Moreno, A. I., & Swales, J. M. (2018). Strengthening move analysis methodology towards bridging the function-form gap. *English for Specific Purposes,* 50, 40-63.

Negretti, R. (2017). Calibrating genre: Metacognitive judgments and rhetorical effectiveness in academic writing by L2 graduate students. *Applied Linguistics*, 38(4), 512-539.

Nikula, T. (2016). CLIL: A European approach to bilingual education. In N. Van Deusen-Scholl & S. May (Eds.), *Second and foreign language education* (pp.111-125). Cham, Switzerland: Springer International Publishing.

Nishino, T., & Atkinson, D. (2015). Second language writing as sociocognitive alignment. *Journal of Second Language Writing,* 27, 37-54.

Norris, J. M. (2016). Language program evaluation. *The Modern Language Journal*, 100, 169-189.

Norris, J. M., & Ortega, L. (2009). Towards an organic approach to investigating CAF in instructed SLA: The case of complexity. *Applied Linguistics*, 30(4), 555-578.

Ochs, E., & Schieffelin, B. (2017). Language socialization: An historical overview. In P. A. Duff & S. May (Eds.), *Language socialization, encyclopedia of language and education* (pp.3-17). Switzerland: Springer International Publishing.

Ochs, E., & Schieffelin, B. B. (2011). The theory of language socialization. In A. Duranti, E. Ochs, & B. B. Schieffelin (Eds.), *The handbook of language socialization* (pp.1-23). Malden, Oxford: Blackwell Publishing.

Okuda, T., & Anderson, T. (2018). Second language graduate students' experiences at the writing center: A language socialization perspective. *TESOL Quarterly*, 52(2), 391-413.

Ortega, L. (2012). Interlanguage complexity: A construct in search of theoretical renewal. In B. Kortmann & B. Szmrecsanyi (Eds.), *Linguistic complexity: Second language acquisition, indigenization, contact* (pp.127-156). Berlin, Boston: De Gruyter.

Oteíza, T. (2017). The appraisal framework and discourse analysis. In T. Bartlett & G. O'Grady (Eds.), *The Routledge handbook of systemic functional linguistics* (pp.457-473). London, New York: Routledge.

Paltridge, B. (2002). Genre, text type, and the English for academic purposes (EAP) classroom In A. M. Johns (Ed.), *Genre in the classroom: Multiple perspectives* (pp.73-91). Mahwah, New Jersey: Lawrence Erlbaum Associates.

Paltridge, B., Starfield, S., & Tardy, C. M. (2016). *Ethnographic perspectives on academic writing*. Oxford: Oxford University Press.

Perry, N. E., Turner, J. C., & Meyer, D. K. (2006). Classrooms as contexts for motivating learning. In P. A. Alexander & P. H. Winne (Eds.), *Handbook of educational psychology* (pp.327-348). New York: Routledge.

Polio, C., & Yoon, H. J. (2018). The reliability and validity of automated tools for examining variation in syntactic complexity across genres. *International Journal of Applied Linguistics*, 28(1), 165-188

Prain, V., & Hand, B. (2016). Coming to know more through and from writing. *Educational Researcher*, 45(7), 430-434.

Prior, P. A. (2009). *Writing disciplinarity: A sociohistoric account of literate activity in the academy*. New York, London: Routledge.

Racelis, J. V., & Matsuda, P. K. (2013). Integrating process and genre into the second language writing classroom: Research into practice. *Language Teaching*, 46(3), 382-393.

Rahimi, M., & Zhang, L. J. (2018). Effects of task complexity and planning conditions on L2 argumentative writing production. *Discourse Processes*, 55(8), 726-742.

Robinson, P. (2011). Task-based language learning: A review of issues. *Language Learning*, 61(1), 1-36.

Roth, W.-M., & Lee, Y.-J. (2007). "Vygotsky's neglected legacy": Cultural-historical activity theory. *Review of Educational Research*, 77(2), 186-232.

Roth, W.-M., Mavin, T., & Dekker, S. (2014). The theory-practice gap: Epistemology, identity, and education. *Education + Training*, 56(6), 521-536.

Roth, W.-M., & Tobin, K. (2002). Redesigning an "urban" teacher education program: An activity theory perspective. *Mind, Culture, and Activity*, 9(2), 108-131.

Russell, D. R. (2009). Texts in contexts: Theorizing learning by looking at genre and activity In R. Edwards, B. Biesta, & M. Thorpe (Eds.), *Rethinking contexts for learning and teaching: Communities, activities and networks* (pp.17-31). Oxon: Routledge.

Russell, D. R., Lea, M. R., Parker, J., Street, B. V., & Donahue, T. (2009). Exploring notions of genre in "academic literacies" and "writing across the curriculum": Approaches across countries and contexts. In C. Bazerman, A. Bonini, & D. Figueiredo (Eds.), *Genre in a changing world* (pp.395-423). Fort Collins, Colorado: The WAC Clearinghouse.

Saldana, J. (2013). *The coding manual for qualitative researchers*. London: Sage.

Sannino, A., Engeström, Y., & Lemos, M. (2016). Formative interventions for expansive learning and transformative agency. *Journal of the Learning Sciences*, 25(4), 599-633.

Saricaoglu, A., Bilki, Z., & Plakans, L. (2021). Syntactic complexity in learner-generated research paper introductions: Rhetorical functions and level of move/step realization. *Journal of English for Academic Purposes*, 53, 1-11.

Schleppegrell, M. J. (2004). *The language of schooling: A functional linguistics perspective*. Mahwah, New Jersey: Lawrence Erlbaum Associates.

Schleppegrell, M. J. (2011). Supporting disciplinary learning through language analysis: Developing historical literacy. In F. Christie & K. Maton (Eds.), *Disciplinarity: Functional linguistic and sociological perspectives* (pp.197-216). London: Continuum International Publishing Group.

Schleppegrell, M. J. (2013). The role of metalanguage in supporting academic language development. *Language Learning*, 63(1), 153-170.

Schleppegrell, M. J., & O'Hallaron, C. L. (2011). Teaching academic language in L2 secondary settings. *Annual Review of Applied Linguistics*, 31, 3-18.

Schmidt, R. (2012). Attention, awareness, and individual differences in language learning. In W. Chan (Ed.), *Perspectives on individual characteristics and foreign language education* (pp.27-50). Boston; Berlin: De Gruyter Mouton.

Seloni, L. (2012). Academic literacy socialization of first year doctoral students in US: A micro-ethnographic perspective. *English for Specific Purposes,* 31, 47-59.

Sfard, A. (1998). On two metaphors for learning and the dangers of choosing just one. *Educational Researcher*, 27(4), 4-13.

Shanahan, C. (2012). How disciplinary experts read. In T. L. Jetton & C. Shanahan (Eds.), *Adolescent literacy in the academic disciplines: General principles and practical strategies* (pp.69-90). New York: Guilford Press.

Shanahan, T., & Shanahan, C. (2008). Teaching disciplinary literacy to adolescents: Rethinking content-area literacy. *Harvard Educational Review*, 78(1), 40-59.

Shelton, L. G. (2019). *The Bronfenbrenner primer: A Guide to develecology*. New York, London: Routledge.

Short, D. (2013). Training and sustaining effective teachers of sheltered instruction. *Theory into Practice*, 52(2), 118-127.

Short, D. J., Echevarría, J., & Richards-Tutor, C. (2011). Research on academic literacy development in sheltered instruction classrooms. *Language Teaching Research*, 15(3), 363-380.

Skehan, P. (1996). A framework for the implementation of task-based instruction. *Applied Linguistics*, 17(1), 38-62.

Skehan, P., & Foster, P. (2012). Complexity, accuracy, fluency and lexis in task-based performance: A synthesis of the Ealing research. In A. Housen, F. Kuiken, & I. Vedder (Eds.), *Dimensions of L2 performance and proficiency: Complexity, accuracy and fluency in SLA* (pp.199-221). Amsterdam, Philadelphia: John Benjamins Publishing Company.

Snow, C., & Uccelli, P. (2009). The challenge of academic language. In D. R. Olson & N. Torrance (Eds.), *The Cambridge handbook of literacy* (pp.112-133). Cambridge: Cambridge University Press.

Snow, M. A. (2017). Content-based language teaching and academic language development. In E. Hinkel (Ed.), *Handbook of research in second language teaching and learning* (Vol. 3, pp.159-173). London: Routledge.

Soltani, B., & Tran, L. (2023). Examining space, silence, and agency in language socialization of an international student in the EAP and mainstream courses. *TESOL Quarterly*, 57(2), 480-510.

Stanovich, K. E. (2009). Matthew effects in reading: Some consequences of individual differences in the acquisition of literacy. *Reading Research Quarterly*, 21(4), 360-407.

Suzuki, W. (2012). Written languaging, direct correction, and second language writing revision. *Language Learning*, 62(4), 1110-1133.

Svalberg, A. M.-L (2007). Language awareness and language learning. *Language Teaching*, 40(4), 287-308.

Svalberg, A. M.-L. (2017). Researching language engagement: Current trends and future directions. *Language Awareness*, 27(1-2), 21-39.

Swain, M. (2013). The inseparability of cognition and emotion in second language learning. *Language Teaching*, 46(2), 195-207.

Swain, M. (2006). Languaging, agency and collaboration in advanced language proficiency. In H. Byrnes (Ed.), *Advanced language learning: The contribution of Halliday and Vygotsky* (pp.95-109). London: Continuum.

Swales, J. M. (1990). *Genre analysis: English in academic and research settings*. Cambridge: Cambridge University Press.

Swales, J. M. (2004). *Research genres: Exploration and applications*. Cambridge: Cambridge University Press.

Swales, J. M. (2011). *Aspects of article introductions*. Ann Arbor: University of Michigan Press.

Syverson, P. (2008). An ecological view of literacy learning. *Literacy,* 42(2), 109-117.

Tardy, C. M. (2011). The history and future of genre in second language writing. *Journal of Second Language Writing*, 20, 1-5.

Tardy, C. M. (2012). A rhetorical genre theory perspective on L2 writing development In R. M. Manchón (Ed.), *L2 writing development: Multiple perspectives* (pp.165-190). Boston, Berlin: De Gruyter Mouton.

Tsui, A. B. M., & Law, D. Y. K. (2007). Learning as boundary-crossing in school–university partnership. *Teaching and Teacher Education*, 23, 1289-1301.

Uccelli, P. (2019). Learning the language for school literacy: Research insights and a vision for a cross-linguistic research program. In V. Grøver, P. Uccelli, M. L. Rowe, & E. Lieven (Eds.), *Learning through language towards an educationally informed theory of language learning* (pp.95-110). Cambridge: Cambridge University Press.

Uccelli, P., Barr, C. D., Dobbs, C. L., Galloway, E. P., Meneses, A., & Sanchez, E. (2015). Core academic language skills: An expanded operational construct and a novel instrument to chart school-relevant language proficiency in preadolescent and adolescent learners. *Applied Psycholinguistics*, 36(5), 1077-1109.

Uccelli, P., Phillips, G. E., & Qin, W. (2020). The language for school literacy widening the lens on language and reading relations. In E. B. Moje, P. P. Afflerbach, P. Enciso, & N. K. Lesaux (Eds.), *Handbook of reading research* (Vol. V, pp.155-180). New York, Oxon: Routledge.

Urlaub, P. (2016). Second-language literacy research and curriculum transformation in U.S. postsecondary foreign language education. In N. Van Deusen-Scholl & S. May (Eds.), *Second and foreign language education, encyclopedia of language and education* (pp.137-151). Switzerland Springer International Publishing.

van Lier, L. (1996). *Interaction in the language curriculum: Awareness, autonomy and authenticity.* London, New York: Longman.

van Lier, L. (2000). From input to affordance: Socio-interactive learning from an ecological perspective. In J. P. Lantolf (Ed.), *Sociocultural theory and second language learning* (pp.245-261). Oxford: Oxford University Press.

Vygotsky, L. (1986). *Thought and language*. Cambridge, Massachusetts: The MIT Press.

Vygotsky, L. S. (1978). *Mind in society: The development of higher psychological processes*. Cambridge, MA: Harvard University Press.

Wang, C., & Wang, M. (2015). Effect of alignment on L2 written production. *Applied Linguistics*, 36(5), 503-526.

Wells, G. (1999). *Dialogic inquiry: Towards a sociocultural practice and theory of education.* Cambridge: Cambridge University Press.

Wenger, E. (1998). *Communities of practice: Learning, meaning and identity*. Cambridge: Cambridge University Press.

Wertsch, J. V. (1998). *Mind as action*. Oxford: Oxford University Press.

Wertsch, J. V., Tulviste, P., & Hagstrom, F. (1996). A Sociocultural approach to agency. In E. Forman, N. Minick, & A. Stone (Eds.), *Context for learning: Sociocultural dynamics in children's development* (pp.336-357). New York, Oxford: Oxford University Press.

Whittaker, R., Llinares, A., & McCabe, A. (2011). Written discourse development in CLIL at secondary school. *Language Teaching Research*, 15(3), 343-362.

Wignell, P. (1998). Technicality and abstraction in social science In J. R. Martin & R. Veel (Eds.), *Reading science: Critical and functional perspectives on discourses of science* (pp.299-328). London and New York: Routledge.

Wignell, P. (2009). Vertical and horizontal discourse and the social sciences. In F. Christie & J. R. Martin (Eds.), *Language, knowledge and pedagogy: Functional linguistic and sociological perspectives* (pp.184-205). London, New York: Continuum.

Williams, J. (2012). The potential role(s) of writing in second language development. *Journal of Second Language Writing*, 21, 321-331.

Wingate, U. (2012). Using academic literacies and genre-based models for academic writing instruction: A 'literacy' journey. *Journal of English for Academic Purposes*, 11(1), 26-37.

Wingate, U. (2015). *Academic literacy and student diversity: The case for inclusive practice*. Bristol, Buffalo, Toronto: Multilingual Matters.

Witte, S. P., & Faigley, L. (1981). Coherence, cohesion, and writing quality. *College Composition and Communication*, 32(2), 189-204.

Xu, F. (2019). Learning the language to write for publication: The nexus between the linguistic approach and the genre approach In P. Habibie & K. Hyland (Eds.), *Novice writers and scholarly publication: Authors, mentors, gatekeepers* (pp. 117-135). Cham: Palgrave Macmillan.

Yamagata-Lynch, L. C., & Haudenschild, M. T. (2009). Using activity systems analysis to identify inner contradictions in teacher professional development. *Teaching and Teacher Education*, 25, 507-517.

Yang, L. (2016). Languaging in story rewriting tasks by Chinese EFL students. *Language Awareness*, 25(3), 241-255.

Yin, R. K. (2018). *Case study research and applications: Design and methods*. London: Sage.

Yu, S., & Lee, I. (2014). An analysis of Chinese EFL students' use of first and second language in peer feedback of L2 writing. *System*, 47, 28-38.

Zhang, W., & Ling-Cheung, Y. (2018). The construction of authorial voice in writing research articles: A corpus-based study from an appraisal theory perspective. *International Journal of English Studies*, 18(2), 53-75.

Zhang, X. (2019). EFL writers' reconstruction of writing beliefs in a functional linguistics-based curriculum: What does the trajectory look like? *SAGE Open*, 9(2), 1-13.

Zwiers, J. (2008). *Building academic language: Essential practices for content classrooms*. San Francisco, CA: Jossey-Bass.

陈向明.（2000）.《质的研究方法与社会科学研究》. 北京：教育科学出版社.

黄源深.（1998）. 思辨缺席症.《外语与外语教学》，7，1–19.

金利民.（2010）. 注重人文内涵的英语专业课程体系改革.《外语教育与研究》，42（3），176–183.

李东莹、张莲.（2022）. 活动理论视域下英语专业本科生学术写作学习的矛盾与张力研究.《解放军外国语学院学报》，45（5），77–84.

林娟、战菊.（2015）. "活动"中的英语写作教材评估与使用——来自高校英语教师的声音.《现代外语》，38（6），790–801.

苏芳、杨鲁新.（2022）. 外语专业本科新生学术素养社会化民族志个案研究.《外语界》，209，8–15.

孙有中.（2017）. 人文英语教育论.《外语教学与研究》，49（6），859–870.

孙有中.（2019）. 落实《国标》要求，大力提高外国语言文学类专业人才培养能力.《中国外语》，16（5），36–42.

唐青叶；史晓云.（2016）. 基于语料库的南非大报对习近平主席访非报道的话语分析.《北京第二外国语学院学报》(1），14–24.

王初明.（2017）. 从"以写促学"到"以续促学".《外语教学与研究》，49（4），547–556.

王初明.（2020）. 外语学习的一个根本性问题：静态语言知识如何适配到动态内容？.《现代外语》，43（5），593–600.

王俊菊、冯光武.（2018）.《国标》背景下英语专业人才培养方案的制定——原则与路径.《中国外语》，15（4），4–10.

文秋芳.（2019）. 新中国外语教学理论70年发展历程.《中国外语》，16（5），14–22.

王振华.（2001）. 评价系统及其运作——系统功能语言学的新发展.《外国语》(6)，13–20.

熊淑慧.（2018）. 议论文对比续写的协同效应研究.《解放军外国语学院学报》，41（5），85–92.

熊淑慧、邹为诚. (2012). 什么是学术英语? 如何教? —— 一项英语专业本科生“学术英语”的课堂试验研究.《中国外语》, 9 (2), 54–64.

徐昉. (2015). 学术英语写作研究述评.《外语教学与研究》, 47 (1), 94–105.

许春燕、张军、战菊. (2017). 动态系统论视角下跨洋互动写作课程学生英语作文的复杂度、准确度和流利度研究.《中国外语》, 14 (6), 53–61.

叶洪; 王凯伦. (2021). 研究生在合作写作中的评价资源运用研究.《现代外语》, 44 (5), 704–716.

杨鲁新. (2015). 教师指导与学生学术英语写作能力发展——“学术英语阅读与写作课程”的反思性教学研究.《外语与外语教学》(5), 29–35.

张超、梁文花. (2022). 二语写作文本流利度与语篇衔接的多维交互模式.《外语教学与研究》, 54 (7), 557–568.

张莲、李东莹. (2019). CLIL 框架下语言、思辨和学科能力的协同发展.《外语教育研究前沿》, 2 (2), 16–24.

张莲、孙有中. (2014). 基于社会文化理论视角的英语专业写作课程改革实践.《外语界》(5), 2–10.

张莲、吴一安、金利民、孙有中、周燕. (2013). 英语专业课程改革与教师发展良性互动机制的构建——以北外英语学院为例.《外语与外语教学》(3), 30–33.

张珊珊、徐锦芬. (2019). ZPD视角下在线自动反馈对英语不同水平学习者写作的影响.《外语与外语教学》(5), 30–39.

郑咏滟、冯予力. (2017). 学习者句法与词汇复杂性发展的动态系统研究.《现代外语》, 40 (1), 57–68.

周丹丹. (2012).《应用语言学中的微变化研究方法》. 北京: 外语教育与研究出版社.

朱慧敏、王俊菊. (2013). 英语写作的词汇丰富性发展特征—— 一项基于自建语料库的纵贯研究.《外语界》(6), 77–86.

朱茜、徐锦芬. (2019). 协作写作对学习者二语发展影响的实证研究.《外语教学理论与实践》(3), 26–33.

附 录

附录一　学术写作课程大纲

Course Syllabus (2nd Semester, 2018–2019) COURSE TITLE: Academic Writing (language-related studies)

INSTRUCTOR:	**EMAIL:**
STUDENTS: AW (LRS) Class 1/2	**PLACE:**
TIME: C1 (1-2); C2 (5-6), Friday	**OFFICE HOURS:** 3-5 Thursday or by appointment
OFFICE:	

General Description: The course builds upon the competencies and skills acquired in Argumentative Writing (Fall 2018) and aims to help the students work further toward their goal of learning to become *independent* (and possibly *skilled*) writers of research papers in the areas of language-related studies.

I. OBJECTIVES

1. **Knowledge**: The course aims to help the students

- understand the core aspects of academic culture that differentiate academic writing from non-academic writing;
- understand the nature and discipline-specific (e.g., language-related studies) structure of academic writing;
- gain the knowledge about the processes of research in a practical sequence, conventions and documentation styles in academic writing;
- be further exposed to and informed of the differences between language used in discipline-specific academic writing and non-academic writing.

2. **Skills/Ability**: During the course, the students will:

- be initiated into the culture of academic writing and learn to position themselves as **academics** in their interested areas;
- be exposed to a range of discipline-specific quality writings and learn to develop a **construct** of what is/NOT academic writing;
- become familiar with and practice academic writing through generating ideas, drafting, peer evaluation, revising, editing and proofreading processes;
- gain **confidence** in writing in English academically and be ready to produce a discipline-specific research paper in English in later semesters.

3. **Quality**: The course will help the students become aware of the values, genre features and conventional practices in academic communication and gain confidence in writing academically in English.

II. WEEKLY ARRANGEMENTS

Week	Date	Content	Assignments
1	March 1	Overview of academic writing (culture, genre and conventions; Plagiarism: Violation of Academic core values)	Refer to the unit arrangements or check with the instructor.
2	March 8	How to choose a research topic Issue exploration: What is language? Functions and properties of language	Journal essay reading; Review essay 1
3	*March 15*	**Reading Week**	Journal essay reading
4	March 22	How to write a good literature review-1 Issue exploration: What is linguistics? Basic distinctions in linguistics; Use of linguistics	Journal essay reading; Individual conference (topic selection 1 required)
5	March 29	How to write a good literature review-2	Journal essay reading; Review essay 2
6	*April 5*	**Qingming Day**	Journal essay reading
7	April 12	How to write research methods Issue exploration: The Sapir-Whorf Hypothesis	Journal essay reading; Review essay 3
8	April 19	How to write Data Analysis and Discussion-1 Issue exploration: Introducing Skinner, Chomsky and Vygotsky	Journal essay reading
9	April 26	*Sports meet; class rescheduled* How to write Data Analysis and Discussion-2	Journal essay reading Review essay 4 Individual conference (required)

（待续）

（续表）

Week	Date	Content	Assignments
10	May 3	How to write Introduction and Conclusion Issue exploration: Key issues in second language acquisition	Final decision on topic selection
11	May 10	How to write abstracts and acknowledgements Issue exploration: Human learning: Learning theories	Journal essay reading; Review essay 5
12	May 17	Unit 8 How to write a research proposal	
13	May 24	Unit 9 Documentation and Referencing Styles; Issues in students' writing Issue exploration: Language planning and policy	Submitting research proposal
14	May 31	Unit 10 How to ensure/maintain cohesion and coherence in English academic writing; Issues in students' writing & research design Issue exploration: Language and power	
15	*June 7*	**Duanwu Day**	
16	June 14	Issues in students' writing & research design; workshop	Individual conference (required) First draft due June 16
17 18		Exam Week The Final draft for ALL classes due on June 30	
		The arrangements are subject to minor change when necessary.	

附录二 学生选题日志模板

My topic selection and revision journal

March 8, 2019

__张大明__ (my name in Chinese)

Time of the change and/or submission	The topic	Reasons for the selection and/or revision
March 8 "Think of a topic you might be interested in and will do research on."	Here you should write down the very first topic you chose to do	…
…	…	…

You can continue this process until you make the final decision by. But be aware that you should give yourself enough time to finish whatever you eventually decide to do.

附录三　学术写作评述短文话题

Academic Writing Instructor:
Academic Writing Assignments due at 5pm on Sundays
Spring 2019

1. Read three papers in the Reading Package and writing 5 review essays on the following topics (Cf. Reading Packages).

(1) How can we choose a research topic and realize it in research papers?

(2) How is the literature reviewed and how is it related to the research topic?

(3) How can research methods be reported in research papers?

(4) How can the data be presented and analyzed? And how are they related to the research topic?

(5) Literature review on your own research topic

2. Your research proposal

附录四　学术写作师生一对一辅导时间表示例

Individual Conference 时间表

请大家自由选择想来的时间和老师，先到先得原则。

2019.03. 26 （周二）

时间	老师	助教
08:40–09:00		
09:00–09:20		
09:20–09:40		
09:40–10:00		
10:00–10:20		
10:20–10:40		
10:40–11:00		
11:00–11:20		
11:20–11:40		
11:40–12:00		

2019.03.31 （周日）

时间	老师	助教
08:40–09:00		
09:00–09:20		
09:20–09:40		
09:40–10:00		
10:00–10:20		
10:20–10:40		
10:40–11:00		
11:00–11:20		
11:20–11:40		
11:40–12:00		

附录五　学术写作课前学习情况调查

Academic Writing: A Narrative Survey
2019/03/08

1. How would you define academic writing? Please write your response in Chinese within 100 words.

2. Recall your academic writing experiences (if more than ONE, choose one of the most impressive) and write a narrative account of it in CHINESE. In the account, you should include the following:

What was the research all about?

How did you come up with the research topic?

What were the major problems in writing up the research? And how did you manage to solve the problems?

What did you learn from that writing experience?

Note: Please send your finished survey to the monitor who will forward all the surveys in a package to me.

1. My definition of academic writing:
2. What was the research all about?
3. How did you come up with the research topic?
4. What were the major problems in writing up that research? And how did you manage to solve the problems?
5. What did you learn from that writing experience?

附录六 案例学习者学术写作访谈提纲

学术写作初访提纲

1. 请谈一谈你对学术写作的认识。(学术写作具备哪些特点?学术写作与你目前经历的其他几种写作方式有什么不同?)

2. 你之前从事过学术写作或研究活动吗?请谈一谈这次经历。你在这次研究经历中有哪些收获,又有哪些遗憾或不足?

3. 本学期的学术写作课程刚刚开始,请谈谈你目前学习中的一些困难和问题。

4. 能否细致谈一谈你在本学期学术写作学习中的目标?你认为这些目标与之前的写作学习有哪些异同?为什么?

5. 请谈一谈你对学术写作课程学习的期待。比如,你希望能够学到什么样的知识或技能?你期待老师或助教能给予你什么样的帮助?

学术写作期中访谈提纲

1. 本学期的学术写作课程学习已过半,你对学术写作的认识与原来相比是否有一些变化?如果有,体现在哪些方面呢?导致这些变化的原因又是什么?

2. 经过近半个学期的学术写作学习和实践,你认为有收获吗?进步体现在哪些方面?又是怎样促成的?

3. 能否简要描述一下近半学期你的学术写作学习/研究进展过程?在此过程中你遇到了什么样的困难和挑战?又是怎样解决的?

4. 在本学期的学术写作学习中,你主要能从哪些方面获得帮助?你认为这些帮助有效吗?针对你目前的困难,你还希望在哪方面获得帮助?

5. 在你看来,学术写作的学习过程与你之前的学习经历相比有哪些异同?如果请你用一两个词来概括学术写作学习的感受,那会是什么呢?为什么?

学术写作期末访谈提纲

1. 本学期学术写作课程已接近尾声,能否谈一谈相比开课前,你对学术写作的认识是否有改变?能否举一到两个例子说明?

2．能否再次谈一谈你在学术写作课程学习中的收获？你觉得促成这些进步的原因是什么？

3．能否简要描述一下本学期你的学术写作学习/研究进展过程？在此过程中你遇到了什么样的困难和挑战？又是怎样解决的？

4．在本学期学术写作学习过程中，你主要能从哪些方面获得帮助？你觉得哪些帮助比较有效？为什么？

5．上次访谈中，你谈到为了达到课程或老师的要求，做了很多努力，还记得比较重要的细节是什么吗？

6．这样的学习经历是否会对你现在或今后的学习方式/习惯有一些影响？能举个例子简单谈一谈吗？

附录七 学术写作课堂观察记录表

课堂观察记录表

日期________年，________月，________日 上课时间______________

学校名称______________ 听课班级______________

学生人数______________ 任课教师姓名______________

教学内容______________

时间段	教学活动								教师支架	备注
	活动名称	参与者	中介物	对象	目标	规则	群体	分工		

备注用来记录无效的教学事件。下列活动为无效教学事件：

1. 因教学设备故障造成教学停止。
2. 因教学活动组织不当造成学生处于混乱状态，如发放作业、组织小组活动等。
3. 其它任何干预因素造成的教学停止事件，如师生矛盾冲突等情况。

记录人：______________

附录八　阳光写作课程反思日志

这一学期的语言学学术写作课程已经圆满结束了，回想一学期的学习，我遇到了很多的困难，但在老师同学的帮助以及自己的努力下，也有了许多的收获。总体来说，我的收获可以归为三类：学术写作这一写作类型以及学术素养方面的收获、语言学专业知识方面的收获、英语写作以及语言能力的收获。在学术写作及素养方面，通过在课上对学术论文各个组成部分的结构、格式、内容和功能的学习，以及不断地阅读优秀的学术论文，我对此前十分陌生的学术写作这种写作形式有了比较全面和具体的了解，并且在后期自己实际写作的过程中，更近距离地体会到了学术论文撰写的过程。在前期定题以及展开自己研究的过程中，也通过实际操作，对一些基本的学术素养，例如独立思考、批判思维、勤奋努力等等有了初步的感悟，感受到自己的学术能力以及思维能力得到了一定的提升。在语言学专业知识方面，举例来讲，我自己的题目属于二语习得的范畴，研究纠正式反馈对二语写作的影响，因此在与老师和学姐的探讨以及自主的文献阅读中，对这一领域的一些著名语言学家以及他们的理论有了更深的了解，并且在后期研究的数据分析和生成结论阶段，对不同的理论以及此前的研究成功进行了很多的对比和思考，这是对我语言学专业知识的一个丰富。关于英语写作以及语言能力，因为这门课程可能本质上来讲还是一门写作课，所以除去最后的期末学术论文，学期中也进行了不少写作的训练，我认为我从这些训练以及最后期末论文的撰写，以及平常大量文献的阅读中，拓宽了词汇量尤其是对学术语言的掌握，句子的复杂程度以及写作的速度也有了显著的提升。此外，老师针对我的写作所给出的详尽的反馈也为我提供了很多帮助，让我逐步意识到自己写作的缺陷在哪里以及好的写作所具备的特点。

这一学期学术写作的学习，大体是按照如下的顺序进行的：首先进行选题和定题，然后进行研究，最后集中撰写完成论文。当然，老师上课对学术写作的知识的介绍，以及individual conference以及一对一的一些指导是与之同步进行的。在这样的过程中，我认为我遇到的最大的困难是在后期数据收集完毕后，分析数据和生成结论的过程中产生的。例如，在比较我的15位受试者不同的affective engagement的时候，我需要运用SPSS进行一个two way repeated measures of ANOVA，但是当时我对于SPSS这种算法的运用以及数据的读取和理解并没有很好地掌握；除此之外，我的一部分数据在经过统计分析之后并没有按照预期所设想的那样体现出显著性，因此我在分析和汇报数据，以及在根据现有的结果与其他文献和理论进行比对生成结论的过程中感到非常迷惑，不知道要得到什么样的结论。后来这个问题主要是通过和老师同学探讨请教来解决的，例如SPSS使用的问题，我是通过向比较了解的同学学习来解决的。关于生成结论的部分，我主要是通过和老师一对一的交流，通过借鉴从前的文献并且一段时间的思考来解决的。在战胜了这些困难后，感觉还是非常有收获的，不仅更加熟悉了社会科学所用的统计分析工具，通过自己的思考，对我所研究的这一问题和领域也有了更深的理解。

相比先前的学习经历，我认为学术写作是一种更为体系化具体化的学习方式。因为每个人都有具体的选题以及要做的研究，所以对于每一个环节都有很好的落实，无论是从思维能力，语言能力，还是从语言学专业知识的角度都可以比较有效率地切实地得到学习和提高。比如我选定了二语写作这样的主题，我就会自主地去阅读许多这方面的文献，进行研究设计，实施研究并且最后形成论文，这样整个的过程也更让人对于写作有着更好的参与感，能够比较直接有效地获得写作上的提高，且方式上来讲也不是那样的单调。但同时，这种学习方式的挑战性也是相对较高的。我认为这可能是源于学术写作这一种文体的特征，学术写作要求写作者运用极为正式和严谨的语言来探讨和汇报学术问题，这是语言上学术写作的一个难点；除此之外，很多时候由于所研究的问题本身有一定的难度和深度，学生比较难以形成成熟的资深见解，因此可能思维的难度也是较大的，并且正是由于存在这样的思维难度，因此学生在写作的时候可能注意力过于集中在如何将内容表达清楚，会比较容易忽略语言的质量。但如果能够克服这两项挑战，我认为学术写作这样的教学方式能够比其他的写作教学方式更为有效地达到全方位提高学生思维、语言和专业水平的目的。

我认为如果要比较概括性地来描述本学期学术写作的经历，我可能会选择丰富充实、收获与挑战并存这样的描述。首先，学术写作的学习经历相较于其他写作类的课程，是更为丰富充实的。不仅是上课的内容比较丰富，不仅有知识的传授，小组讨论以及小组展示，课后自主的学习过程也是非常丰富的。此前的写作课可能课后自己的投入就是写一篇文章后就结束了，但学术写作的整个过程非常具有完整性，从定题到研究到最后的分析和写作，整个过程比较复杂，也非常的丰富。同时，学术写作的学习经历是收获与挑战并存的。就像此前提到的，在学术写作课程所要求的学术研究当中我遇到了许多前所未有的问题，也是第一次自己独立地进行实际的学术研究的操作，并且由于时间有限，这个挑战还是比较大的。但在克服了前文所提到的一些困难和挑战后，我也有了很大的收获，这样的收获也是其他的课程所不能给予的。对这一学期的学习印象比较深的就是和老师、学姐和同学交流的过程，从他们身上获得了很多帮助，例如使我有了更加明确的研究方向，有了研究的基本框架，了解了研究以及汇报结论的一些技巧和方法；此外印象还比较深刻的就是收集数据的过程，由于我的研究设计中包括了问卷和访谈，因此和参与者的互动性比较强，在和参与者的互动当中感受到了作为一个研究者的难处，但同时也在和参与者的交谈中获得了许多乐趣，并且十分感谢他们的参与和帮助。

附录九 蓝天期末论文引言写作示例

The Effect of Cognitive Task Complexity on L2 Written Complexity, Accuracy, and Fluency: A Case Study of Chinese High School English Learners

Many recent studies investigating the interplay between L2 output and task-based language teaching have focused on the effect of task complexity (Kuiken & Vedder, 2008; Yu, 2009; Ong & Zhang, 2010; Johnson, Mercado & Acevedo, 2012; Salimi & Fatollahnejad, 2012; Yang, 2014; Frear & Bitchener, 2015; Ruiz-Funes, 2015; Shajeri & Izadpanah, 2016; Mueller & Kraus, 2018). In the literature, the cognitive complexity of tasks is "the extent to which task characteristics can affect the allocation of an individual's attention, memory, reasoning and other processing resources (Robinson, 2007a, p.17)" (Yang, 2014, p.1). Through the lens of cognitive task complexity, we can gain insight into how different tasks can affect students' language performance. Therefore instructors can design and sequence writing tasks for specific learner populations to bring about language performance at their greatest capacity.

A central dispute in this field concerns different views of cognitive processing resource in two theoretical frameworks, Skehan and Foster's Limited attentional capacity model (Skehan, 1998; Skehan & Foster, 2001) and the Cognition hypothesis by Robinson (2001a, 2001b, 2005, 2007, 2011). Briefly summarized, Skehan argues that attentional capacity is limited, and higher task complexity level draws attention away from language forms, which leads to decreased complexity and accuracy of linguistic output. Robinson claims that learners will be stimulated to reach higher when cognitive task complexity level is raised. Most of subsequent empirical studies focused on oral production, while some effort had been made to examine the impact of task complexity on L2 written output and test the two hypotheses (Kuiken & Vedder, 2008; Yu, 2009; Ong & Zhang, 2010; Johnson, Mercado & Acevedo, 2012; Salimi & Fatollahnejad, 2012; Yang, 2014; Frear & Bitchener, 2015; Ruiz-Funes, 2015; Shajeri & Izadpanah, 2016; Mueller & Kraus, 2018). But these empirical studies arrived at inconclusive and sometimes contradictory findings. Johnson (2017) remarked that “adding confusion to L2 writing studies... is the very nature of the writing process itself” (p.14). Moreover, he pointed out that besides managing cognitive demands of the tasks, students also had to deal with cognitive demand of writing system and process, which could shift their attention and lead to different results. However, most of the studies focused on L2 learners with high language proficiency, and consequently little is known about the low or intermediate language learners. Also, most studies only measure one or two of the CAF metrics rather than viewing them as a whole. Moreover, how CAF in different cognitive task complexity levels are related to writing scores is an area under research. The current research provides an insight into the effect of cognitive task complexity in the population of high school EFL learners, with an aim to: a) contribute to empirical research on effects of cognitive task complexity on L2 written performance in task-based language teaching literature; b) to test the predictions in Skehan’s and Robinson’s hypotheses; c) to examine the predictive power of CAF on writing scores; d) to examine the interplay of CAF in writings of different task complexity levels.

附录十　白云评述短文写作示例

A paper review: How can the data be presented and analyzed? And how are they related to the research topic?

The section of results or findings of a paper is to answer the research question(s) raised in previous part. Normally, results are for quantitative studies and finding are for qualitative ones. I believe it is a genuine report on what you have done for the research and what you have obtained from it. Since the qualitative and quantitative studies have different styles in presenting results/findings. I will elaborate the two types respectively, with examples in authoritative papers.

In Anderson (2019), the author conducted a study based on the experiences of two Chinese doctoral students at a large Canadian university, to discuss their transnational identities. Instead of using the word "findings" directly, Anderson present this part by concluding "The Shaping of Transnational Identities". It was sub-categorized to three parts, namely "Discursive representations of haigui", "Constructing the legitimate Chinese transnational" and "'The flowing space' : nationalism, transnationalism, and representations of home". The findings were presented primarily in a narrative form within direct quotes from above three perspectives, which corresponds with the author's research focus. Two participants, A-ming and Sissy each accepts two semi-structured interviews, and the author quoted them directly when it is necessary. Besides, Anderson transcribed the interviews faithfully, not omitting repetition and pause of the interviewees. At the end of each quote, the author reported the order and time of interview. All of these helps increase the credibility of the study and give readers a clear picture.

Next comes to two quantitative studies. Quantitative studies usually involved surveys or experiments, which may lead to statistical results. The readers could have a better view of the results if they are well-organized, and the best way to ensure that is answering the research topics one by one. For example, Azaz (2019) pointed out directly, "To answer the first research question about the L1 transfer effects, the averages of bare and definite plurals in the preverbal position in the two tasks were calculated." Through the analysis of performance of the low-advanced and high-advanced groups in the oral narrative task, the author concluded the results that beginning and low-advanced learners exhibited more L1 effects in their production of specific and generic plurals.

What clearer, in Courtney, Graham and Tonkyn (2017)' s paper, is that they put each research question right in front of corresponding results, which facilitate readers' comprehension of the data. Also, the process of data collecting and analyzing was well explained, "After each administration of the questionnaire, the item scores were entered into SPSS for statistical analysis." Besides, the authors illustrated the results very roundly by using in total eight tables, each with specific caption, considering the fact that the study involved quite a few participants, therefore a lot of data, which might not be able to be well presented otherwise. "A repeated measures analysis of variance was conducted with Bonferroni post-hoc tests. The difference between the three groups was highly significant across all time points for both the SR and PD tasks (Table 9)", which gave the authors confidence to conclude that "Girls significantly outperformed boys in the language assessments in all three rounds." What is more, we can further infer that tables and graphs are great tools in academic writing when words are not clear or powerful enough. Meanwhile, only when you faithfully report the data collection and analysis method, can conclusive results be obtained.

Apart from content, there are some rules of language use. For instance, "to address this question", "As illustrated in Table X", "XX data provide a useful insight into...", and "in general..." were frequently used in the results part of papers. To sum up, the language used to describe a phenomenon or event should be concrete and specific, instead of vague or evaluative, for doing that you might leave a biased impression on readers and decrease your credibility. In the end, we need to notice several notions that are effective in analyzing data such as *t* values, *m* scores, and *SD*, etc.

In a word, the part of results/findings is vital for the author to present his research outcomes. It is inappropriate if you deviate from the right track and fail to answer the research questions raised by yourself. Therefore, we should keep the questions in mind during the whole process of research and writing to make sure we are going towards the right place.

References

Anderson, T. (2019). Reproductions of Chinese Transnationalism: Ambivalent Identities in Study Abroad. *Applied Linguistics, 40*(2), 228-247.

Azaz, M. (2019). L1 Transfer Effects in the Production of Generic Plurals in L2 Arabic. *Modern Language Journal, 103*(1), 275-290.

Courtney, L., Graham, S., Tonkyn, A. (2017) Theodoros Marinis, Individual Differences in Early Language Learning: A Study of English Learners of French. *Applied Linguistics, 38*(6), 824-847.